고민 끝,
줄리아 하나면 충분

All You Need is JuliaLang

두 언어 문제의 해결과 고성능 과학 계산을 위해
설계된 현대적인 프로그래밍 언어 줄리아 활용하기

하 길 찬 지음

KYOWOO

들어가며

저자가 20여년 전 C언어로 수학과 학생들에게 프로그래밍을 가르치며 느낀 문제점은 학생들이 많이 어려워하고, 한 학기 정도 배운 내용으로는 의미있는 작업을 하기 힘들다는 점이었다. 이후 대학에서 파이썬(Python)을 가르치는 것이 일반화되기 전인 2009년 경부터 2019년까지는, 비교적 배우기 쉬운 파이썬 언어로 프로그래밍 수업을 진행하고, 이를 수학 공부와 연구에 활용할 수 있도록 가르쳤다. 하지만, C와 비교하여 파이썬은 성능 차이가 너무 크기 때문에, 의미있는 문제 해결을 위해서는 Pandas나 NumPy, SciPy와 같이 C로 작성된 라이브러리를 호출하여 사용하는 방법과 벡터화를 필수적으로 가르쳐야 한다. 이처럼 파이썬의 경우에도 시작하기는 쉽고 웬만한 문제 해결의 프로토파이핑에는 충분하지만, 고성능이 필요한 문제 상황에서는 C언어의 도움을 받아야 한다는 문제점이 있다.

이런 고민이 사라진 것은, 2020년 MIT 수학과 교수이며 줄리아(Julia) 언어의 공동 개발자 중 한 명이기도 한 Alan Edelman 교수의 Computational Thinking이란 강의 동영상을 우연히 접하게 되면서였다. 이 강의를 통해 알게된 줄리아는 파이썬처럼 배우기 쉬우면서 C 만큼의 성능을 얻을 수 있는 놀라운 언어였고, 이런 이유로 2023년부터 수학통계학과 학생들에게 줄리아를 가르치고 수업에 사용하고 있다.

실제로 줄리아는 고성능 과학 계산을 위해 설계된 현대적인 프로그래밍 언어로, 두 언어 문제의 해결을 지향하는 언어이다. 두 언어 문제란 일반 연구나 프로토타이핑에서는 파이썬이나 R과 같이 사용하기 편한 동적 언어로 진행하고, 실제 서비스나 고성능이 필요한 부분은 C++이나 자바(Java)와 같은 정적 언어로 다시 작성해야 하는 이중 작업을 의미한다.

줄리아는 파이썬이나 R과 같은 프로토타이핑 언어의 편리함은 유지하면서, JIT (Just-In-Time) 컴파일 방식을 사용하여 C나 포트란(Fortran)에 버금가는 성능을 동시에 제공함으로써 두 언어 문제의 비효율성을 해결한다. 물론, JIT 컴파일러의 특성상, 특정 함수를 맨처음 호출할 때는 컴파일하는 데 시간이 다소 걸린다는 단점이 있지만, 지속적으로 개선되고 있다.

또 일반적인 객체지향 언어와 다르게, 함수에 전달되는 모든 인자의 타입을 조합하여 가장 적합한 버전의 함수를 동적으로 선택하는 다중 디스패치(multiple dispatch) 방식은 줄리아의 가장 독창적이며 강력한 특징이라 할 수 있다. 이러한 특징으로 인해 코드의 재사용성과 확장성을 극대화할 수 있고, 특히 수학적이고 과학적인 코드를 매우 자연스럽고 효율적으로 작성하는 것을 가능하게 해준다.

줄리아는 처음부터 병렬 및 분산 컴퓨팅을 염두에 두고 설계된 언어이므로 멀티스레딩, 분산 클러스터 컴퓨팅, GPU 컴퓨팅 등을 위한 기능이 언어 자체에 내장되어 있다. 따라서 고성능 컴퓨팅 환경에 매우 적합하다는 점도 큰 장점 중 하나이다.

특히, 대학에서 프로그래밍 언어를 가르치는 입장에서도, 줄리아는 기존의 거대한 생태계를 버릴 필요없이 점진적으로 도입할 수 있다는 점에서도 큰 장점이 있다. 즉, C나 포트란 라이브러리를 직접 호출하여 사용할 수 있고, PyCall 패키지를 통해 파이썬의 모든 라이브러리를 줄리아 코드 내에서 직접 사용할 수 있다. 또 RCall 패키지를 통해 줄리아에서 R 코드를 실행하고 데이터를 주고받을 수도 있다. 물론 쥬피터노트북이나 쥬피터랩에서 실행하는 것도 가능하고, 순수하게 줄리아 기반으로 동작하는 플루토(Pluto)라는 반응형 노트북 인터페이스를 수업과 실습에 활용할 수도 있다.

이 책은 수학과 학생들을 대상으로 줄리아를 가르치며 사용한 강의록을 바탕으로, 줄리아를 처음 접하는 독자와 기본적인 사용법을 알고 있는 독자 모두에게 도움이 되도록 구성하였다. 이 책의 Part1에서는 줄리아의 기본 문법을 다루며, 이 정도만 익혀도 수학이나 과학 계산에 충분히 사용할 수 있고, 그래프를 그리거나 기본적인 데이터 시각화에 활용할 수 있도록 구성하였다. 또 각 장의 끝에 기본 개념을 확인할 수 있는 연습문제와 그 해답을 수록하였고, 마지막 장에서는 몇 가지 예를 통해 수학 공부에 줄리아를 활용하는 방법을 소개했다.

Part2에서는 줄리아의 특성을 극대화하여 좀 더 고성능의 코드를 작성하는데 필요한 줄리아의 타입 시스템, 다중 디스패치와 메소드 특화를 다루고, 메타프로그래밍과 프로젝트 환경을 구축하고 관리하는 방법에 대해 설명한다.

줄리아는 파이썬 등 기존 언어에 비해 라이브러리 생태계의 크기가 아직은 작은 편이지만, 과학 계산, 데이터 과학, 머신러닝과 딥러닝 등 핵심 분야에서는 매우 성숙하고 강력한 패키지들이 빠르게 발전하고 있다. 따라서 수학, 물리, 생명과학 등을 공부하고 연구하는 독자나 데이터 과학, 금융 퀀트 등 수치 계산과 시뮬레이션이 많이 필요한 독자에게는 아주 이상적인 언어이다. 이 책을 계기로 줄리아가 여러분의 성장에 밑거름이 되길 희망한다.

2025년 10월 3일, 하길찬

글의 얼개

딸림자료

PART I:

줄리아의 기본 문법 맛보기

1 줄리아 설치와 상호작용 환경

이 장에서는 줄리아를 설치하고 사용하는 방법에 대해 설명한다. 기본적으로 윈도우 환경에서 줄리아를 설치하는 것으로 가정하고 설명하는데, 리눅스나 맥OS 환경에서 설치하는 경우는 줄리아 홈페이지의 설명을 따르면 된다.

1.1 줄리아 설치 방법

2021년 이전에는 `https://julialang.org/downloads/`에서 바이너리 인스톨러를 다운로드 받아 설치하였지만, 2021년 이후부터는 사용 운영체제(OS)와 무관하게 최신 버전의 줄리아 프로그램을 자동으로 설치하고 최신 상태를 유지하도록 관리하는 설치 관리자 프로그램 `juliaup`를 이용할 것을 권장하고 있다. 우선 `juliaup`을 이용하여 줄리아를 설치하고 관리하는 방법을 설명하고, 이 방법이 복잡하게 느껴지는 독자를 위해 기존의 방법도 소개하기로 한다.[1]

[1] 컴퓨터 사용에 익숙하지 않고, 줄리아를 처음 익히기 시작하는 독자의 경우에는 두 번째 방법이 편리하게 느껴질 수도 있다.

1.1.1 *`juliaup`*을 이용한 줄리아 설치 방법

`juliaup`은 여러 버전의 줄리아를 동시에 설치하고 사용할 수 있도록 지원하는데, [그림 1.1]과 같이 줄리아 홈페이지 `https://julialang.org`에서 `Install`을 클릭하거나, 직접 `https://julialang.org/install`을 방문하면, 사용 운영체제별로 `juliaup`을 설치 방법이 자세히 설명되어 있다. 한 가지 주의할 점은 기존에 설치한 줄리아 버전이 있는 경우, 프로그램 삭제/추가를 이용하여 기존의 프로그램과 줄리아와 관련하여 설정해 둔 `PATH`를 삭제할 것을 권한다.

예를 들어, 윈도우 환경에서는 `Microsoft Store`[2]에서 최신 `Windows Terminal`을 다운로드 받아 설치하고, 이후 `juliaup` 설치나 터미널을 통한 줄리아의 실행을 이 터미널의 프롬프트에서 입력하여 실행할 것을 권장한다.

[2] 윈도우 하단 탭의 검색창에서 Microsoft Store를 검색하면 앱을 찾아 실행시킬 수 있다.

일단, `Windows Terminal`이 설치되고 나면, [그림 1.2]와 같이 터미널에 다음 명령을 입력하고 [enter] 키를 눌러 실행시킨다.

그림 1.1. 줄리아 설치 방법을 찾을 수 있는 웹페이지

```
winget install --name Julia --id 9NJNWW8PVKMN -e -s msstore
```

이때, `juliaup` 설치 전에 사용 약관에 동의하는지를 묻는데, `Y`를 입력하면 `juliaup`이 설치되고 줄리아가 `PATH`에 자동으로 등록된다.

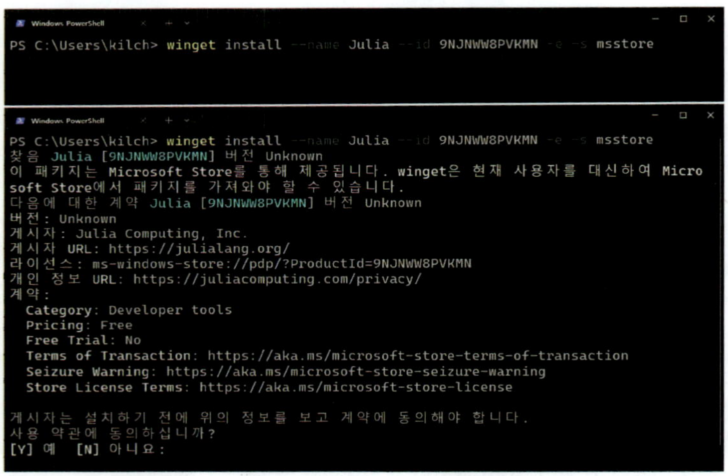

그림 1.2. `juliaup` 설치 방법

`juliaup` 설치가 완료되면, 윈도우 시작 메뉴에 바로가기가 생성되는데, 이것을 클릭하거나 윈도우 터미널에서 `julia`라고 입력하고 [enter] 키를 누르면 [그림 1.3]과 같이 대화형 `REPL` 환경이 적용된 줄리아 터미널이 실행된다.[3]

줄리아 터미널의 프롬프트[4]에서 `1+1`을 입력하고 [enter] 키를 눌러 실행한 결과가 터미널에 표시되면 줄리아가 잘 설치된 것이다. 줄리아의 실행을 종료하고 윈도우 터미널로 돌아가려면 `exit( )`를 입력하고 실행시키면 된다.

만약 `juliaup`을 이용하여 여러 버전의 줄리아를 설치하였고, 예를 들어 `1.2` 버전의 줄리아를 실행시키려면 터미널에서 버전을 명시하여 `julia +1.12`를 실행시키면

[3] 줄리아의 REPL(Read-Eval-Print-Loop)은 사용자의 입력을 읽어서 평가하고 결과를 보여주는 상호작용 대화형 환경을 말하고, 터미널이란 명령어를 입력하는 인터페이스, 즉 입력하고 출력하는 창을 뜻한다.

[4] 터미널에서 명령을 입력할 준비가 되었음을 나타내는 표시로 `julia>`표시를 말한다.

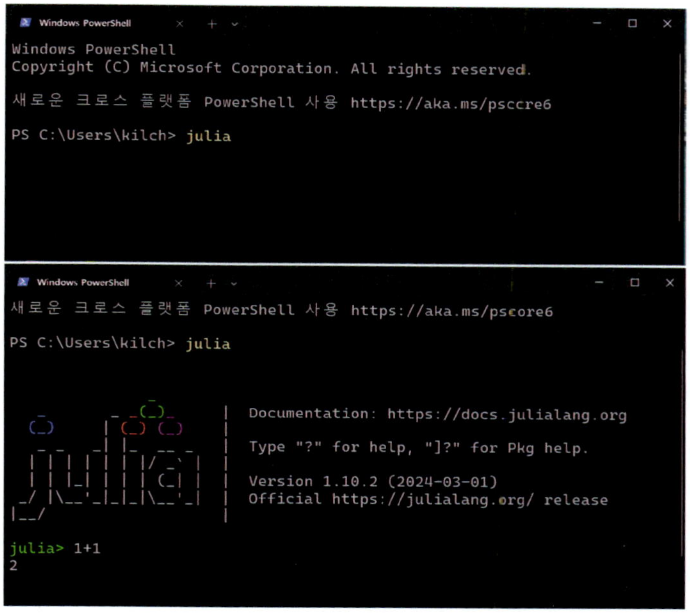

그림 1.3. 윈도우 터미널에서 줄리아의 REPL 환경을 실행 (첫 번째 그림은 윈도우 터미널, 두 번째 그림은 줄리아의 터미널)

된다. `juilaup`을 통해 다른 버전의 줄리아를 설치하고 관리하는 방법은 윈도우 터미널에서 `juliaup --help`를 실행시켜 확인하거나, 깃허브 `https://github.com/JuliaLang/juliaup`에서 'Using Juliaup' 항목을 참고하면 된다.

1.1.2 특정 버전의 줄리아를 직접 설치하는 법

`juliaup`을 이용하지 않고 특정 버전의 줄리아를 직접 설치하려면, [그림 1.4]와 같이 `https://julialang.org/downloads`에서 자신의 운영체제에 맞는 특정 버전의 바이너리 파일을 다운로드하여 설치하면 된다. 예를 들어, 윈도우 사용자라면 자신의 운영체제가 64비트 기반인지 32비트 기반인지에 따라 해당되는 `installer`를 다운로드하고 실행시키면 된다. 이때 다음 사항에 주의하여야 한다.

- 다운로드 받은 `installer`는 더블클릭하여 실행시키고, 지시사항을 확인하면서 따르면 된다. 이때 컴퓨터의 사용자명이 한글이거나 공백이 있는 경우에는 문제가 발생할 수 있으므로, `juliaup`을 이용하여 설치하길 권한다. (또는 윈도우에서 새로운 계정을 추가하여 설치할 수도 있다.)

- 설치가 종료되기 전에 'Select Additional Tasks'가 뜨고 몇 가지 체크 박스에 선택할 수 있는데, 아이콘 생성을 체크해야 바탕화면에서 아이콘을 더블클릭하여 줄리아의 REPL을 실행시킬 수 있다. 또, PATH 설정을 다루지 못하는 경우라면 'Add Julia to PATH' 항목을 체크해 주어야 윈도우 터미널에서 `julia 파일명.jl`과 같이 줄리아 코드가 작성된 파일을 실행시킬 수 있다.

설치가 끝나면 줄리아 아이콘을 더블클릭하여 REPL환경의 줄리아 터미널을 실행시키거나, 윈도우 터미널에서 `julia`를 입력하여 실행시킬 수 있다.

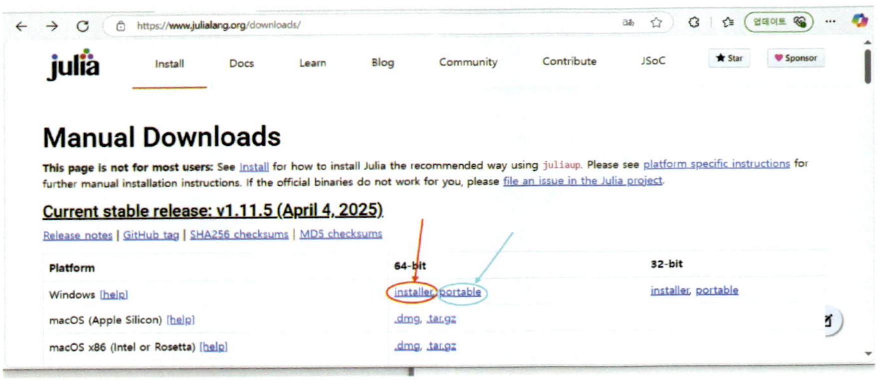

그림 1.4. 특정 버전의 줄리아를 직접 다운로드하여 설치하는 법

1.1.3 특정 버전의 줄리아를 *portable*로 다운로드 하는 방법

앞서 설명한 두 가지 방법이 모두 어려운 경우에, 윈도우 사용자는 [그림 1.4]와 같이 `https://julialang.org/downloads`에서 자신의 운영체제에 맞는 `portable` 파일을 다운로드 받으면 된다.

이 파일은 zip 파일인데, 예를 들어 'julia-1.11.5-win64.zip' 파일인 경우, 원하는 위치에 압축을 풀고 'julia-1.11.5' 폴더 내의 'bin' 폴더에 들어가서 'julia.exe' 파일을 더블클릭하면 REPL 환경의 줄리아 터미널이 실행된다.[5] 물론, 윈도우 터미널에서 'julia'를 입력하여 실행시키려면 'julia.exe'의 위치를 PATH에 추가하면 된다.

5 바탕 화면에 바로 가기를 만들어 사용하면 편리하다.

1.2 줄리아 실행 방법

윈도우 사용자의 경우 시작 메뉴에서 줄리아 아이콘을 선택하여 REPL 프롬프트를 실행시키거나, 윈도우 터미널에서 `julia`라고 입력하고 [enter]키를 누르면 [그림 1.3]과 같이 REPL 환경의 줄리아 터미널이 실행된다.[6]

6 `portable`을 다운로드한 경우에는 앞 소절의 설명을 참고하면 된다.

줄리아를 처음 사용할 때는 입력한 코드의 실행 결과를 곧바로 확인하는 것이 줄리아를 배우기에도 좋으므로 줄리아 터미널과 같이 상호작용 대화형 환경을 사용하는 것이 좋다. 하지만, 줄리아 터머널의 경우에는 입력한 코드를 파일로 저장할 수 없다는 단점이 있다.

따라서, 작성한 코드를 파일 형태로 저장하고 수정하거나, 다시 활용하려면 `파일명.jl`과 같이 확장자가 `jl`인 파일로 작성하면 된다.

이때, 파일 작성은 한글이나 워드와 같은 문서편집기가 아닌 메모장에서 작성한다.[7] 단, 메모장에서 파일을 저장할 때 '다른 이름으로 저장'을 선택한 후, 파일명을 `파일명.jl` 형식으로 입력하고 '파일 형식'을 '모든 파일'로 선택하여 저장하면 된다

이렇게 작성된 `파일명.jl`은 윈도우 터미널에서 `julia 파일명.jl`로 실행시킬 수 있는데, 여러 가지 옵션을 가지고 실행시키는 방법은 줄리아 공식 문서의 매뉴얼에서 'Command-line Interface'[8]을 참고하기 바란다.

[7] 물론, 뒤에 설명할 Visual Studio code와 같은 IDE 편집기를 사용하면 훨씬 간편하게 줄리아 스크립트 파일을 작성할 수 있다.

[8] The Julia Project, *Julia Documentation:Manual:Command-Line Interface*, `https://docs.julialang.org/en/v1/manual/command-line-interface/`.

1.3 상호작용 환경에서 줄리아 사용하기

이 절에서는 REPL 환경의 줄리아 터미널[9]에서 줄리아를 사용하는 기본적인 방법에 대해 설명한다. 또, REPL 환경처럼 줄리아 코드를 실행시킨 결과를 곧바로 확인할 수 있으면서, 동시에 작성한 코드를 파일 형태로 저장할 수 있는 몇 가지 상호작용 환경에 대해 간단히 소개한다.

[9] 앞에서 언급했듯이, 터미널이란 명령어를 입력하는 인터페이스를 말한다.

1.3.1 *REPL* 환경의 줄리아 터미널 사용법

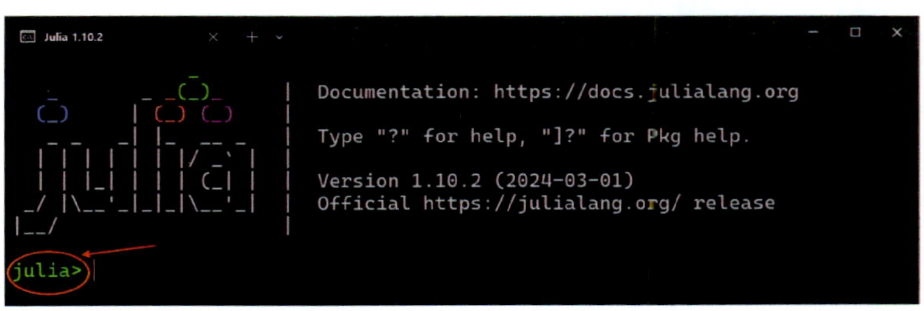

그림 1.5. 줄리아 터미널의 코드 입력 모드 프롬프트

줄리아 터미널이 실행되면, [그림 1.5]와 같이 줄리아의 로고와 함께 도움말 관련은 `?`, 패키지 관련은 `]`를 입력하라는 안내가 출력되고, 줄의 커서 앞에 프롬프트 `julia>`가 표시된다.

이 프롬프트 julia> 상태를 코드 입력 모드(또는 줄리안 모드)라 하는데, 이 상태에서 코드를 입력하고 [enter] 키를 누르면 실행 결과가 터미널에 출력된다.

그 외에도 줄리아 터미널의 프롬프트에는 도움말 모드와 패키지 모드도 있는데, 우선 코드 입력 모드에서 익혀두면 유용한 몇 가지 기능부터 알아보자.

[코드 입력 모드: julia>]

- 명령어의 일부만 입력한 상태에서 [tab] 키를 누르면 자동 완성 기능을 사용할 수 있다. 예를 들어, ran까지 입력한 상태에서 [tab] 키를 두 번 누르면, [그림 1.6]과 같이 ran으로 시작하는 모든 함수 및 기능을 출력해 준다.

  만약, 후보가 유일하다면, [tab] 키를 한 번만 눌러도 자동완성된다. 예를 들어, range를 입력한 상태라면 [tab] 키를 한 번 누를 때 자동으로 range가 입력된다.

- 프롬프트에서 여러 번 실행시키면 줄이 바뀌면서 스크롤 되는데, 화면을 초기화하고 싶으면 [ctrl+L][10]을 누르면 된다.

[10] 키보드의 ctrl 키를 누른 상태에서 L을 누르는 것을 나타내는 약속이다.

- 무한 루프 등의 비정상적인 실행을 강제로 종료할 때는 [ctrl+C]를 누르면 된다.
- 키보드의 위쪽 화살표를 한 번 누를 때마다 직전에 입력한 명령어가 역순으로 나타나고, 이를 수정하여 실행시킬 수 있다.
- 줄리아 터미널을 종료하고 윈도우 터미널의 프롬프트로 돌아가려면 exit( )를 실행시키면 된다. 검색 도중 되돌아가기를 원하면 키보드의 아래쪽 화살표를 누르면 된다.

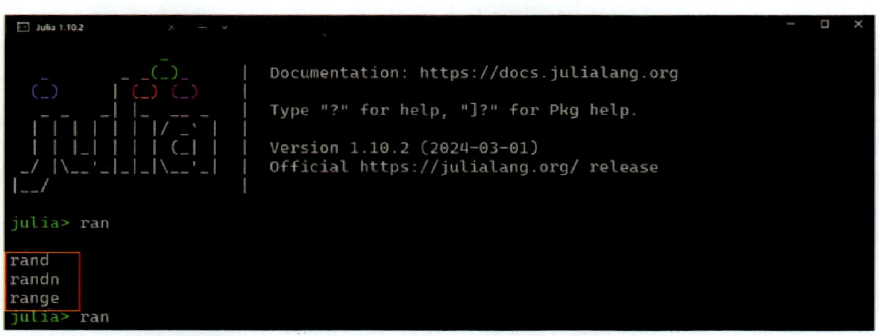

그림 1.6. 코드 입력 모드에서 자동 완성 기능

[도움말 모드: help?>]

이제 줄리아 터미널을 도움말 모드로 사용하는 방법에 대해 알아보자. 코드 입력 모드에서 물음표 ?를 입력하면, 터미널의 프롬프트가 help?>로 표시되고 도움말 모드로 진입한다.

이 상태에서[11] 함수명이나 타입명 등을 입력하면 [그림 1.7]과 같이 해당되는 설명을 출력하고, 코드 입력 모드로 돌아간다.

[11] 만약 도움말 모드에서 입력 모드로 돌아가려면 [backspace] 키를 누르면 된다.

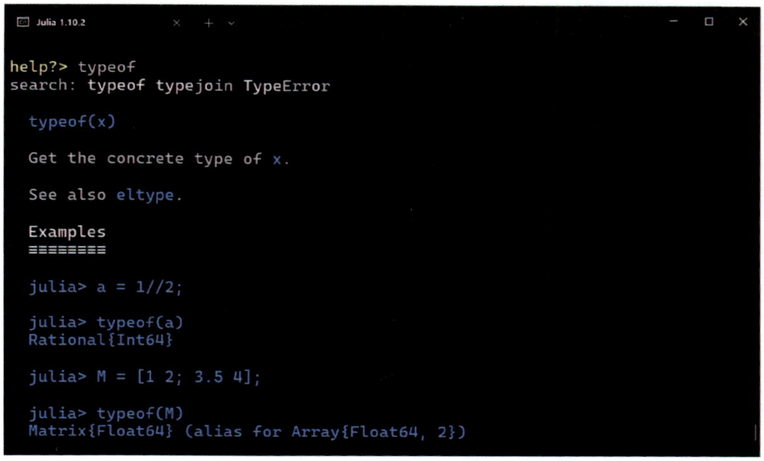

그림 1.7. 도움말 모드의 도움말 기능

또, 도움말 모드에서 "rational number"와 같이 쌍따옴표로 둘러싼 문자열을 입력하면, 설명에 해당 문자열이 포함된 항목을 [그림 1.8]과 같이 출력한다.

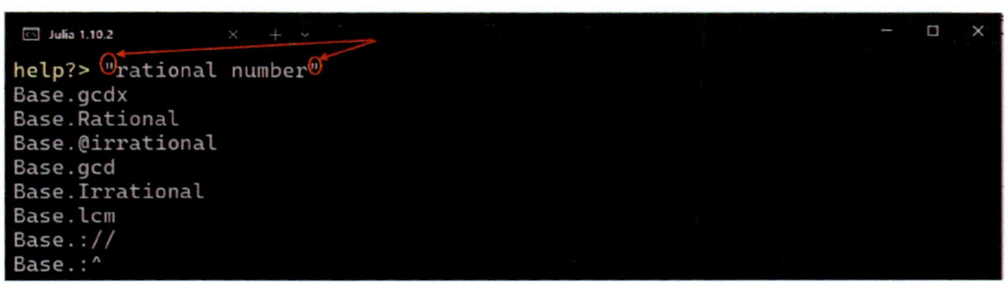

그림 1.8. 도움말 모드의 도움말 기능

[패키지 모드: pkg>]

줄리아에서 패키지의 의미와 사용하는 방법은 이 소절 끝 부분의 참고 1.1을 참고하고, 여기서는 패키지 모드에서 패키지를 설치[12]하는 방법에 대해 알아보자.

[12] 추가라고 말하기도 한다.

줄리아 터미널의 julia> 프롬프트에서]를 입력하면 프롬프트가 pkg>[13]로 바뀌면서 줄리아의 패키지를 설치, 관리하는데 쓰이는 패키지 모드로 진입한다.

[13] 프롬프트 앞에 붙은 (@v1.10)은 현재 프로젝트 환경이 기본 환경이라는 것을 표시한다. 자세히 알고 싶으면 15.1.2절을 미리 읽어 볼 것을 권한다.

[그림 1.9]와 같이 프롬프트가 pkg>인 패키지 모드에서, help 또는 ?를 입력하면, 패키지 모드에서 사용할 수 있는 명령어와 그 설명을 확인할 수 있다. 패키지 모드에서 코드 입력 모드로 돌아가려면 [backspace] 키를 입력하면 된다.

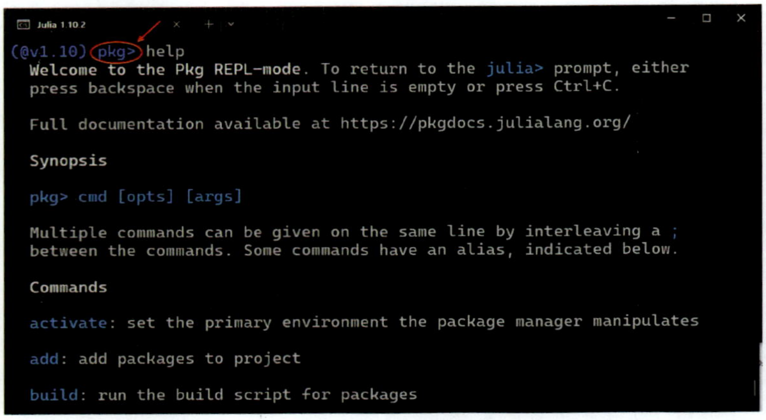

그림 1.9. 패키지 모드의 사용법

패키지 모드에서 자주 사용하는 몇 가지 명령어에 대해 알아보자.

- 패키지 모드에서 add 명령어 뒤에 설치하려는 패키지명을 입력하면 최신 버전의 패키지가 설치된다. 만약 설치하려는 패키지의 특정 버전이 있다면, 패키지 이름 뒤에 @버전을 입력하면 된다.
- 설치되어 있는지 여부와 패키지의 버전 등을 확인하고 싶으면, status 패키지명 또는 st 패키지명을 입력하면 된다. 만약 status를 입력하면 설치되어 있는 모든 패키지에 대한 정보를 보여준다.

예를 들어, add Plots@1.40.1을 실행하면, 해당 패키지가 설치되어 있으면 [그림 1.10]과 같이 변경 사항이 없음을 표시해주고, 설치되어 있지 않으면 설치여부를 확인한 후 설치한다. 또, status Plots을 실행하면 Plots 패키지의 버전 정보 뿐만 아니라 업데이트 가능한 최신 버전이 있는지도 알려준다.

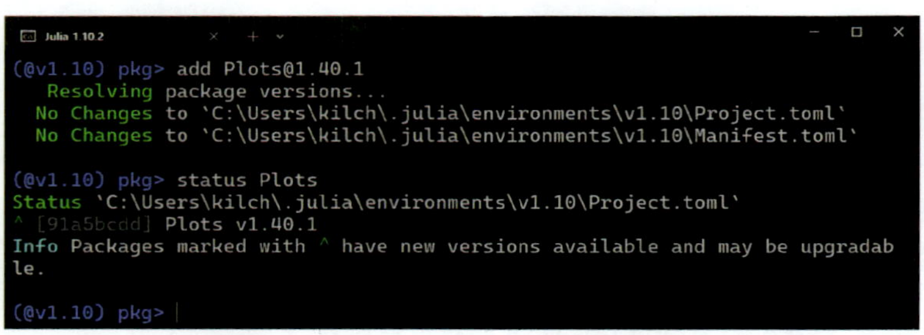

그림 1.10. 패키지 설치(추가) 방법

- 기존에 설치되어 있는 패키지를 최신 버전으로 업데이트할 때는 `update 패키지명` 또는 `up 패키지명`을 입력하면 되고, 설치되어 있는 모든 패키지를 업데이트하려면 `update`를 입력하면 된다.
- 설치되어 있는 패키지를 삭제할 때는 `remove 패키지경` 또는 `rm 패키지명`을 입력한다.
- 패키지 모드에서 `activate` 명령어를 이용하면, 작업하려는 폴더를 전체 시스템과 독립적으로 관리되는 프로젝트 환경으로 만들고 활성화시킬 수 있다.[14] 즉, 이 프로젝트 환경에 설치되는 패키지는 전체 시스템과 독립적으로 관리된다. 이처럼 프로젝트 환경을 만들고 사용하는 방법에 대해서는 15장에서 설명한다.

[14] 특별한 목적으로 몇 가지 패키지를 특정 버전으로 제한해야 하는 경우에, 프로젝트를 이용한 독립적인 환경이 유용하다.

참고 1.1. 줄리아에서 모듈, 패키지, 라이브러리의 차이

[모듈, 패키지, 라이브러리의 차이]

줄리아에서 특정 기능을 구현할 목적으로 변수, 타입, 함수 등을 `파일명.jl`라는 하나의 파일에 작성한 것을 모듈이라 한다. 모듈의 역할과 작성 방법에 대해서는 4.1절에서 자세히 다룬다.

또, 모듈을 정의하는 여러 파일과 이들 파일에 대한 정보를 담은 메타데이터 파일을 체계적인 폴더 계층으로 묶은 것을 **패키지**라고 하고, 여러 패키지들의 묶음을 라이브러리라고 한다.

줄리아에 기본적으로 설치되어 있는 표준 라이브러리로는 패키지 관리와 관련된 `Pkg`, 난수와 관련된 `Random`, 선형대수와 관련된 `LinearAlgebra`, 통계와 관련된 `Statistics` 등이 있다.

줄리아에서 모듈, 패키지, 라이브러리는 모두 첫 글자가 대문자로 시작하는데, 앞으로 이 책에서는 표준 라이브러리가 아닌 패키지나 모듈을 언급할 때는 `MyPackage.jl`과 같이 끝에 `jl`을 붙여서 표기한다.

설치가 완료된 패키지를 사용할 때는 `using MyPackage`와 같이 `using` 뒤에 패키지 이름을 쓰면 된다.

[코드 입력 모드에서 패키지 설치하기]

줄리아 터미널의 프롬프트가 `julia>`인 코드 입력 모드에서도 다음과 같이 패키지를 설치할 수 있다.

```
using Pkg
Pkg.add("Plots")
```

즉, `using` 명령어를 이용하여 패키지를 관리하는 표준 라이브러리인 `Pkg`를 불러온 다음, 위와 같은 방법으로 패키지를 설치하고 그 상태를 확인할 수 있다.

단, REPL 패키지 모드의 경우와 달리 `Pkg`의 함수 `Pkg.add`와 `Pkg.status` 함수를 사용하고, 패키지명도 따옴표로 둘러싸인 문자열을 전달해야 함에 유의해야 한다.[15]

[15] `Pkg.add`와 같은 형태로 사용하는 이유는 대해서는 4.1.1절에서 설명한다.

[셀 모드: shell>]

앞에서 설명한 줄리아 터미널의 세 가지 모드 외에도 리눅스를 사용하는 사용자에게는 셸 모드도 유용하다. 코드 입력 모드 상태에서 세미콜론 `;`를 입력하면 프롬프트가 `shell>`로 바뀌면서 셸 모드가 되므로, 별도의 터미널 창을 열지 않고도 터미널 명령을 입력할 수 있다.

윈도우에서 줄리아를 사용하는 경우에도 셸 모드로 들어갈 수 있지만, 리눅스만큼 활용도가 많지는 않다. 예를 들어, 셸 모드로 진입해서 `ipconfig` 명령어를 입력하고 그 결과를 각자 확인해 보라.

1.3.2 비주얼 스튜디오 코드

프로그래밍 언어를 이용하여 코드의 작성, 실행, 디버거 등을 하나의 통합된 환경에서 할 수 있도록 만들어진 코드 편집기를 통합 개발 환경(IDE:Integrated Development Environment)이라 한다. 다양한 프로그래밍 언어를 지원하는 무료 IDE 중 하나가 VS Code(Visual Studio Code)[16] 인데, `Julia extension`을 설치하면 REPL과 같은 상호작용 환경의 이점을 누리면서 줄리아 코드를 작성하고 실행시킬 수 있다.

[16] `https://code.visualstudio.com/`에서 자신의 운영체제에 맞는 VS Code를 다운로드하여 설치하면 된다.

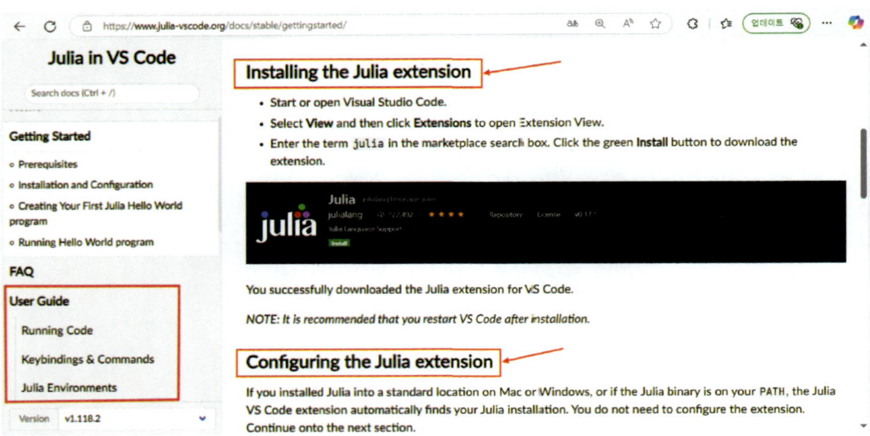

그림 1.11. VS Code에 Julia Extension 설치하는 법

VS Code에서 줄리아를 사용하려면, VS Code에서 Julia extension을 설치해야 한다. [그림 1.11]과 같이 https://www.julia-vscode.org/docs/stable/gettingstarted에 설치 및 설정 방법이 자세히 설명되어 있으므로 이를 참고하여 설치하면 된다.

VS Code를 사용해 본 경험이 없더라도, 동일한 웹페이지 왼쪽 탭의 'User Guide'를 이용하면 줄리아 코드를 작성하고 실행시키는 방법, VS Code에서 줄리아의 REPL을 실행시키는 방법 등이 자세히 설명되어 있다.

[그림 1.12]는 실제로 VS Code에서 줄리아 코드를 입력하고 그 첫 번째 블록만 실행시킨 상태를 보여주는데, 하단의 REPL에 그 결과가 출력되는 것을 볼 수 있다.

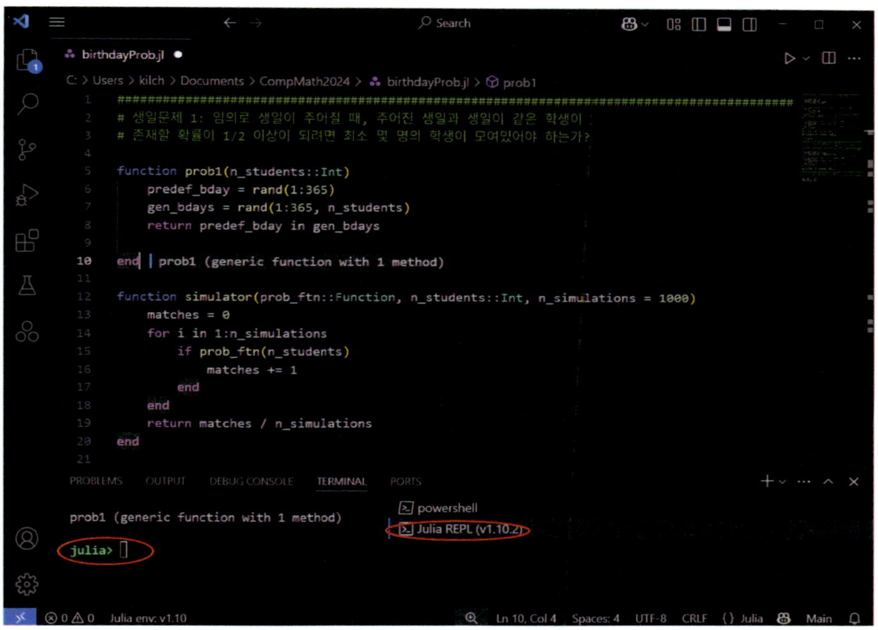

그림 1.12. VS Code에서 줄리아 코드를 작성하고 실행하는 예

1.3.3 주피터 노트북/주피터 랩

주피터 프로젝트(Project Jupyter)는 다양한 언어를 지원하는 대화형 컴퓨팅 환경을 목표로 시작되었다.[17] 처음에는 Julia, Python, R을 주요 언어로 삼았지만,[18] 현재는 여러 언어의 커널을 추가하는 것이 가능하고, 코드 실행과 결과 확인을 즉시 할 수 있는 대화형 개발 환경이다.

[17] https://jupyter.org/about에 따르면, 2014년에 IPython Project로부터 출발했다.

[18] 주요 언어의 첫 글자를 반영해서 Jupyter라는 이름이 탄생했다.

특히 주피터 노트북(Jupyter Notebook)은 시각화 및 문서화 기능을 제공한다. 즉, 코드, 마크 다운을 이용한 서식있는 텍스트, LaTeX 수식, 멀티미디어를 하나의 문서로 통합하는 그래픽 노트북이므로 학습 및 수업 자료로 활용할 수 있을 뿐 아니라, 데이터 분석 및 머신 러닝 연구에도 많이 활용된다.

줄리아를 주피터 노트북에서 사용하는 방법은 크게 두 가지가 있는데, 어느 경우이든지 우선 `IJulia` 패키지를 설치해야 한다.[19]

[19] 10쪽의 설명처럼 REPL 프롬프트의 패키지 모드에서 설치할 수도 있고, 11쪽의 설명처럼 코드 입력 모드에서 설치할 수도 있다.

- 컴퓨터에 이미 Python와 Jupyter가 설치되어 있는 경우에는 줄리아의 `IJulia` 패키지를 설치하면, 설치 과정에 Jupyter에서 줄리아를 시작할 수 있는 커널 사양도 설치된다. 따라서 터미널에서 `jupyter notebook`을 실행하여 일반적인 방식으로 노트북 서버를 시작하고, [그림 1.13]과 같이 새 노트북의 커널을 사용하는 버전의 줄리아로 선택하면 된다.

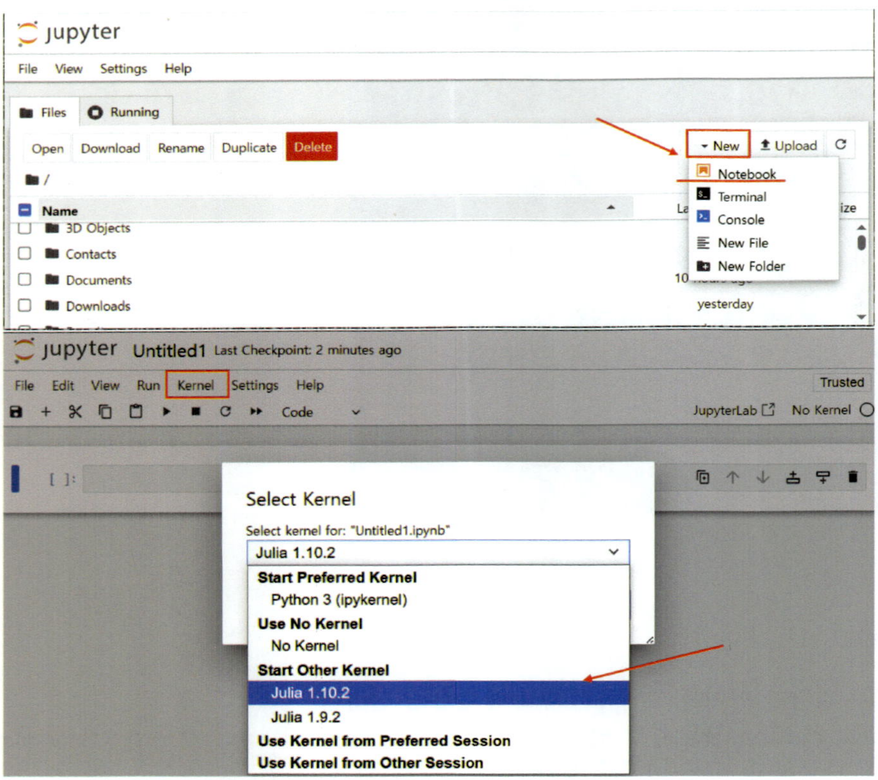

그림 1.13. Jupyter가 설치되어 있는 경우, IJulia로 커널 설치하고 사용하는 방법

- 또 다른 방법은 설치한 IJulia 패키지가 자체 Python/Jupyter 설치를 생성하고 관리하도록 할 수 있다.[20] 이 방법을 이용하는 경우 프롬프트 julia>에서 다음과 같이 IJulia를 로딩하고, notebook( )을 입력하여 실행시키면 된다.

[20] 즉, 시스템의 PATH에 포함되지 않는 Julia에서만 사용하는 Python/Jupyter를 설치 관리한다.

```
using IJulia     #IJulia 패키지 로딩
notebook( )   #노트북 실행
```

IJulia 패키지 설치 후 처음으로 notebook()을 실행시킨 경우에는 Jupyter를 설치할지 묻는 메시지가 표시된다. [Y]를 선택하면 줄리아의 Conda 패키지가 자동으로 실행되면서 Miniconda를 통해 줄리아 전용 Python/Jupyter 배포판을 설치하고, 컴퓨터의 기본 브라우저[21]에서 [그림 1.14]와 같이 노트북을 실행한다.

[21] 사용에 문제가 있는 경우 기본 웹 브라우저를 크롬으로 변경하고 사용할 것을 권한다.

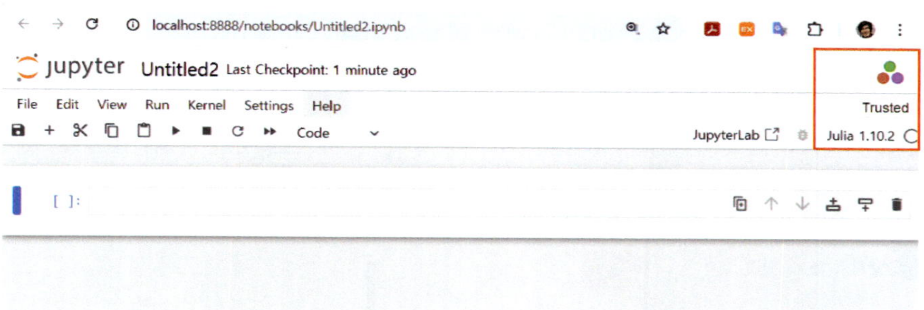

그림 1.14. IJulia로 전용 Jupyter를 설치하고 사용하는 방법

만약 IDE와 유사한 JupyterLab을 사용하고 싶다면, 위 과정에서 notebook( )대신 jupyterlab( )를 실행시키면 된다.

설치 도중에 문제가 발생하거나 설치와 관련된 추가 정보가 필요하면 IJulia 문서[22]를 참고하고, 주피터 노트북에 대한 자세한 내용과 그 사용법은 해당 사이트[23,24]를 참고하면 된다.

[22] The Julia Project, *IJulia*, https://julialang.github.io/IJulia.jl/stable/.

[23] The Project Jupyter, *Project Jupyter Documentation*, https://docs.jupyter.org/en/latest/.

[24] The Project Jupyter, *Jupyter Notebook Documentation*, https://jupyter-notebook.readthedocs.io/en/latest/.

이 책은 기본적으로 REPL 환경의 줄리아 터미널에서 실습하는 것을 염두에 두고 작성되었지만, 각자 실습하면서 그 내용을 파일 형태로 저장하고 재실행시킬 수 있도록 주피터 노트북 사용을 권한다.

[주피터 노트북의 기본적인 사용법]

앞에서 설명한 것처럼 실행시킨 노트북은 'Untitled.ipynb'와 같이 파일 형식(확장자)이 'ipynb'인 파일이 되는데, [그림 1.15]의 #1 부분을 클릭하면 파일명을 수정할 수 있다.

또 #2 부분의 빈 박스를 셀(cell)이라고 하는데, #3 부분이 Code로 되어 있을 때 셀을 클릭하면 코드를 작성하고 실행시킬 수 있고, Markdown으로 되어 있으면 서식이 있는 텍스트(마크다운)를 입력할 수 있다. 이때, 셀에 입력한 것이 마크다운이면 #4 부분에 아무런 표시가 되지 않고, 줄리아 코드이면 [숫자]가 표시된다. 코드가 입력된 셀을 [shift+enter]키를 눌러[25] 실행시키면, 동일한 [숫자]가 다른 색으로 표시되며 실행 결과를 보여준다.

[25] [shift]키를 누른 상태에서 [enter]키를 누른다는 뜻이다.

각 셀에 코드나 마크다운을 입력할 때, 동일한 셀 내에서 줄바꿈은 [enter]키를 누르면 되고, 셀의 입력 내용을 실행시킬 때는 [shift+enter]키를 누르면 된다. 이때, 한 셀에 여러 줄의 코드를 작성했다면, 가장 마지막 줄에 작성한 코드의 결과가 출력된다.[26]

[26] 중간 결과를 확인하고 싶으면 뒤에 배울 print 또는 println과 같은 함수를 이용하면 된다.

줄리아 터미널과 달리 주피터 노트북에서는 작성된 코드가 있는 셀을 클릭하고 코드를 수정한 후 다시 실행시킬 수 있는데, #4의 숫자는 이 노트북 전체에서 이 셀의 코드를 실행시킨 순서를 나타낸다. 또, REPL 프롬프트에서 그림을 그리면 별도의 창에 그림을 보여주지만, 주피터 노트북을 사용하면 그림이 노트북에 포함되어 표시된다.[27]

[27] 줄리아로 그림을 그리는 방법은 8장에서 배운다.

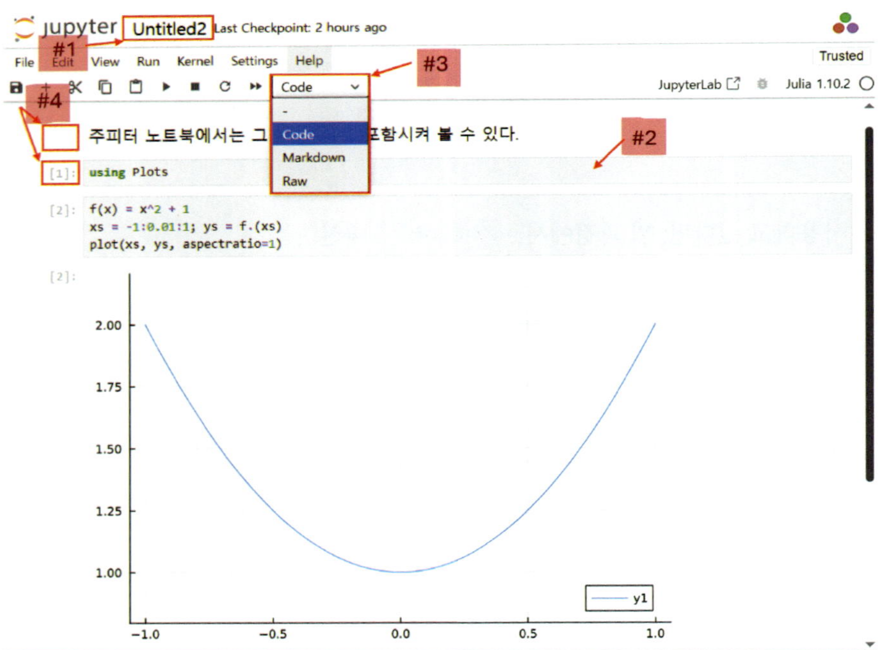

그림 1.15. 주피터 노트북 기본 사용법

작성이 끝난 주피터 노트북은 [그림 1.15]의 #1 부분 왼쪽 아래에 있는 디스켓 모양의 아이콘을 눌러 저장하고, File 탭에서 'Close and Shut Down Notebook'을 누르면 노트북이 안전하게 닫힌다.

만약 작성한 노트북을 웹페이지 형태로 저장[28]하길 원한다면 [그림 1.16]과 같이 상단의 'File' 탭에서 'HTML' 파일로 내보내기를 선택하면 된다. 이때 파일명과 동일한 이름의 'html' 파일이 생성되어 다운로드 폴더에 저장된다.

[28] 줄리아, Jupyter가 설치되어 있지 않아도 웹브라우저를 통해 코드와 실행 결과를 볼 수 있다.

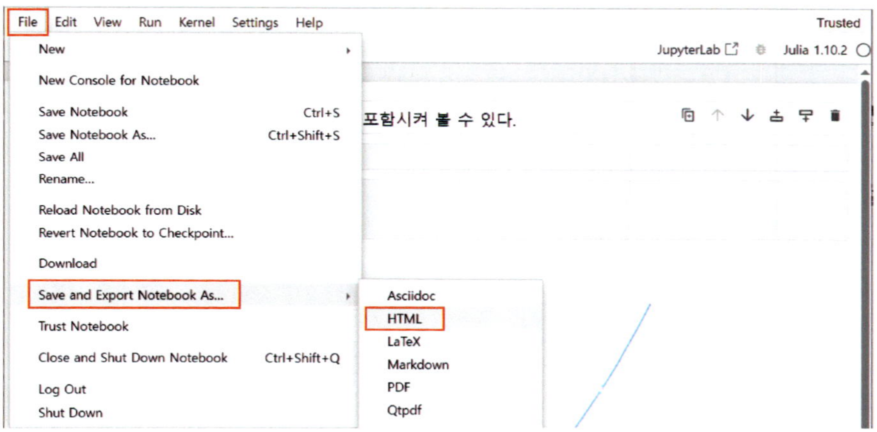

그림 1.16. 작성한 노트북를 html 파일로 내보내기

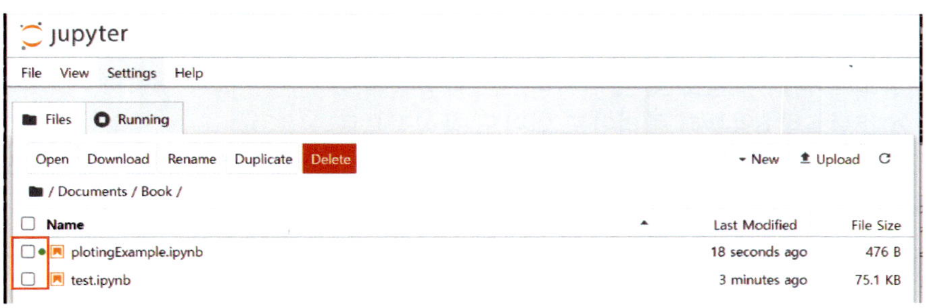

그림 1.17. 작성한 파일 다시 열어 작업하기

저장된 노트북 파일을 다시 열어 작업하는 방법도 간단하다.[29] `using IJulia; notebook( )`을 실행시켜 열린 웹브라우저에서 [그림 1.17]의 표시된 부분을 보면, 현재 열려있는 노트북은 색칠된 점이 옆에 표시되고, 열려있지 않은 노트북은 표시가 없다. 이때 열고 싶은 파일을 더블 클릭하면 새로운 창이 열리면서 작업[30]할 수 있는 상태가 된다.

[29] 여러 개의 노트북을 독립적으로 작업할 수 있다.

[30] 만약 커널이 선택되어 있지 않으면, [그림 1.13]에서 설명한 방식대로 커널을 선택하면 된다.

모든 작업이 끝나면, 앞에서 설명한 방식대로 열려있는 노트북을 모두 안전하게 닫은 다음, [그림 1.18]과 같이 남아 있는 주피터 노트북 홈페이지 상단의 'File'에서 'Shut Down'을 선택하면 'Server stopped'라는 표시가 뜨는데, 이때 브라우저를 닫으면 주피터 REPL 프롬프트가 코드 입력 모드로 돌아온다.

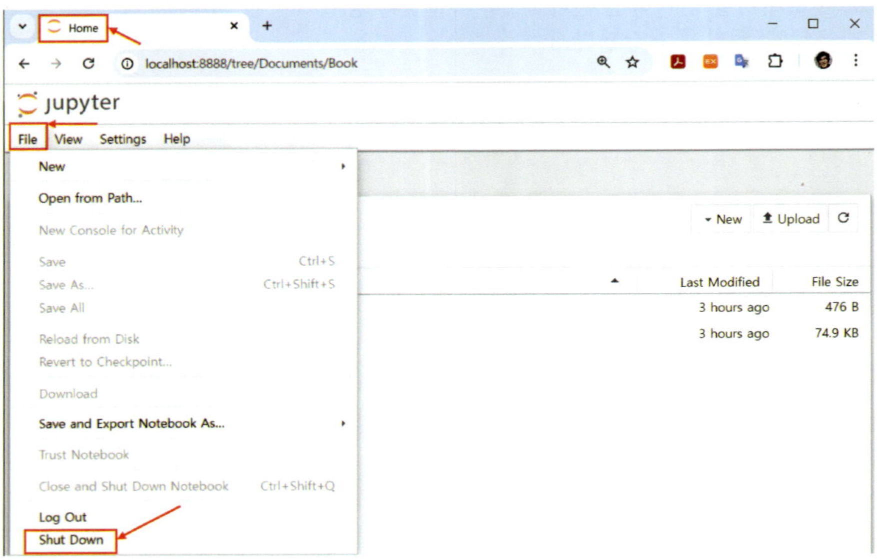

그림 1.18. Jupyter 서버 종료하기

[구글 코랩에서 줄리아 사용하기]

구글 코랩(Colab)은 클라우드 기반의 주피터 노트북 호스팅 서비스으로 공식적으로는 파이썬 언어만 지원했었으나, 2025년 5월 6일부터 줄리아도 언어도 공식적으로 지원하기 시작했다.[31]

다음 단계를 따르면 코랩에서 줄리아를 사용할 수 있다.

1) 구글 코랩(`https://colab.research.google.com/`)의 '파일' 탭에서 '새 노트북'을 선택한다.

2) [그림 1.19]과 같이, 노트북의 상단에서 '런타임(Runtime)' 탭을 누르고 '런타임 유형 변경'을 선택한 후 런타임 유형을 'Julia'로 변경한다.

3) 주피터 노트북에서 줄리아를 사용하는 것과 동일하게 사용한다.

[31] 줄리아 공식지원 전에도 세션마다 줄리아를 설치하는 셸 명령어를 이용하여 사용할 수는 있었지만, `Plots` 패키지를 설치하여 사용할 수 없었다.

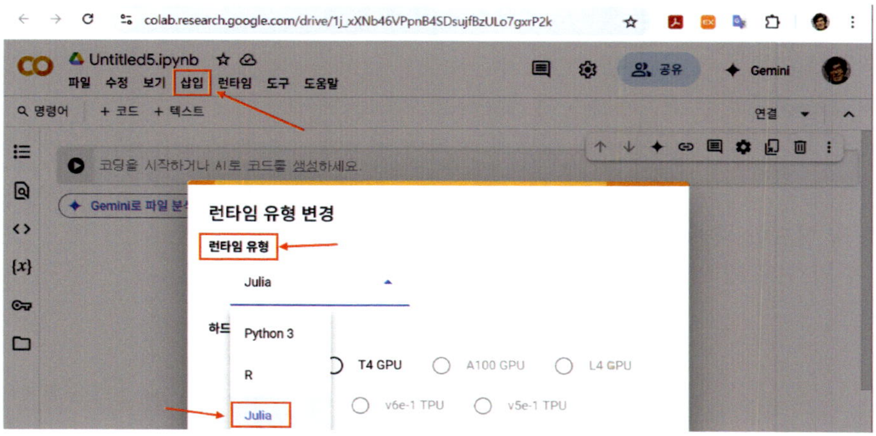

그림 1.19. 구글 코랩에서 줄리아 사용하기

집필 시점[32]에 T4 GPU 무료 사용을 포함하여 줄리아의 대부분 기능을 코랩에서 사용할 수 있는데, 기본적으로 제공되는 줄리아 런타임은 1.10 LTS 버전이고, 데이터 처리에 유용한 `CSV`, `DataFrames` 패키지와 시각화에 필요한 `Makie`, `Plots` 패키지가 기본적으로 설치되어 있다.

특히, 18세 이상이면 자신이 작성한 코드를 구글의 Gemini로 분석하는 것이 가능하고, Gemini의 AI 기반 인사이트를 이용하여 코드를 작성할 수도 있다.[33]

32 2025년 5월 10일

33 단, 프롬프트 작성시 줄리아로 작성함을 알려줘야 한다.

1.3.4 플루토 노트북

줄리아 전용으로 개발된 플루토(Pluto) 노트북은 반응형 노트북 환경으로 `Pluto.jl` 패키지를 설치하면 사용할 수 있다.[34]

패키지를 설치한 후, 줄리아 터미널의 `julia>` 프롬프트에서 다음을 실행하면, 웹 브라우저가 열리고 플루토 노트북을 사용할 수 있다.

```
import Pluto; Pluto.run( )
```

34 줄리아 터미널의 `julia>` 프롬프트 또는 `pkg>` 프롬프트에서 패키지를 설치하는 방법은 1.3 소절에서 자세하게 설명했다.

플루토 노트북의 외관은 주피터 노트북과 유사하고, 웹 브라우저를 이용하여 사용한다는 공통점이 있지만, 작동 방식에는 다음과 같이 큰 차이점이 있다.

- 각 셀을 재실행하지 않아도 플루토 노트북은 변수의 값이 바뀔 때 그 변수를 참조하는 모든 셀이 자동으로 업데이트 된다. 즉, 주피터 노트북은 셀들의 실행 순서에 따라 다른 결과가 나올 수 있지만, 플루토 노트북은 자동 업데이트로 인해 실행 순서와 무관하게 동일한 결과가 나온다.

- 주피터 노트북 파일은 JSON 형식의 주피터 노트북 포맷으로 저장된다. 이에 반해, 플루토 노트북은 일반 줄리아 파일로 저장된다.[35]
- `@bind` 매크로를 통해 HTML 개체와 줄리아 변수 사이에 연동이 가능하고, `PlutoUI.jl` 패키지를 통해 슬라이더, 버튼 등의 UI[36] 요소를 사용하는 반응형 노트북 환경을 제공한다.
- 노트북에 입력된 코드 분석을 통해 필요한 패키지를 자동으로 설치 관리하고, 노트북 파일에 이 정보를 포함시켜 이 파일을 여는 다른 사용자도 동일한 패키지 환경에서 코드를 실행시킬 수 있다.

[35] 따라서, 다른 에디터에서도 편집이 가능하다.

[36] User Interface의 약자로 버튼, 메뉴, 아이콘, 입력 필드 등의 시각적 요소를 포함하는 사용자 인터페이스를 말한다.

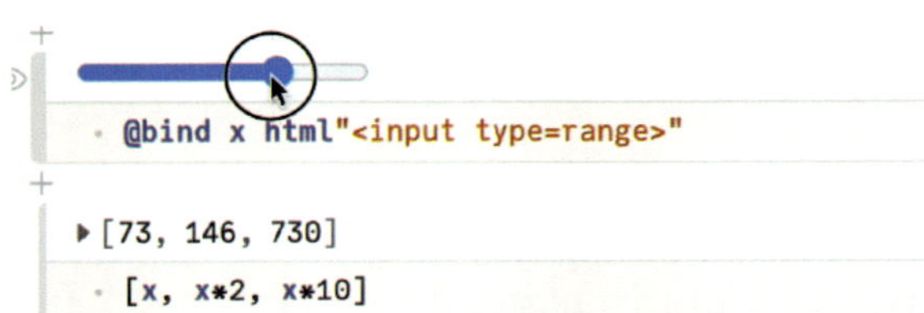

그림 1.20. 플루토 노트북에서 UI 사용 예

[그림 1.20][37]은 주피터 노트북에서 슬라이더 UI를 이용하여 변수에 값을 할당하는 것을 보여준다.

이런 기능을 포함한 플루토 노트북의 사용 방법은 홈페이지[38]에 자세하게 소개되어 있고, 몇 가지 주제에 대해 잘 만들어진 플루토 노트북 샘플도 제공하고 있으니 각자 익혀서 활용하기 바란다.

[37] `https://plutojl.org`에서 캡처한 그림이다.

[38] F. van der Plas, *Pluto*, `https://plutojl.org/`.

2 기본적인 데이터 타입

이 장에서는 간단한 예제와 함께 줄리아의 기본 문법을 소개한다. 비교적 간단한 코드를 다루므로 REPL 환경의 줄리아 터미널에서 실습한다고 가정한다. 이전 장에서 소개한 다양한 상호작용 환경을 사용하면, 파일 형태로 저장도 가능하므로 잘 활용하기 바란다.

2.1 변수

변수(variable)는 값(value)을 담고 있는 이름이다. 값에는 종류를 의미하는 타입(type)[1]이 있지만, 줄리아의 변수는 동적 타입으로 미리 선언해야 하는 타입이 없으므로 동일한 변수에 다른 타입의 값을 재할당할 수 있다.[2]

줄리아의 REPL(Read-Eval-Print-Loop)은 사용자의 입력을 읽어서 평가하고 결과를 보여주는 상호작용 대화형 환경인데, 줄리아를 실행하면 REPL 환경의 줄리아 터미널이 실행된다. 터미널의 프롬프트에 아래와 같이 차례로 코드를 입력하고 실행하면, 동일한 변수에 서로 다른 타입의 값을 재할당할 수 있음을 확인할 수 있다.

```
julia> x = 5
5
julia> typeof(x)
Int64
julia> x = 5.0 # 새로운 타입의 값을 할당
5.0
julia> typeof(x)
Float64
julia> x = 'a' # 문자 타입을 값을 할당
'a': ASCII/Unicode U+0061 (category Ll: Letter, lowercase)
julia> typeof(x)
Char
julia> x = "한글" # 유티코드 문자열 타입의 값을 할당
"한글"
julia> typeof(x)
```

[1] 간단히 말해서 문자형, 정수형, 실수형과 같이 값의 종류에 따라 저장될 공간의 크기와 저장형식을 정의한 것을 타입이라고 한다. 줄리아의 타입에 대해서는 뒤에 자세히 공부한다.

[2] C 언어와 같이 컴파일 시에 변수의 타입이 결정되는 정적 타입 언어의 경우에는 변수에 값을 할당하기 전에 먼저 담을 값과 동일한 타입을 선언해야 한다.
반면에 동적 타입 언어는 타입 체크를 런타임 때까지 미루기 때문에, 타입을 미리 명시해줄 필요가 없어 간결한 코드 작성이 가능하다.
파이썬, 매트랩, R과 같은 대부분의 동적 타입 언어는 효율적인 기계어 생성이 어려워 인터프리팅 방식으로 실행되고, 이로 인해 정정 타입 언어에 비해 실행 성능이 떨어진다.
수학, 과학 계산을 위해 개발된 줄리아는 동적 타입 언어임에도 불구하고, 몇 가지 특성으로 인해 정적 타입 언어에 준하는 뛰어난 성능을 발휘하도록 개발된 언어이다.

```
String
```

앞의 예제 코드에서 `typeof(x)`는 변수 `x`에 담긴 값의 타입을 확인하는 함수를 사용하는 방법이다. 또, 코드에서 `#`이후에 한 줄에 입력한 모든 내용은 실제로 실행되지 않으며, 코드에 대한 주석을 표시하는 방법이다.

줄리아에서는 변수 이름에 UTF-8 인코딩을 따르는 유니코드 문자를 사용할 수 있다. 다른 언어에서도 유니코드 일부를 변수명으로 사용할 수 있지만, 논문 등에서 제시된 수식과 실제 코드를 일치시켜 가독성을 높이는 목적으로 줄리아 커뮤니티에서는 좀 더 적극적으로 사용하는 편이다.

유니코드 변수명을 입력하려면, 줄리아 REPL이나 비주얼 스튜디오 코드(VS code) 등의 전용 에디터에서 \(역슬래시) 뒤에 유니코드명을 입력하고 탭(tab) 키를 누르면 된다. 이때, 역슬래시 뒤에 입력하는 유니코드명은 LaTeX의 코드명과 유사한데, 줄리아 공식 문서 매뉴얼의 'Unicode Input' 항목[3]에서 전체 리스트를 확인할 수 있다. 또, VS code 등의 전용 에디터나 주피터 노트북에는 자동 완성 기능이 있으므로 좀 더 편리하게 유니코드를 입력할 수 있다.

[3] The Julia Project, *Julia Documentation:Manual:Unicode Input*, `https://docs.julialang.org/en/v1/manual/unicode-input/`.

줄리아에서는 변수명, 함수명, 타입명 등을 효과적으로 구분하기 위해 일정한 관례에 따라 이들 이름을 붙이게 되는데, 이를 정리하면 다음과 같다. 아직 소개하지 않은 내용들을 포함하고 있지만, 한 번 읽어두기 바란다.

- 변수명은 소문자로 하고, 숫자로 시작할 수 없다.
- 단어 구분은 _로 하지만, 꼭 필요한 경우에만 사용한다.
- 타입명이나 모듈명은 대문자로 시작하고, 단어 구분은 대문자로 한다(UpperCamelCase).
- 함수명이나 매크로명은 _없이 소문자만 사용한다.
- 함수의 인수로 주어진 값을 수정하는 제자리(in-place) 함수는 함수명 끝에 !를 붙인다. 예를 들어, `sort` 함수는 정렬된 결과를 새롭게 반환하지만, `sort!` 함수는 함수의 인수 자체를 정렬한다.

2.2 수치 타입과 산술 연산

이 절에서는 줄리아에서 정수를 다루는데 사용되는 정수 타입과 실수를 근사적으로 다루는데 사용되는 부동소수점 타입(floating point)등에 대해 간략하게 소개한다.

2.2.1 정수 타입

프로그래밍 언어에서 값 그 자체를 표현하는 것을 리터럴(literal)이라고 하는데, 2.1절의 예에서 `5`는 수치 5를 정숫값으로 표현하는 정수 리터럴이고, `5.0`는 수치 5를 실숫값으로 표현하는 소수점 리터럴이다. 이처럼 수학적으로 동일한 값이지만, 컴퓨터에서 정숫값으로 처리할 지 실숫값으로 처리할 지에 따라 그 값의 타입에 맞는 리터럴을 사용하여 구분할 수 있다.

줄리아에서는 정수를 표현하는데 사용되는 비트 수에 따라 최솟값과 최댓값을 가지는 다양한 정수 타입(`Int8`, `Int16`, `Int32`, `Int64`, `Int128`)을 지원한다. 먼저, 비트 수에 따라 표현할 수 있는 정수의 범위가 어떻게 결정되는지 살펴보자.

참고 2.1. 부호가 있는 정수 타입의 비트 수에 따른 최댓값과 최솟값을 구하는 방법

예를 들어, 8비트를 사용하는 `Int8`의 최상위(가장 왼쪽) 비트는 정수의 부호를 결정하는 값으로 0이면 양의 정수, 1이면 음의 정수를 의미한다.

만약 최상위 비트가 0이면, 나머지 7비트에 저장된 0 또는 1의 값의 나열을 7자리 이진수로 표현한 자연수로 이해하면 된다. 즉, 8비트에 저장된 값이 01001101이라면, 최상위 비트가 0이므로 그 값은 양의 정수가 되어 다음과 같다.

$$1 \times 2^6 + 1 \times 2^3 + 1 \times 2^2 + 1 \times 2^0 = 64 + 8 + 4 + 1 = 77$$

이 된다.

만약 최상위 비트가 1이면, 음의 정수로 그 절댓값은 나머지 7비트에 저장된 값을 각각 0은 1로, 1은 0으로 바꾸어 얻어지는 이진수가 나타내는 자연수에 1을 더한 값이 된다. 즉, 8비트에 저장된 값이 11010001이라면 최상위 비트가 1이므로 그 값은 음의 정수이고, 이진수 0101110에 대응되는 값은

$$1 \times 2^5 + 1 \times 2^3 + 1 \times 2^2 + 1 \times 2^1 = 32 + 8 + 4 + 2 = 46$$

이므로 음의 정수 -47이 된다.

따라서, `Int8` 타입에 저장할 수 있는 정수의 최댓값은 8비트 01111111에 대응되는

$$2^6 + 2^5 + 2^4 + 2^3 + 2^2 + 2^1 + 2^0 = 127$$

이고, 최솟값은 8비트 10000000에 대응되는

$$-(2^6 + 2^5 + 2^4 + 2^3 + 2^2 + 2^1 + 2^0 + 1) = -128$$

이 된다.

64비트 컴퓨터에서 정수 리터럴의 타입은 기본적으로 **Int64**로 처리되지만, Int64에서 다룰 수 있는 최댓값보다 큰 정수 리터럴의 타입은 Int128 또는 BigInt가 된다.[4]

```
julia> typeof(1)
Int64
julia> typeof(Int32(1))
Int32
julia> typemin(Int64), typemax(Int64)
# Int64 정수 타입에서 표현가능한 최솟값과 최댓값
(-9223372036854775808, 9223372036854775807)
julia> typeof(9223372036854775808)
Int128
julia> typeof(170141183460469231731687303715884105728)
BigInt
```

[4] 정숫값 1을 **Int32** 타입으로 저장하는 방법은 Int32(1)과 같이 강제로 타입을 변환시키면 된다. 이때 주어진 정숫값이 Int32로 표현될 수 없는 값일 때는 에러가 발생한다.

주어진 정수 타입에서 다룰 수 있는 최솟값과 최댓값은 각각 함수 typemin( ), typemax( )를 사용하면 구할 수 있다.

Int로 시작하는 정수 타입에서 사용되는 비트의 최상위(가장 왼쪽) 비트는 정수의 부호를 나타내는데 사용되고, 나머지 비트는 정숫값을 저장하는데 사용되는데, 참고 2.1에서 Int8 정수 타입의 경우를 예로 들어 설명한 내용이 동일하게 적용된다.

음이 아닌 정수만을 사용할 때는 최상위 비트까지 값을 표현하는데 사용할 수 있는데, UInt8, UInt16, UInt32, UInt64, UInt128 타입이 이 경우에 해당한다.[5]

예를 들어, Int8 타입에서 다룰 수 있는 정수의 최댓값은 8비트 01111111에 대응되는 127이지만, UInt8 타입에서 다룰 수 있는 정수의 최댓값은 8비트 11111111에 대응되는 $128 + 127 = 255$가 된다.

[5] UInt는 부호가 없는 정수(Unsigned Integer)라는 의미이다.

```
julia> typemax(UInt8)
0xff
julia> typemax(Int8)
127
```

0부터 15까지 16개의 수를 0, 1, 2, 3, 4, 5, 6, 7, 8, 9, a, b, c, d, e, f로 나타내고, 이 16개의 수와 16의 거듭제곱을 이용하여 수를 표현하는 방식을 16진법[6]이라고 하는데, 앞의 코드에서 0xff의 0x는 수를 16진법으로 표현한다는 의미이다. 따라서 0xff는 $15 \times 16^1 + 15 \times 16^0 = 255$를 나타낸다.

[6] 각 t_i가 0부터 f까지 16개 수 중의 하나일 때, 어떤 자연수 N을 16진법으로 표현한 것이 $t_n t_{n-1} \cdots t_1 t_0$라는 것은

$$N = \sum_{i=0}^{n} t_i \times 16^i$$

가 성립한다는 것이다.

파이썬의 정수 타입과 달리, 줄리아의 정수 타입은 타입에 따라서 정해진 범위를 벗어나면 오버플로가 발생할 수 있으므로 주의를 기울여야 한다. 오버플로에 대해서는 27쪽에서 기본 연산을 다룬 뒤 다시 설명하기로 한다.[7]

[7] 줄리아에서도 BigInt 타입을 이용하면 느리지만 오버플로없이 무한한 자릿수의 정수 연산이 가능하다.

문제 2.1. Int16 타입의 최댓값과 최솟값을 직접 계산하여 구하고, typemax, typemin 함수를 이용하여 확인하시오.

풀이: 최댓값은 $\sum_{k=0}^{14} 2^k = 2^{15} - 1 = 32767$, 최솟값은 $-(32767 + 1) = -32768$ 이다.

```
julia> typemin(Int16), typemax(Int16)
(-32768, 32767)
```

2.2.2 부동소수점 타입

제한된 비트 수를 이용하여 보다 큰 범위의 실수를 근사적으로 다루기 위해 부동소수점 타입을 사용하는데, 줄리아의 부동소수점 타입에는 사용하는 비트 수에 따라 Float16, Float32, Float64가 있다.

소수점 기본 리터럴이나 e를 이용한 지수표기법(실수 a와 정수 b에 대해 $a \times 10^b$를 aeb로 표기하는 방법[8])을 쓰면 Float64타입이 되고, f를 이용한 지수표기법을 사용하면 Float32 타입이 된다.

[8] 예를 들어, 1.3e2는 1.3×10^2을 의미하고, 1.3e-2는 1.3×10^{-2}를 의미한다.

```
julia> 1.32, typeof(1.32) # 소수점 리터럴
(1.32, Float64)
julia> 3.14e-2, typeof(3.14e-2) # e를 이용한 지수표기법
(0.0314, Float64)
julia> 3.14f-2, typeof(3.14f-2) # f를 이용한 지수표기법
(0.0314f0, Float32)
```

2.2.3 그 외의 수치 타입

줄리아에는 유리수끼리의 연산을 좀 더 정확하게 할 수 있도록 유리수 타입(Rational 타입)이 제공된다. 정수 타입의 두 값 a, b에 대해 a // b를 실행하면 유리수 타입의 값이 된다.[9]

[9] a/b는 뒤에서 다룰 나눗셈 연산을 의미하므로 주의해야 한다.

```
julia> 2 // 3, 4 // 6
(2//3, 2//3)
julia> typeof(2//3)
Rational{Int64}
julia> denominator(4//6), numerator(4//6)
(3, 2)
```

위 예제 코드에서 알 수 있듯이, 생성되는 유리수는 분모와 분자를 각각 최대공약수로 나눈 기약분수가 되고, 유리수 타입의 값에 대해 분모와 분자는 각각 denominator, numerator 함수를 이용하여 구할 수 있다.

또, 줄리아에는 상수로 내장된 초월수들이 있는데, 원주율은 유니코드 π [\pi+tab][10], 자연상수(오일러 상수)는 유니코드 e [\euler+tab]을 입력하면 된다. 이들 초월수의 타입은 AbstractIrrational 타입의 하위 타입이다.

[10] [\pi+tab]는 터미널이나 상호작용 환경에서 \pi를 입력한 상태에서 tab 키를 누르는 것을 의미한다.

```
julia> π
π = 3.1415926535897...
julia> typeof(π)
Irrational{:π}
```

원주율은 예약어 pi를 입력해도 되고, 오일러 상수를 포함한 주요 상수값들은 줄리아의 MathConstants 모듈에 정의되어 있다.[11]

```
julia> pi
π = 3.1415926535897...
julia> Base.MathConstants.e
ℯ = 2.7182818284590...
julia> Base.MathConstants.golden
φ = 1.6180339887498...
```

[11] 모듈에 대해서는 뒤에 자세히 설명한다. 여기서는 사용법만 익히도록 하자. REPL 등에서 Base.MathConstants.를 입력한 상태에서 tab키를 누르면 사용할 수 있는 상수가 나열되는데, 이 중에서 원하는 상수를 선택하면 된다.

2.2.4 기본적인 연산

이 소절에서는 수치 타입에 대한 기본적인 연산을 소개한다.

- 산술 연산

줄리아의 모든 수치 타입에 대해 덧셈(+), 뺄셈(-), 곱셈(*), 나눗셈(/) 연산을 할 수 있다. 서로 다른 수치 타입의 값들을 연산할 때는, 값들을 동일한 상위 타입으로 변환하는 타입 프로모션(type promotion)[12]이 자동으로 이루어진 후 연산을 하도록 구현되어 있다. 타입 프로모션을 타입 승격이라고도 한다.

[12] 예를 들어, 정수와 부동 소수점 수의 연산에서 정수 타입는 부동 소수점 타입으로 승격되고, Float32와 Float64의 연산에서는 Float32가 Float64로 승격된다.

```
julia> a, b = 1, 2
(1, 2)
julia> c = 0.1
0.1
julia> a + b, a - b, a * b, a / b, b \ a
(3, -1, 2, 0.5, 0.5)
julia> a + c, a - c, a * c, a / c, b \ a
(1.1, 0.9, 0.1, 10.0, 0.5)
julia> 2//3 + b, 2//3 - b, 2//3 * b, 2//3 / b, 2//3 \ b
(8//3, -4//3, 4//3, 1//3, 3//1)
```

(a / b)는 xb = a를 만족하는 x를 구하는 연산이고, (b \ a)는 bx = a를 만족하는 x를 구하는 연산으로 곱셈에 대해 교환법칙이 성립하는 수치 타입을 다룰 때는 차이가 없지만, 교환법칙이 성립하지 않는 행렬 타입의 연산을 다룰 때는 계산 결과가 달라진다.

나눗셈 연산의 결과는 항상 부동소수점 타입이 된다.

```
julia> 4 / 2
2.0
```

또, 나눗셈 연산의 정수 부분만 구하려면 이항 연산자 ÷ [\div+tab] 또는 함수 div를 이용하면 되는데, 연산에 사용된 수치 타입을 포괄하도록 타입 승격이 일어난다.

```
julia> 4 ÷ 2, div(4, 2), 4 ÷ 2.0
(2, 2, 2.0)
julia> 4 ÷ 3, -4 ÷ 3, 4 ÷ 1.3,  4.2 ÷ 1.3
(1, -1, 3.0, 3.0)
```

연산 a ÷ b의 결과 c에 대해, a % b는 a−(c*b)를 계산한다. 이항 연산 a % b 대신 함수를 이용하여 rem(a, b)를 계산해도 된다.[13]

[13] a와 b가 모두 양의 정수일 때는 수학에서 정의하는 나머지와 같아진다.

```
julia> 4 % 3, -4 % 3, 4  % 1.3, 4.2 % 1.3
(1, -1, 0.09999999999999987, 0.30000000000000004)
julia> (4 ÷ 1.3) * 1.3 + (4  % 1.3), (4.2 ÷ 1.3) * 1.3 + (4.2  % 1.3)
(4.0, 4.2)
```

수식의 2^3과 같은 거듭제곱을 계산하려면 거듭제곱 연산자를 이용하여 2 ^ 3을 실행하면 된다.

```
julia> 2^32, 2.0^32
(4294967296, 4.294967296e9)
julia> 2.1^3.2
10.74241047739471
```

한 가지 주의할 점은, a^b를 실행 때, a, b의 수치 타입에 따라 다른 알고리즘이 적용되어 계산되는데, 계산 결과가 정해진 타입에서 표현할 수 없는 값일 때는 예상과 다른 결과를 얻게 된다.

예를 들어, Int64 타입의 2와 64에 대해 2^64의 타입은 Int64가 되는데, 이 값을 비트(이진수)로 표현하면 10...0(0이 64개)이 되고, 64비트 메모리에 하위비트부터 저장하면 최상위 비트 1이 사라져서 저장되는 값이 0이 되는데, 이런 현상을 오버플로라고 한다.

```
julia> 2^64
0
```

문제 2.2. 2^63을 실행한 값이 무엇이 되는지 구하고, 으버플로가 발생한 이유를 설명하시오.

풀이:

```
julia> 2^63
-9223372036854775808
```

2^63을 이진수로 표현하면 최상위 비트가 1이고 나머지 63개의 비트는 모두 0이므로 64 비트를 사용하는 Int64에 저장될 때, 최상위 비트는 부호가 결정하고

$$-(\sum_{i=0}^{62} 2^i + 1) = -2^{63}$$

이 된다.

앞의 예에서, 오버플로없이 정확한 값을 계산하기 위해서는 2 또는 64 중 하나를 임의의 비트 수를 저장할 수 있는 BigInt 타입으로 타입 변환을 한 후 연산하면 된다.[14]

[14] BigInt(2) 대신 big(2)를 사용할 수 있다.

```
julia> BigInt(2)^64, big(2)^64
(18446744073709551616, 18446744073709551616)
julia> 2^BigInt(64), 2^big(64)
(18446744073709551616, 18446744073709551616)
```

수치 타입이 비트(이진수)로 어떻게 표현되는지를 문자열로 반환하는 함수 bitstring를 이용하면 앞에서 설명한 상황을 쉽게 확인할 수 있다.

```
julia> a = Int8(2)
2
julia> bitstring(a), bitstring(a^2), bitstring(a^3), bitstring(a^4)
("00000010", "00000100", "00001000", "00010000")
julia> bitstring(a^5), bitstring(a^6), bitstring(a^7), bitstring(a^8)
("00100000", "01000000", "10000000", "00000000")
```

좀 더 일반적으로 정수 타입의 값에 대응되는 특정 진법의 문자열을 구하려면 string(값, base=진법 수)의 형식으로 실행하면 된다. 즉, bistring(값)은 string(값, base=2)에 해당된다.

```
julia> string(255, base = 2), bitstring(255)
("11111111", "0000000000000000000000000000000000000000000000000000000011111111")
julia> string(255, base = 16)
"ff"
```

역으로 이진수를 나타내는 문자열로부터 정수 타입의 값을 구하려면, 다음 예제 코드처럼 이진법을 나타내는 인수 base=2와 함께 함수 parse를 실행시키면 된다.[15]

[15] 단, 결과가 부호가 있는 값일 때는 오버플로가 발생할 수 있다.

```
julia> parse(Int8, "01111111", base=2)
127
```

문제 2.3. 20과 20.0이 저장되는 비트열을 구하여 비교하고, 각 비트열을 다시 Int64 타입의 정수로 변환하여 원래 값이 나오는지 확인하시오. 또, 다른 결과가 나오는 경우에는 그 이유를 설명하시오.

풀이:

```
julia> s1 = bitstring(20)
"0000000000000000000000000000000000000000000000000000000000010100"
julia> s2 = bitstring(20.0)
"0100000000110100000000000000000000000000000000000000000000000000"
julia> parse(Int64, s1, base=2), parse(Int64, s2, base=2)
(20, 4626322717216342016)
```

s2에 저장되는 수치는 2이지만 Float64 타입이므로 저장방식이 Int64 타입의 경우와 다르고, 실행 결과로 얻은 비트열에서 그 차이를 확인할 수 있다. 따라서 이 비트열을 Int64 타입으로 변환하면 2가 아닌 다른 수치가 된다.

참고로 일반적인 parse 함수의 사용법은 문자열로 표현된 수를 실제 값으로 변환하기 위해 parse(타입, 문자열)의 형식으로 사용하는 것이고, 문자열이 나타내는 값이 정수일 때는 base를 통해 문자열에 사용된 진법을 전달하는 것이다.

```
julia> a = parse(Int64, "1234")
1234
julia> b = parse(Float64, "1.2e-3")
0.0012
julia> typeof(a), typeof(b)
(Int64, Float64)
julia> parse(Int64, "ff", base = 16)
255
```

앞에서 소개한 연산들 사이에는 우선 순위가 정해져 있는데, 이를 기억하는 것보다는 괄호를 이용하여 연산 순위를 표시하는 것이 실수를 줄이는 방법이다. 만약 연산사이의 우선 순위를 확인하고 싶으면, 표현식을 :(표현식)과 같이 ':(' 와 ')' 로 감싸 실행하면 그 결과를 확인할 수 있다.

```
julia> 1 + 2 - 3 * 4 / 5 % 6, ((1 + 2) - ((3 * 4) / 5) % 6)
(0.6000000000000001, 0.6000000000000001)
julia> :( 1 + 2 - 3 * 4 / 5 % 6)
:((1 + 2) - ((3 * 4) / 5) % 6)
```

줄리아에서는 수학식의 간결한 표현을 위해, 변수가 수치형 리터럴에 이어서 나오면 곱셈이라고 가정한다.[16]

```
julia> x = 3
3
julia> 2*x, 2 * x, 2x, 3.1x
(6, 6, 6, 9.3)
julia> x2
Error: UndefVarError: `x2` not defined
```

[16] 변수명이 숫자로 시작할 수 없는 이유 중 하나이다. 또 2x는 2*x를 뜻하지만, x2는 그 자체가 변수명이 된다.
예제 코드에서 x2는 값이 할당되지 않은 변수이므로 오류가 발생한다.

또, 변수에 할당된 값을 빠르게 업데이트시키도록, 산술 연산에 대해 x = x + 2 대신 x += 2와 같이 사용할 수 있다.

```
julia> x = 1
1
julia> x += 2
3
julia> x *= 2
6
julia> x /= 3
2.0
```

이제 정수 타입의 수에 적용할 수 있는 비트 연산자에 대해 알아보자.

- 비트별 연산자(bitwise operators)

비트별 단항 연산자 ~는 정수 타입의 값에 대응되는 비트열에서 1은 0으로, 0은 1로 바꾼 값을 반환하는 비트별 NOT 연산자이다.

```
julia> a = Int8(33)
33
julia> ~a
-34
julia> bitstring(a)
"00100001"
julia> bitstring(~a)
"11011110"
```

비트별 이항 연산자 &는 두 정수 타입의 값에 대응되는 두 비트열의 최하위 비트가 일치하게 위치시킨 뒤, 같은 위치의 비트별로 두 비트가 모두 1일 때만 1이고 나머지 경우는 0이 되는 비트별 AND 연산자이고, |는 같은 방법으로 두 비트가 모두 0일 때만 0이 되고 나머지 경우는 1이 되는 비트별 OR 연산자이다. 또, 비트별로 두 비트가 같을 때만 0이 되고 나머지 경우는 1이 되는 비트별 XOR 연산 ⊻(유니코드 문자 [\xor+tab])가 있다.

```
julia> a, b = Int8(33), Int8(15)
(33, 15)
julia> bitstring(a), bitstring(b)
("00100001", "00001111")
julia> a & b, a | b
(1, 47)
julia> bitstring(a & b), bitstring(a | b)
("00000001", "00101111")
```

문제 2.4. 33와 14의 비트별 XOR 값을 구하시오.

풀이: 33과 14를 이진법으로 표현하면 각각 100001과 1110이므로 최하위 비트의 위치를 맞춰 비트별 XOR 연산을 하면 101111이 된다. 따라서 33⊻14를 실행시키면 47이다.

마지막으로 정수의 곱셈, 나눗셈의 효율적인 구현에도 사용될 수 있는 논리적 시프트 >>>와 산술적 시프트 <<, >>를 알아보자.

먼저 산술적 오른쪽 시프트 >>는 정수의 부호는 유지하면서 모든 비트를 주어진 수만큼 오른쪽으로 이동시키는 연산이다.[17]

[17] 부호가 양수인 경우에는 모든 비트를 오른쪽으로 이동시키고 남은 자리는 0으로 채워지고, 부호가 음수인 경우에는 남은 자리가 1로 채워진다.

```
julia> a, b = Int8(37), Int8(-115)
(37, -115)
julia> bitstring(a)
"00100101"
julia> a >> 1, a >> 2
(18, 9)
julia> bitstring(a>>1), bitstring(a >> 2)
("00010010", "00001001")
julia> bitstring(b)
"10001101"
julia> b >> 1, b >> 2
(-58, -29)
julia> bitstring(b>>1), bitstring(b >>2)
("11000110", "11100011")
```

산술적 왼쪽 시프트 <<는 모든 비트를 주어진 비트 수만큼 왼쪽으로 이동시키고 빈 자리는 0으로 채우는 연산이다.

```
julia> a, b = Int8(127), Int8(-115)
(127, -115)
julia> bitstring(a)
"01111111"
julia> a << 1, a << 2
(-2, -4)
julia> bitstring(a << 1), bitstring(a << 2)
("11111110", "11111100")
julia> bitstring(b)
"10001101"
julia> b << 1, b << 2
(26, 52)
julia> bitstring(b << 1), bitstring(b << 2)
("00011010", "00110100")
```

논리적 시프트 >>>는 부호 비트를 구분하지 않고, 주어진 수만큼 모든 비트를 오른쪽으로 이동시키며, 빈 자리에는 0을 채우는 연산이다.[18] 아래 코드를 통해 산술적 오른쪽 시프트와 차이를 확인해보자.

[18] 논리적 왼쪽 시프트는 산술적 왼쪽 시프트와 차이가 없으므로 별도로 연산이 정의되어 있지 않다.

```
julia> a, b = Int8(37), Int8(-115)
(37, -115)
julia> bitstring(a)
"00100101"
julia> a >>> 1, a >>> 2
(18, 9)
julia> bitstring(a >>>1), bitstring(a >>> 2)
("00010010", "00001001")
julia> bitstring(b)
"10001101"
julia> b >>> 1, b >>> 2
(70, 35)
julia> bitstring(b>>>1), bitstring(b >>>2)
("01000110", "00100011")
```

문제 2.5. 382를 이진법 $a_0 + a_1 2^1 + a_2 2^2 + \cdots + a_k 2^k$ (단, 모든 a_i는 0 또는 1) 꼴로 쓸 때, a_7과 a_8의 값을 비트별 연산을 이용하여 각각 구하시오.

풀이:다음 코드와 같이 산술적 시프트와 비트별 AND를 이용하여 구할 수 있다.

```
julia> a7 = (382 >> 7) & 1
0
julia> a8 = (382 >> 8) & 1
1
```

2.3 부울 타입과 논리 연산

8 비트를 이용하는 부울 타입(Bool 타입)은 각각 참을 나타내는 값인 true와 거짓을 나타내는 값인 false 만을 가질 수 있는 데이터 타입이다. 부울 타입은 주로 조건문, 논리 연산, 비교 연산에 사용된다.

2.3.1 논리 연산자

부울 타입 사이의 연산으로는 두 값이 모두 true일 때만 true를 반환하는 이항 연산인 AND 연산자 &&, 두 값이 모두 false일 때만 false를 반환하는 이항연산인 OR 연산자 ||, 그리고 참과 거짓을 바꾸는 단항연산인 NOT 연산자 !이 있다.[19]

[19] 줄리아에 a,b = 1,2를 실행시키면 변수 a에는 1, b에는 2가 각각 할당된다.

```
julia> t, s = true, false
(true, false)
julia> t && t, t && s, s && t, s && t
(true, false, false, false)
julia> t || t, t || s, s || t, s || s, !t, !s
(true, true, true, false, false, true)
```

2.3.2 비교 연산자

줄리아에서 비교 연산자는 두 값을 비교하여 부울 값 true 또는 false를 반환하는 연산자로 두 값이 같은지 비교하는 ==, 다른지를 비교하는 !=, 왼쪽 값이 오른쪽 값보다 작은지를 비교하는 <, 작거나 같은지를 비교하는 <= 등이 있다. 연산자 <=는 ≤ (유니코드 문자 [\le + tab])을 사용해도 된다.

한 가지 주의할 점은 a == b는 두 객체 a와 b의 값이 동일한지만 비교하는 반면에, 두 객체가 동일한지를 비교할 때는 연산자 ===를 사용해야 한다. 즉, a === b는 두 값 뿐만 아니라 타입과 저장방식까지 같아야 true를 반환한다.

```
julia> 2 == 2.0, 2 == 2//1
(true, true)
julia> 2 === 2.0, 2 === (3-1)
(false, true)
julia> "a" == 'a', "a" === 'a'
(false, false)
julia> 1.0 < 2, 2 ≤ (4 / 2), 3 > 2, 4 ≥ pi
(true, true, true, true)
julia> 'a' < 'b', "ab" < "ac"
(true, true)
```

2.4 자료구조 타입

줄리아에서 컨테이너(container)란 여러 개의 값을 저장하고 관리할 수 있는 데이터 구조체를 말하는데, 데이터를 효율적으로 처리하고 조작하는데 유용하다. 줄리아에는 다양한 종류의 컬렉션(collection)이 있는데, 이 절에서는 몇 가지 주요 컬렉션 타입을 간단히 소개하고 뒤에 자세히 다루도록 한다.[20]

[20] 컬렉션은 데이터 요소들의 모임을 나타내고 컨테이너는 데이터를 저장할 수 있는 모든 데이터 구조를 총칭하는 의미로 사용된다.

2.4.1 배열 타입

먼저 배열 타입(Array 타입)은 동일한 타입의 여러 원소를 순서대로 저장하는 컬렉션으로, 1차원 배열뿐만 아니라 다차원 배열도 사용할 수 있다.

```
julia> v = [1,2,3,4,5] # 1차원 배열
```

```
5-element Vector{Int64}:
 1
 2
 3
 4
 5
julia> M = [1 2 3; 4 5 6] # 2차원 배열
2×3 Matrix{Int64}:
 1  2  3
 4  5  6
```

배열에 저장된 원소의 위치를 가리키는 값을 인덱스(index)라 하는데, 인덱스는 1부터 시작한다. 주어진 배열에 저장된 값 또는 일부 값들로 이루어진 배열을 얻는 방법에는 인덱싱(indexing)과 슬라이싱(slicing)이 있다.

인덱싱은 아래 예와 같이 배열의 위치를 지정하는 인덱스 또는 인덱스들의 배열을 통해 이루어진다.[21]

[21] a[1]의 실행 결과는 배열 a의 첫 번째 원소인 2가 되지만, a[[1]]의 실행 결과는 배열 a의 첫 번째 원소로 이루어진 배열인 [2]가 된다. 즉, 한 개의 인덱스로 인덱싱을 하는 경우에는 결과가 배열의 해당 원소가 되지만, 인덱스의 배열로 인덱싱을 하는 경우에는 결과가 배열의 해당 원소들로 이루어진 배열이 된다.

```
julia> a = [2,4,6,8,10]
5-element Vector{Int64}:
  2
  4
  6
  8
 10
julia> a[1], typeof(a[1])
(2, Int64)
julia> a[[1]], typeof(a[[1]])
([2], Vector{Int64})
julia> a[[1,3,5]]
3-element Vector{Int64}:
  2
  6
 10
```

예제 코드의 결과에서 알 수 있듯이 인덱스의 배열로 인덱싱한 결과는 (인덱스 배열의 원소 개수가 1개라 하더라도) 배열이 됨에 유의해야 한다.

주어진 배열 a에 대해 a[시작:스텝:종료]와 같이 실행시키면, 배열 a의 시작 위치의 원소부터 스텝 간격으로 위치를 이동하며 종료 위치보다 작거나 같은 위치까지 모든 원소를 선택하는 슬라이싱을 할 수 있다.[22] 다음 코드의 실행 결과를 살펴보자.

[22] 스텝이 1인 경우에는 a[시작:종료]도 a[시작:1:종료]와 같은 결과를 반환한다.

```
julia> a[1:2:5], typeof(a[1:2:5]) # 시작:스텝:종료
([2, 6, 10], Vector{Int64})
julia> a[1:3:5], typeof(a[1:3:5])
([2, 8], Vector{Int64})
```

파이썬의 리스트에 대한 인덱싱과 비교할 때 큰 차이점은 줄리아의 배열에 대해서는 인덱스가 1부터 시작하고, 슬라이싱에서 마지막 인덱스 원소를 포함한다는 점이다.

또한, 배열의 마지막까지 슬라이싱하는 경우 마지막 원소에 대응하는 인덱스 대신 `end`라는 키워드를 사용할 수 있다. 물론, 인덱스 1에 대응하는 키워드는 `begin`이고, `a[begin+1]`, `a[end-1]`과 같이 키워드와 인덱스 사이의 연산을 통해 인덱스를 정할 수도 있다.

```
julia> a[1:2:end]
3-element Vector{Int64}:
  2
  6
 10
julia> a[begin+1], a[end-1]
(4, 8)
```

한 가지 더 언급할 점은, 배열의 원소는 수정이 가능하지만 배열을 이루는 원소와 타입이 같아야 한다는 점이다.

```
julia> a[1]         # 원래 배열 a의 첫 번째 원소
2
julia> a[1] = 0  # 배열의 첫 번째 원소 수정
0
julia> a[1]         # 수정후 배열 a의 첫 번째 원소
0
julia> a[1] = 1.1 # 배열 원소의 타입과 다른 값으로 수정할 수 없음
Error: InexactError: Int64(1.1)
```

2.4.2 배열을 생성하는 다양한 방법

배열은 다양한 방법을 통해 생성할 수 있다. 우선, 앞서 살펴본 예제들처럼 `[1, 2, 3]`과 같이 배열 리터럴을 사용하여 생성할 수 있다. 이 경우 배열의 타입은 나열된 값을 포괄하는 타입으로 결정된다.

```
julia> typeof([1, 2, 3]), typeof([1, 2, 3//1]), typeof([1, 2, 3.0])
(Vector{Int64}, Vector{Rational{Int64}}, Vector{Float64})
```

처음부터 특정 타입의 요소로 제한된 배열을 생성할 수도 있다. 배열 생성자[23]라고 부르는 함수 `Array`를 이용하여 생성하는 방법인데, 다음 예제 코드에서처럼 요소의 타입을 지정하고 첫 번째 인자로 `undef`, 두 번째 인자부터 배열 형태에 맞는 요소의 개수를 전달하면 초기화되지 않은 요소를 갖는 배열을 생성할 수 있다.

[23] 타입의 이름을 함수로 사용하면 정의한 타입의 객체를 생성할 수 있는데, 이런 함수를 생성자라고 부른다.

```
julia> a1 = Array{Int32}(undef, 0)  # Int32 타입을 갖는 빈 배열 생성
Int32[]
```

```
julia> a2 = Int32[ ]                # a1과 동일한 요소를 갖는 배열
Int32[]
julia> a1 == a2, a1 === a2    # a1, a2는 동일한 요소를 갖지만 서로 영향이 없는 배열
(true, false)
julia> a3 = Array{Int32}(undef, 3)  # 초기화되지 않은 요소 3개를 갖는 배열 생성
3-element Vector{Int32}:
 1966408400
        537
 1966408688
julia> a4 = Array{Int32}(undef, 2, 3) # 초기화되지 않은 2x3 배열 생성
2×3 Matrix{Int32}:
 1966413296  1966410992  2130388800
        537         537       32760
```

위와 같은 방법으로 생성된 배열에 push! 함수를 이용하면 요소를 추가할 수 있다. 이때, 타입 변환을 통해 지정된 타입이 될 수 없는 요소의 추가를 시도하면 오류가 발생한다.

```
julia> push!(a1, 3)
1-element Vector{Int32}:
 3
julia> push!(a1, 2^32)
Error: InexactError: trunc(Int32, 4294967296)
```

0으로 초기화된 배열과 1로 초기화된 배열의 생성은 각각 zeros 함수와 ones 함수를 이용하면 되는데, 기본적으로 Float64 타입의 요소를 갖는 배열을 생성한다. 만약 특정 타입의 요소를 갖는 배열을 생성하려면 함수의 첫 번째 인자에 원하는 타입을 지정하면 되고, 아래 예처럼 다차원 배열[24]도 생성할 수 있다.[25]

[24] 배열의 차원은 선형대수학에서 말하는 벡터공간의 차원과 다르게 사용된다. 직관적으로 다차원 배열이란 서로 다른 축별로 일정한 개수의 요소(값)를 나열한 것이고, 이 구별되는 축의 개수를 차원이라고 한다. 즉 연산구조를 무시하면 1차원 배열, 2차원 배열은 각각 수학에서 말하는 벡터와 행렬에 대응된다. 3차원 배열은 축이 세 개인 배열이고, 편의상 각 축을 차례로 지칭할 때도 차원이란 용어를 혼용한다. 자세한 내용은 12장을 참고하라.

```
julia> zeros(3), zeros(Int32, 3), zeros(Int64, 3)
([0.0, 0.0, 0.0], Int32[0, 0, 0], [0, 0, 0])
julia> ones(3), ones(Int32, 3), ones(Int64, 3)
([1.0, 1.0, 1.0], Int32[1, 1, 1], [1, 1, 1])
julia> zeros(2, 3)
2×3 Matrix{Float64}:
 0.0  0.0  0.0
 0.0  0.0  0.0
```

zeros나 ones 함수와 달리, 모든 요소를 동일한 값으로 초기화한 다차원 배열을 생성하려면 fill 함수를 사용하면 된다. 이때, 함수의 첫 번째 인자는 초기화하는데 사용될 값이고, 두 번째 인자부터는 각 차원별로 생성할 요소의 개수를 뜻한다. 또, 생성되는 배열의 타입은 초기화에 사용한 값의 타입에 따라 결정된다.

[25] zeros나 ones 함수의 가변 인수로 $n_1, n_2, \cdots, n_k$와 같이 수를 나열하면 $n_1 \times \cdots \times n_k$개의 요소를 갖는 k 차원 배열이 생성된다.

```
julia> fill(3, 5), fill(1.2, 5)
([3, 3, 3, 3, 3], [1.2, 1.2, 1.2, 1.2, 1.2])
```

```
julia> fill(1, 2, 3)
2×3 Matrix{Int64}:
 1  1  1
 1  1  1
```

그 밖에, 배열을 생성할 때 많이 사용하는 배열 내포 표현식에 대해서는 3.3.4와 12.2.2에서 다룬다.

2.4.3 배열과 관련된 함수들

앞에서 배열의 끝에 요소를 추가하는 함수로 push!를 소개했는데, 배열의 끝에 다른 배열의 요소들을 한 번에 추가하는 함수로 append!가 있다. 이 함수는 전달된 첫 번째 배열의 끝에 두 번째 배열의 요소를 추가하게 된다.[26,27]

```
julia> a = Int8[1, 2]; b = Int64[3, 4]; c = Int64[100, 400]
2-element Vector{Int64}:
 100
 400
julia> append!(a, b); println(a)
Int8[1, 2, 3, 4]
julia> append!(a, c)
Error: InexactError: trunc(Int8, 400)
```

위 예제 코드에서 보듯이 Int8 타입에 저장될 수 있는 최댓값은 127이므로 400을 추가할 때 오류가 발생한다. 하지만, 배열 a를 확인하면 [1, 2, 3, 4, 100, 0]과 같이 예상과 다른 결과가 발생하므로 유의해야 한다.

배열의 마지막 요소를 제거하고 제거된 요소를 반환받기 위해서는 다음 예제와 같이 함수 pop!를 사용하면 된다.

```
julia> a = [1,2,3]
3-element Vector{Int64}:
 1
 2
 3
julia> b = pop!(a)
3
julia> a
2-element Vector{Int64}:
 1
 2
```

[26] 물론, 추가하려는 배열의 요소 타입이 첫 번째 배열의 요소로 타입 변환이 불가능한 경우에는 오류가 발생하고, 예상과 다른 결과를 얻게 된다.

[27] 예제 코드에서처럼, 한 줄에 여러 개의 코드를 실행시킬 때 세미콜론(;)으로 구분하면, 각 코드는 실행되지만 결과를 출력하지는 않는다.

또, println 함수는 기본값으로 화면에 출력을 표시하는 함수로, 출력을 한 후 새로운 줄로 이동한다.

함수 splice!를 이용하면 좀 더 복잡한 작업을 쉽게 할 수 있는데, 지금까지 소개한 줄리아의 내장 함수에 비해 그 사용법이 다소 어렵게 여겨질 수 있다. 줄리아의 도움말 기능을 활용하여 함수 splice!의 사용법을 알아보자.

참고 2.2. 도움말 기능을 이용한 함수 splice! 사용법

REPL에서 ?를 입력하면 도움말 환경으로 바뀌는데, 이때 사용법을 확인하고 싶은 함수명 splice!을 입력하면 다음과 같이 함수의 사용법을 확인할 수 있다.

```
splice!(a::Vector, index::Integer, [replacement]) -> item
```

이때, 함수의 세 인자 중 [ ]로 감싼 마지막 인자는 생략 가능한 인자를 뜻한다.

도움말을 읽어 보면, 첫 번째 인자인 배열 a에서 두 번째 인자인 index 위치의 요소를 제거하고 그 값(item)을 반환하는데, 마지막 인자 replacement가 배열과 같이 순서가 정해진 컬렉션으로 주어지면 제거된 인덱스 위치에 이 값들을 삽입하는 함수라는 것을 알 수 있다.

배열의 요소 개수를 구하는 함수 length와 함께 다음 예제를 확인해보자.

```
julia> A = [1, 2, 3, 4]; length(A)
4
julia> splice!(A, 2), A
(2, [1, 3, 4])
julia> splice!(A, 3, [0, 1]), A
(4, [1, 3, 0, 1])
```

만약, 배열의 요소를 제거하지 않고, 세 번째 인자로 주어진 것을 배열의 n번째 요소 앞에 삽입하려면, 범위 객체 n:n-1을 두 번째 인자로 전달하면 된다. 다음은 A의 두 번째 요소 앞에 배열 [3, 4, 5]를 삽입하는 예이다.

```
julia> A = [1, 2]; length(A)
2
julia> splice!(A, 2:1, [3, 4, 5]), A
(Int64[], [1, 3, 4, 5, 2])
```

또, 연속된 인덱스의 경우에 대해 비슷한 작업을 할 때는 함수 splice!의 두 번째 인자 index를 2:4 꼴의 범위 객체로 전달하면 된다.

```
julia> A = [1, 2, 3, 4, 5]; length(A)
5
julia> splice!(A, 2:4, [1, 1]), A
([2, 3, 4], [1, 1, 1, 5])
julia> splice!(A, 2:3), A
([1, 1], [1, 5])
```

참고 2.2의 예제 코드에서 배열의 길이(요소의 개수)를 반환하는 함수 `length`를 이용했는데, 배열의 차원별 크기를 튜플 타입[28]으로 반환하는 함수 `size`도 있다. 물론 이 값들을 모두 곱한 값은 배열의 길이와 일치한다.

[28] 배열과 유사하게 값들을 차례로 나열하는 컬렉션의 일종으로 곧 설명한다.

```
julia> a = [1 2 3; 4 5 6]
2×3 Matrix{Int64}:
 1  2  3
 4  5  6
julia> size(a)
(2, 3)
julia> length(a)
6
```

배열은 요소들 사이에 순서가 정해진 컬렉션인데, 특정 기준에 따라 요소들을 정렬하는 함수 `sort`, `sort!`[29]가 있고, 배열의 주어진 순서를 역으로 뒤집는 함수 `reverse`와 `reverse!`가 있다.

[29] 함수 이름 끝에 `!`가 붙으면 인수 자체를 수정하는 제자리(in place) 함수를 나타냄을 기억하자.

```
julia> a = [1, 3, -2]
3-element Vector{Int64}:
  1
  3
 -2
julia> sort(a), reverse(a)      # 배열 a는 변하지 않고, 새로운 배열을 만들어 반환함
([-2, 1, 3], [-2, 3, 1])
julia> a
3-element Vector{Int64}:
  1
  3
 -2
julia> sort!(a); println(a)      # 배열 a 자체가 수정됨
[-2, 1, 3]
```

`sort` 함수는 기본값이 지정된 키워드 인자를 갖는 함수[30]이다. 이 함수는 첫 번째 인자로 전달된 배열의 각 요소에 대해, 키워드 인자 `by`에 설정된 함수(기본값은 항등함수 `identity`)의 값을 구하고, 구한 값을 키워드 인자 `lt`에 설정된 부울함수(기본값은 `isless`)로 판단하여 작은 값부터 정렬하는 함수이다.

`sort` 함수에서 기본값이 `false`로 설정되어 있는 키워드 인자 `rev`를 `true`로 바꾸면 큰 값부터 작은 값 순서로 정렬하게 된다.

[30] 인자에 기본값이 지정된 함수를 정의하고 사용하는 방법은 5.1.2절에서 다룬다. 기본값이 지정된 인자가 여러 개일 때, 좀 더 쉽게 기본값을 설정하여 함수를 호출하기 위해 사용하는 것이 키워드 인자인데, 5.1.3절에서 설명한다.
어느 경우이든, 기본값이 지정되어 있는 인자의 값을 별도로 전달하여 설정하지 않으면, 지정된 기본값을 이용하여 함수가 처리된다.

```
julia> a = [1, 3, -2]
3-element Vector{Int64}:
  1
  3
 -2
```

```
julia> sort(a, by = x->x^2, rev = true)
3-element Vector{Int64}:
  3
 -2
  1
```

앞의 예에서 함수 sort의 인자 by에 전달한 것은 입력값 x에 대해 x^2을 반환하는 익명 함수[31]이므로, 요소의 제곱값을 비교하여 정렬되었다. reverse 함수에 대해서도 도움말 또는 공식문서[32]를 참고하여 추가적인 기능을 확인하기 바란다.

[31] 5.1.5절에서 설명한다.

[32] The Julia Project, *Julia Documentation:Base.reverse!* https://docs.julialang.org/en/v1/base/arrays/#Base.reverse!.

2.4.4 튜플 타입

괄호 사이에 원소를 나열하여 생성하는 튜플 타입(Tuple타입)은 어떤 타입의 값이나 담을 수 있는 고정된 길이의 변경 불가능한(immutable) 컬렉션이다. 즉, 튜플의 원소는 해당 인덱스를 이용하여 구할 수 있지만, 원소를 수정할 수는 없다.

```
julia> b = (1, 'A')
(1, 'A')
julia> b[2]
'A': ASCII/Unicode U+0041 (category Lu: Letter, uppercase)
julia> b[1] = 3
Error: MethodError: no method matching setindex!(::Tuple{Int64, Char}, ::Int64, ::Int64)
```

요소의 개수가 한 개인 튜플을 생성할 때 (1,)과 같이 요소 뒤에 쉼표를 붙여야 한다. [33]

생성자를 이용하여 배열을 생성하였듯이, 생성자 Tuple을 이용하면 다양한 타입의 컬렉션으로부터 튜플을 생성할 수 있다.[34]

[33] (1)은 단순히 수치 타입의 값 1을 의미한다.

[34] 범위 객체 1:2:5와 문자열 객체에 대해서는 이 절의 뒷 부분에서 설명한다.

```
julia> Tuple( [1, 2, 3] )
(1, 2, 3)
julia> Tuple( 1:2:5 )
(1, 3, 5)
julia> Tuple( "Julia")
('J', 'u', 'l', 'i', 'a')
```

튜플의 요소의 개수를 구할 때는 배열의 경우와 마찬가지로 length 함수를 이용하면 된다.

2.4.5 명명된 튜플 타입

명명된 튜플 타입(NamedTuple 타입)은 튜플의 각 요소에 이름을 부여한 데이터 구조체로 코드의 가독성을 높이고 오류를 줄일 수 있다.

아래 예제 코드와 같이 튜플의 각 항목에 이름을 부여하고 나면, 이름을 이용하여 튜플의 각 요소에 쉽게 접근할 수 있다. 이때, 튜플의 요소에 접근하는 방법은 이름 앞에 콜론을 붙인 심벌 타입(Symbol 타입)[35]으로 인덱싱하거나, 도트 연산자(.)를 사용하여 접근할 수 있다.

```
julia> person = (name="홍길동", age=30, city="장성")
(name = "홍길동", age = 30, city = "장성")
julia> typeof(person)
@NamedTuple{name::String, age::Int64, city::String}
julia> person[1], person[:name], person.name
("홍길동", "홍길동", "홍길동")
julia> person[2], person[:age], person.age
(30, 30, 30)
```

예제 코드에서 생성한 명명된 튜플은 다음과 같이 생성자 NamedTuple을 이용하여 생성할 수도 있다.

```
julia> NamedTuple{(:name, :age, :city)}(("홍길동", 30, "장성"))
(name = "홍길동", age = 30, city = "장성")
```

튜플처럼, 명명된 튜플은 변경 불가능한 속성을 가지고 있으므로 한 번 생성된 후에는 값을 변경할 수 없고, 함수의 키워드 인자 등에서 유용하게 사용될 수 있다.

[35] 어떤 개체에 대한 식별자 역할을 하는 심벌 타입은 주로 데이터 구조체에서 키(key)로 사용되거나, 코드 자체를 데이터로 취급하여 프로그램을 작성하고 수정하는 메타프로그래밍에서 코드의 일부를 동적으로 생성하거나 조작할 때 사용된다. 동일한 이름을 가진 심볼은 항상 동일한 객체로 간주되므로 빠른 비교 연산을 할 수 있다.

2.4.6 딕셔너리 타입

딕셔너리 타입(Dict 타입)은 키와 값의 쌍을 저장하는 컬렉션으로, (키, 값)으로 구성된 튜플의 배열이나, Pair 타입의 가변 인수[36]를 Dict 타입의 생성자에 전달하여 생성할 수 있다.

Pair 타입이란 (키, 값)과 같이 짝을 이루는 두 값을 나타내는 타입으로, 키 => 값 형식으로 => 연산자를 이용하여 생성한다.

[36] 즉, 배열이나 튜플로 묶지 않고, Dict 생성자의 인수로 개수 제한없이 쉼표로 구분하여 전달할 수 있다는 의미이다.

```
julia> x = Dict([ ('a',1),('b',2) ]) # 배열로 전달, 키로 문자 타입 사용
Dict{Char, Int64} with 2 entries:
  'a' => 1
  'b' => 2
julia> y = Dict( :a=>1, :b=>2, :c=>3 ) # 가변 인수로 전달, 키로 심벌 타입 사용
Dict{Symbol, Int64} with 3 entries:
  :a => 1
  :b => 2
  :c => 3
```

이때 딕셔너리의 키는 수치 타입, 튜플 타입, 심벌 타입, 문자열 타입과 같이 변경 불가능한 데이터 타입의 객체를 사용하는 것이 좋다.[37]

Dict 타입의 장점은 키를 통해 데이터를 빠르게 조회하고 수정할 수 있다는 것이다.

[37] 배열, 딕셔너리, 집합과 같이 변경 가능한 데이터 타입을 딕셔너리의 키로 사용할 필요가 있을 때는 IdDict 타입을 사용하는 것이 좋다.

```
julia> x['a'], y[:a] # 키로 접근
(1, 1)
julia> x['a'] = 4  # 키를 통한 값 수정
4
julia> x['c'] = 0  # 새로운 키와 값 추가
0
julia> x             # 수정된 결과
Dict{Char, Int64} with 3 entries:
  'a' => 4
  'c' => 0
  'b' => 2
```

한 가지 주의할 점은 Dict을 처음 생성할 때 사용된 키와 값들로 딕셔너리 키의 타입과 딕셔너리 값의 타입이 정해지고 나면, 이후 키나 값을 추가하고 수정할 때 정해진 타입이 아닌 경우 오류가 발생한다는 점이다. 다음 예제 코드를 살펴보자.

```
julia> y = Dict( 'a'=>1, 'b' =>2 )
Dict{Char, Int64} with 2 entries:
  'a' => 1
  'b' => 2
julia> y["c"] = 3
Error: MethodError: Cannot `convert` an object of type String to an object of type Char
Closest candidates are:
  convert(::Type{T}, !Matched::T) where T<:AbstractChar
   @ Base char.jl:187
  convert(::Type{T}, !Matched::T) where T
   @ Base Base.jl:84
  convert(::Type{T}, !Matched::AbstractChar) where T<:AbstractChar
   @ Base char.jl:186
  ...
```

앞의 예제에서 오류가 발생한 이유는, 딕셔너리 y를 생성하면서 키 타입은 Char로 정해졌는데, String 타입의 문자열 "c"를 키로 사용했기 때문이다.

문제 2.6. 코드 y = Dict('a' => 1)로 생성된 딕셔너리 y에 대해, y['b']=1.0과 y['c']=1.2의 실행 결과를 각각 설명하시오.

풀이:

```
julia> y = Dict('a' => 1)
Dict{Char, Int64} with 1 entry:
  'a' => 1
julia> y['b'] = 1.0
1.0
```

```
julia> y
Dict{Char, Int64} with 2 entries:
  'a' => 1
  'b' => 1
julia> y['c'] = 1.2
Error: InexactError: Int64(1.2)
```

딕셔너리 y의 키 타입은 Char이고 값의 타입은 Int64이다. Float64 타입의 값 1.0은 자동 형변환을 통해 Int64 타입의 1이 되므로 y['b']=1.0은 오류없이 실행되지만, y['c']=1.2의 경우에는 오류가 발생한다.

원하는 타입, 예를 들어 Int64 타입의 키와 Char 타입의 값을 갖는 빈 딕셔너리 객체를 생성하려면 Dict{Int64, Char}( )를 실행시키면 되고, 임의의 타입[38]을 키와 값으로 갖는 빈 딕셔너리를 생성하려면 Dict( )을 실행시키면 된다.

[38] 줄리아에서 모든 타입을 포괄하는 타입은 Any 타입이다.

```
julia> dict = Dict( )
Dict{Any, Any}()
julia> dict[1] = 'a'; dict["b"] = 2
2
julia> dict, typeof(dict)
(Dict{Any, Any}("b" => 2, 1 => 'a'), Dict{Any, Any})
```

2.4.7 딕셔너리와 관련된 함수들

우선 딕셔너리의 모든 키나 값을 구하는 용도로 함수 keys와 values가 구현되어 있다.

```
julia> dict1 = Dict("a" => 1, "b" => 2)
Dict{String, Int64} with 2 entries:
  "b" => 2
  "a" => 1
julia> keys(dict1)
KeySet for a Dict{String, Int64} with 2 entries. Keys:
  "b"
  "a"
julia> values(dict1)
ValueIterator for a Dict{String, Int64} with 2 entries. Values:
  2
  1
```

딕셔너리에 없는 키를 이용하여 접근하면 오류가 나는데, 이런 경우 딕셔너리에 특정 키가 있는지 확인하려면 부울 함수 haskey를 이용하면 된다.

또, 특정 키에 대응하는 값을 반환하되 그 키가 없으면 주어진 값을 반환하는 함수 get은 딕셔너리의 특정 키에 값을 설정하거나 갱신하는 함수 setindex!와 함께 딕셔너리의 관리에 유용하다.

```
julia> dict2 = Dict("a" => 1)
Dict{String, Int64} with 1 entry:
  "a" => 1
julia> haskey(dict2, "a")
true
julia> haskey(dict2, "b")
false
julia> get(dict2, "a", 0), get(dict2, "b", 0)
(1, 0)
julia> setindex!(dict2, 1, "b") # dict2["b"] = 1 과 동일
Dict{String, Int64} with 2 entries:
  "b" => 1
  "a" => 1
```

딕셔너리의 특정 키=>값의 쌍을 삭제할 때는 함수 delete!를 사용하고, 모든 키와 값을 삭제할 때는 함수 empty!를 사용하면 된다. 딕셔너리를 empty!로 초기화할 때, 키 타입과 값 타입은 변하지 않는다.

```
julia> dict3 = Dict('a' => 1, 'b' => 2, 'c' => 3)
Dict{Char, Int64} with 3 entries:
  'a' => 1
  'c' => 3
  'b' => 2
julia> delete!(dict3, 'a')  #키를 이용하여 삭제
Dict{Char, Int64} with 2 entries:
  'c' => 3
  'b' => 2
julia> dict3
Dict{Char, Int64} with 2 entries:
  'c' => 3
  'b' => 2
julia> empty!(dict3)
Dict{Char, Int64}()
julia> dict3
Dict{Char, Int64}()
```

2.4.8 집합 타입

줄리아의 또 다른 자료구조 타입으로 집합 타입(Set 타입) 타입이 있다. Set 타입은 Set 함수(타입 생성자)를 사용하여 아래 예제 코드처럼 생성할 수 있는데, 수학에서 집합의 개념처럼 중복된 요소들을 허용하지 않고 효율적으로 관리한다.

```
julia> S = Set([1, 2, 2, 3, 4, 2])
Set{Int64} with 4 elements:
  4
  2
  3
  1
```

생성된 집합[39]에 새로운 요소를 추가 또는 삭제를 하려면 각각 push!, delete! 함수를 아래 코드처럼 사용하면 되고, 특정 요소가 집합에 포함되어 있는지 여부를 확인하려면 부울 타입의 true 또는 false를 반환하는 in 함수를 이용하면 된다.[40] 또, 요소 개수를 구하려면, 다른 컬렉션의 경우처럼 length 함수를 이용하면 된다. ,,

[39] 예제 코드에서 생성된 S처럼 특정 데이터 타입의 인스턴스로 생성된 것을 객체라고 한다. 실제로 변수에 할당할 수 있는 모든 데이터가 객체이다.

[40] in(2, S) 대신 좀 더 직관적으로 2 in S를 입력해도 되고, 유니코드 문자 ∈[\in+tab]을 이용하여 2∈ S라고 입력해도 된다.

```
julia> push!(S, 6)       # 새로운 요소를 추가
Set{Int64} with 5 elements:
  4
  6
  2
  3
  1
julia> delete!(S, 1)     # 요소 삭제
Set{Int64} with 4 elements:
  4
  6
  2
  3
julia> in(2, S), 2 in S # 포함 여부 확인
(true, true)
julia> in(1, S), 1 in S, 1 ∈ S
(false, false, false)
```

delete! 함수와 달리 집합에서 임의의 요소를 제거하고 반환하는 함수로는 pop!이 있고, 집합이 비어있는지 확인하는 부울 함수 isempty와 모든 요소를 제거하는 empty! 함수도 있다.

```
julia> s = Set([5.0, 6.0, 7, 8]); length(s)
4
julia> pop!(s), pop!(s)
(5.0, 6.0)
julia> isempty(s), length(s)
(false, 2)
julia> empty!(s)
Set{Float64}()
julia> s, length(s)
(Set{Float64}(), 0)
```

두 집합에 대해 union 함수, intersect 함수를 이용하면, 각각 합집합과 교집합을 구할 수 있다. 이 경우에도 유니코드 문자 ∪ [\cup+tab], ∩ [\cap+tab]을 이용하여 좀 더 직관적으로 코드를 작성할 수 있다.

또, 첫 번째 집합에서 두 번째 집합의 요소들을 제거한 차집합은 setdiff 함수로 구할 수 있다.

```
julia> set1, set2 = Set([1,2,3]), Set([3,4,5])
(Set([2, 3, 1]), Set([5, 4, 3]))
julia> union(set1, set2), set1 ∪ set2
(Set([5, 4, 2, 3, 1]), Set([5, 4, 2, 3, 1]))
julia> intersect(set1, set2), set1 ∩ set2
(Set([3]), Set([3]))
julia> setdiff(set1, set2), setdiff(set2, set1)
(Set([2, 1]), Set([5, 4]))
```

2.5 문자 타입, 문자열 타입

줄리아는 유니코드 문자열을 지원하고, 문자열 타입인 String과 문자 타입인 Char를 구분한다. 줄리아에서 문자열 리터럴은 큰따옴표로 감싸는 형식을 사용하고, 문자 리터럴은 작은따옴표로 감싸는 형식을 사용한다.

```
julia> typeof("abc") # typeof('abc')는 에러가 발생함
String
julia> typeof("a"), typeof('a')
(String, Char)
julia> typeof('가')
Char
```

2.5.1 줄리아에서 문자 타입과 문자열 타입의 차이(생략 가능)

이 소절에서는 줄리아가 문자와 문자열을 내부적으로 다루는 방식에 대해 설명한다. 프로그래밍 언어를 처음 접하고 줄리아의 기본적인 사용법을 익히는 것이 목적이라면, 처음에는 이 소절을 건너뛰고 공부하는 것도 가능하다.

- [유니코드 인코딩 방식]

우선 줄리아가 내부적으로 정수를 다루는 방식은 정수의 이진법 표현을 정해진 수의 바이트[41]에 저장하고 연산을 구현하는 방식이었다.[42]

이와 유사하게 문자나 문자열은 0 또는 1의 값을 갖는 비트들의 나열로 표현하고 저장하는데, 이를 인코딩이라고 한다. 컴퓨터가 도입되던 초기에는 1 바이트를 이용

[41] 1 바이트는 8비트로 이루어진다.

[42] 예를 들어, 8바이트를 이용하는 정수를 표현하는 경우가 Int64 타입의 정수이다.

하여 각 문자를 인코딩하는 아스키(ASCII)[43] 코드를 사용했지만, 최근에는 전 세계의 모든 문자를 컴퓨터에서 일관되게 표현하고 다룰 수 있도록 아스키 코드를 확장한 유니코드로 인코딩한다.

[43] 숫자와 영문자 그리고 몇 개의 특수 문자만 다루었으므로 전체 문자의 개수가 $128 = 2^7$개를 넘지 않았고, 1 바이트를 이용하여 각 문자를 인코딩하는 것이 가능했다.

한편, 각 문자의 유니코드 인코딩 결과는 내부적으로 비트의 나열이므로 양의 정수에 대한 이진법 표현으로 이해할 수 있고, 결과적으로 유니코듣 모든 문자에 양의 정수를 하나씩 대응시키는 규칙이라고 생각할 수 있다. 이때 각 문자에 대해 유일하게 결정되는 양의 정숫값을 코드 포인트(code point)라 부른다.[44]

[44] 현재 시점에서 유니코드에 대한 코드 포인트는 3바이트를 넘지 않는다.

유니코드 인코딩에서 문자에 대한 코드 포인트 값은 아스키 코드 문자의 경우처럼 1 바이트로 충분히 표현할 수 있는 경우도 있지만, 한글처럼 3 바이트가 필요한 경우도 있다.[45] 따라서 각 문자를 인코딩하는데 필요한 바이트 수는 1 ~ 3까지 변할 수 있으므로 여러 가지 방식으로 인코딩할 수 있다.

[45] 현재 시점에서 유니코드에 대한 코드 포인트는 3바이트를 넘지 않는다.

표준적인 유니코드 인코딩 방식 중 `UTF-32` 인코딩 방식은 단순하게 모든 문자를 고정된 4 바이트 단위로 처리하고, `UTF-16` 인코딩 방식은 2 바이트 단위를 이용하여 1개 또는 2개의 단위로 문자를 처리한다. 줄리아를 포함하여 가장 많이 채택하고 있는 `UFT-8` 인코딩 방식은 1 바이트(즉, `UInt8` 타입)를 기본 단위로 하여 1 ~ 3개의 단위를 이용하여 문자를 처리한다.

이때, 각각의 인코딩 방식에서 사용하는 기본 단위를 줄리아에서는 코드 유닛(code unit) 또는 코드 단위라고 부른다.

- **[줄리아의 Char 타입]**

줄리아에서 유니코드 문자에 대한 코드 포인트는 `UInt32` 타입의 정수로 저장되고, `codepoint` 함수를 이용하여 구할 수 있다.[46] 또, 줄리아에서 `Char` 타입 문자는 `'a'`와 같이 따옴표를 이용한 문자 리터럴을 사용하거나, 타입의 생성자를 이용하여 `Char(코드 포인트)`로 코드 포인트에 대응하는 문자를 생성할 수 있다.[47] 한 가지 주목할 점은 `Char` 타입은 `UInt32`를 이용하는 `UTF-32` 방식의 인코딩을 따른다는 점이다.

[46] 예제 코드의 #1과 #2를 확인하라.

[47] 예제 코드의 #4를 확인하라.

```
julia> codepoint('a'), codepoint('가')     #1
(0x00000061, 0x0000ac00)
julia> typeof(codepoint('a')), typeof(codepoint('가'))     #2
(UInt32, UInt32)
julia> Int(codepoint('a')), Int(codepoint('가'))     #3
(97, 44032)
julia> Char(0x00000062), Char(99)     #4
('b', 'c')
julia> 'b' - 1, Char('b' + 1)     #5
('a', 'c')
```

앞 예제 코드의 #4에서 알 수 있듯이 `Int64` 타입의 정수라 하더라도 `UInt32`로 표현될 수 있는 실제 코드 포인트 값이면, 타입 생성자[48] `Char`를 이용하여 문자로 만들 수 있다.

[48] 타입 생성자는 그 타입의 객체를 만드는 함수로 타입명과 동일한 이름을 갖는 함수라고 생각하면 된다. 자세한 내용은 59쪽과 10.3.5을 참고하라.

위 예제 코드에서 #5의 의미를 살펴보자. 실제로 `Char` 타입의 문자는 코드 포인트의 인코딩이므로 문자와 숫자의 덧셈 또는 뺄셈은 코드 포인트 값을 주어진 수만큼 증가시키거나 감소시킨 코드 포인트에 대응하는 문자가 된다는 뜻이다.

따라서, 다음과 같이 문자의 사전식 순서를 따지는 것도 가능하고, `:`을 이용하여 일정한 범위의 문자에 대한 범위 객체를 생성하는 것도 가능하다. 아래 예에서 사용된 `collect` 함수는 57쪽에서, 범위 객체는 58쪽 참고 2.4에서 다룬다.

```
julia> 'a' < 'b' < 'c'
true
julia> collect('a' : 'd')
4-element Vector{Char}:
 'a': ASCII/Unicode U+0061 (category Ll: Letter, lowercase)
 'b': ASCII/Unicode U+0062 (category Ll: Letter, lowercase)
 'c': ASCII/Unicode U+0063 (category Ll: Letter, lowercase)
 'd': ASCII/Unicode U+0064 (category Ll: Letter, lowercase)
```

- **[줄리아의 String 타입: UTF-8]**

`Char` 타입의 문자와 다르게, 줄리아에서 `String` 타입의 문자와 문자열은 코드 유닛이 `UInt8`이므로 문자마다 1 ∼ 3 바이트를 이용하는 `UTF-8` 방식으로 인코딩되는데, 일종의 바이트 배열[49]로 이해하면 된다.

[49] 즉, `Vector{UInt}` 타입

`String` 타입의 문자열 `str`에 대해 `codeunits(str)`을 사용하면 바이트 배열과 유사한 `Base.CodeUnits{UInt8, String}` 타입의 객체로 구할 수 있다.[50,51]

[50] 이 타입은 wrapper type의 일종인데, 줄리아 매뉴얼에서 'Wrapper types'를 참고하라.

[51] The Julia Project, *Julia Documentation:Manual:Wrapper Types*, https://docs.julialang.org/en/v1/manual/conversion-and-promotion/#Wrapper-types.

```
julia> typeof(codeunits("변수 x"))
Base.CodeUnits{UInt8, String}

julia> c1 = codeunits("x")
1-element Base.CodeUnits{UInt8, String}:
 0x78
julia> c2 = codeunits("가") #일종의 읽기 전용 백터
3-element Base.CodeUnits{UInt8, String}:
 0xea
 0xb0
 0x80
julia> length(c2), c2[1]
(3, 0xea)
julia> c2[1] = 0x80 # 값을 바꿀 수 없음
Error: CanonicalIndexError: setindex! not defined for Base.CodeUnits{UInt8, String}
```

이때, codeunits(str)로 구한 결과는 벡터(1차원 배열)의 경우처럼 인덱싱을 통해 코드 유닛을 읽을 수는 있지만, 값을 바꿀 수는 없는 읽기 전용 배열로 생각하면 된다. 물론, length 함수를 이용하여 인코딩에 사용된 전체 바이트 개수를 구할 수 있고, ncodeunits로 구할 수도 있다.[52],

[52] 원칙적으로 ncodeunits 함수는 문자열 타입에만 사용할 수 있지만, Char 타입의 문자에 대해서도 내부적으로 String 타입으로 변환하여 코드 유닛의 개수를 반환한다.

```
julia> ncodeunits("a"), ncodeunits("가") #String 타입 문자
(1, 3)
julia> ncodeunits('a'), ncodeunits('가') #Char 타입 문자
(1, 3)
julia> ncodeunits("가나다abc12")
14
```

위 예제에서 보듯이 UTF-8 인코딩을 사용하는 String 타입의 문자열에서, 아스키 문자에는 1 바이트가 사용되고, "가"에는 3 바이트가 사용된다. 따라서, 문자열 "가나다abc12"의 문자 수는 8개이지만, 사용 바이트 수는 $3 \times 3 + 5 = 14$가 된다. 즉, 문자열에 사용된 문자의 개수와 인코딩에 사용된 바이트 수는 일반적으로 다르다는 것에 주의해야 한다.[53]

[53] 문자열 str에서 전체 문자의 개수는 length(str)로 구한다.

문자열이 인코딩된 바이트 배열에서 i번째 바이트를 구할 때는 문자열 str대해 codeunit(str, i)을 사용하면 된다.[54] 단, codeunit(str)은 문자열의 코드 유닛, 즉 타입을 반환한다.

[54] 물론 i는 전체 바이트 수보다 작아야 한다.
codeunits 함수와 codeunit 함수의 차이점에 유의하라.

```
julia> str = "Julia를 익히자"; ncodeunits(str)
18
julia> str_cus = codeunits(str); str_cus[1], str_cus[2]
(0x4a, 0x75)
julia> codeunit(str, 1), codeunit(str, 2)
(0x4a, 0x75)
```

줄리아에서 String 타입의 문자열을 생성하는 방법은 쌍따옴표로 감싸는 문자열 리터럴을 사용하는 것이다. 하지만, 7절과 10.5.7절에서 다룰 내용처럼 파일 등에 데이터를 문자열로 쓰고 읽으려면, 직접 바이트 배열로부터 문자열을 생성하는 방법이 필요한 경우가 있다. 이때는 아래 예제처럼 codeunits 함수의 반환값 또는 대응되는 바이트 배열에 대해 String 타입의 생성자[55] 를 적용하면 된다.

[55] 문자열 타입의 생성자는 타입명과 동일한 이름의 함수 String( )이다.

단, 이 목적으로 바이트 배열을 사용하는 경우는 임시 배열인 경우가 대부분이므로, 바이트 배열 temp에 String 생성자를 취하면, temp는 빈 배열로 초기화된다.[56]

[56] 만약 원래 바이트 배열 temp의 값을 유지하면서 문자열을 만들고 싶으면 String(copy(temp))로 사용해야 한다.

```
julia> print(codeunits("x1x2")) #print 함수를 이용하여 화면에 출력
UInt8[0x78, 0x31, 0x78, 0x32]
julia> temp = [0x78, 0x31, 0x78, 0x32]; print(temp)
UInt8[0x78, 0x31, 0x78, 0x32]
julia> String(codeunits("x1x2")), String(temp)
```

```
("x1x2", "x1x2")
julia> temp # 초기화되어 빈 배열이 됨
UInt8[]
```

앞의 예제 코드에서 사용한 print 함수[57]는 줄리아의 모든 객체에 대해, 그 객체를 표현하는 문자열을 만들어 화면에 보여주는 함수이다.

생성자 String와 함수 string의 반환값은 모두 String 타입의 문자열이 되지만, 참고 2.3의 설명처럼 구분해서 사용해야 한다.

[57] 컴퓨터 화면은 표준 출력이라고 부르는 stdout 객체를 말하는데, print 함수는 표준 출력 외에 파일 등의 다른 IO 타입 객체에 쓸 수도 있다. 좀 더 정확한 의미는 절 131쪽과 10.5.7절에서 다룬다.

참고 2.3. String( )과 string( )의 차이

문자열 생성자 String( )는 기본적으로 바이트 배열을 문자열로 변환하는 함수이고, 함수 string은 print 함수를 이용하여 줄리아의 다양한 타입의 객체를 문자열로 표현한 것을 반환하는 함수이다. 예를 들어, 바이트 배열에 대해 String 생성자를 적용하면, UTF-8 인코딩 방식에 따른 문자열이 만들어지지만, string를 이용해 만든 문자열은 배열의 표현에 대한 문자열이 된다.

```
julia> temp = [0x78, 0x31, 0x78, 0x32]; typeof(temp)
Vector{UInt8} (alias for Array{UInt8, 1})
julia> String(copy(temp)) # temp가 초기화되지 않게 copy
"x1x2"
julia> string(temp)
"UInt8[0x78, 0x31, 0x78, 0x32]"
```

결론적으로 바이트 배열로부터 문자열을 구할 때는 String( )을 사용하고, 문자열 인코딩과 무관하게 해당 객체를 화면에 보이는 표현에 대한 문자열을 구할 때는 string( )을 사용한다.

- **[유니코드 인코딩 방식 사이의 변환]**

줄리아에서 UTF-32 방식으로 인코딩된 Char 타입의 문자 하나는 UInt32 타입의 값으로 저장되고, UTF-16 방식으로 인코딩된 문자 하나는 UInt16 타입의 값을 갖는 배열 형태로 저장되는데, 이처럼 서로 다른 인코딩 사이의 변환을 처리해 주는 함수로 transcode가 있다.

transcode(T, src)에서 T를 인코딩 방식 UTF-XX에 맞춘 타입 UIntXX, src를 String 타입의 문자열로 전달하면, 해당 인코딩의 코드 유닛 타입 벡터를 반환한다. 이를 활용하여 동일한 문자라도 Char 타입과 String 타입이 어떻게 다른지 살펴보자.[58]

[58] 이 함수를 이용한 인코딩 사이의 변환은 함수의 도움말을 확인하기 바란다.

```
julia> transcode(UInt32, "a"), transcode(UInt8, "a")
(UInt32[0x00000061], UInt8[0x61])
```

```
julia> transcode(UInt32, "가"), transcode(UInt8, "가")
(UInt32[0x0000ac00], UInt8[0xea, 0xb0, 0x80])
julia> transcode(UInt32, "a가")
2-element Vector{UInt32}:
 0x00000061
 0x0000ac00
```

2.5.2 이스케이프 문자

C언어부터 사용한 이스케이프 문자는 눈에 보이지 않는 문자나 특수한 기능을 배정하는 특수 문자를 배정하기 위해, 백슬래시 문자 `\`와 다른 문자의 조합 자체를 한 개의 특수한 문자로 보는 것을 말한다.

예를 들어, 줄리아에서 이스케이프 문자 `'\n'`는 `Char` 타입을 갖는 한 개의 문자로 문자열에서 줄바꿈을 지시하는 역할을 하고,[59] `'\b'`는 키보드의 'backspace'를 누르는 것과 동일한 기능을 주는 이스케이프 문자이다.

특수 기능을 담당하는 이스케이프 문자를 몇 가지 더 소개하면, 키보드의 탭을 누르는 역할을 하는 `\t`, 컴퓨터의 경고음을 발생시키는 `\a`, 문자열의 줄 맨 앞으로 이동시키는 `\r`이 있다.

[59] 이런 이유로 `'\n'`를 줄바꿈 문자 또는 개행 문자라고 부른다.

```
julia> txt1 = "줄 1\n줄 2"; length(txt1)
7
julia> print(txt1)
줄 1
줄 2
```

앞의 예제 코드에서처럼, 간단한 코드의 경우에는 여러 줄에 작성하는 대신에 각 줄에 작성할 코드를 세미콜론 `;`으로 구분하면 한 줄에 작성할 수 있다. 이 경우 세미콜론으로 구분된 각 코드가 실행되지만, REPL이나 주피터 노트북과 같은 상호작용 환경에서는 각 줄의 마지막 코드에 대한 실형 결과만 화면에 출력된다.

또, 50쪽에서 소개한 `print` 함수는 쉼표로 구분된 여러 종류의 줄리아 객체를 입력으로 받아도, 입력 받은 객체들을 표현하는 문자열로 바꾼 뒤 화면에 출력한다. `length`는 문자열을 이루는 문자의 개수를 반환하는 함수이다.

`print`와 함수와 비슷한 함수로 `println` 함수가 있는데, `print`로 전달된 마지막 입력 끝에 줄바꿈 문자를 덧붙여서 출력하는 함수로 성각하면 된다.

```
julia> x = 2;print("가", 1); print("가", x)
가1가2
julia> println("가", 1); println("다", x)
가1
다2
```

특수 기능을 처리하기 위한 이스케이프 문자와 달리 문자 자체를 나타내기 위해 이스케이프 문자를 사용하기도 한다. 예를 들어, 이스케이프 문자를 만들 때 사용되는 백슬래시 문자 `\`와 구별하여 문자 자체로 사용하기 위해 이스케이프 문자 `\\`를 쓴다. 또, 줄리아에서 쌍따옴표 `"`와 따옴표 `'`는 각각 문자열과 문자를 나타낼 때 사용되는데, 이런 용도와 구별하기 위해 문자 또는 문자열 내에서 각각 이스케이프 문자 `\"`와 `\'`로 쓴다.[60] 예를 들어 이스케이프 문자를 이용하여 두 문자 `\"`로 이루어진 문자열을 구성하는 코드는 다음과 같다.

[60] 줄이아의 문자 또는 문자열에서 따옴표 문자는 `'`와 `\'` 모두 가능하다.

```
julia> txt = "\\\""; print(txt)
\"
```

2.5.3 여러 줄에 걸친 문자열

줄바꿈 문자 `\n`을 쓰지 않고 줄 바꿈이 있는 긴 문장을 `String` 타입의 문자열로 만들 때는 세 번 연이은 쌍따옴표로 감싸주면 된다.[61] 특히 함수를 정의할 때, 이 방법으로 함수의 도움말을 정의 바로 위에 써주면, 도움말 기능으로 찾을 수 있다.

[61] The Julia Project, *Julia Documentation:Manual:Writing Documentation*, https://docs.julialang.org/en/v1/manual/documentation/#Writing-Documentation.

```
julia> longtxt ="""여러 줄에 걸친
                 텍스트"""
"여러 줄에 걸친\n텍스트"
julia> print(longtxt)
여러 줄에 걸친
텍스트
```

2.5.4 문자열의 인덱싱

문자열은 인덱싱을 할 수 있지만, 문자 단위가 아니라 바이트 단위로 작동하기 때문에 한글과 같은 멀티바이트 문자를 다룰 때는 조심해야 한다.[62] 문자열을 포함하여, 특정 타입의 객체를 저장하는데 몇 바이트(1바이트=8비트)가 사용되는지 확인하려면 `sizeof` 함수를 이용하면 된다.

[62] 자세한 내용은 2.5.1절을 참고하면 된다.

```
julia> "abc"[1], "abc"[2:3]
('a', "bc")
julia> "줄리아"[1]
'줄': Unicode U+C904 (category Lo: Letter, other)
julia> "줄리아"[2]
Error: StringIndexError: invalid index [2], valid nearby indices [1]=>'줄', [4]=>'리'
```

앞의 예제 코드에서 보듯이, "줄리아"의 두 번째 문자를 인덱싱하면 에러가 발생하고, 가까운 문자들의 인덱스가 `1` 또는 `4` 임을 알려준다. 이는 아래 코드에서 확인할[63] 수 있듯이 유티코드 문자 "`줄`"의 바이트 크기가 3이기 때문이다.

[63] `sizeof` 함수 대신, 2.5.1절에서 설명한 `ncodeunits`를 이용해도 된다.

```
julia> sizeof("a"), sizeof("줄"), sizeof("abc"), sizeof("줄리아")
(1, 3, 3, 9)
```

물론, 유니코드를 포함하는 문자열의 인덱싱을 쉽게 할 수 있도록 eachindex, nextind, prevind와 같은 함수가 정의되어 있다.

문자열 s에 대해, 주어진 바이트 인덱스 값 i 이후의 문자열 인덱스를 구하려면 nextind(s, i)를 실행하면 되고, 이전 문자열 인덱스를 구하려면 prevind(s, i)를 실행하면 된다.

주어진 문자열의 두 번째 문자와 마지막 문자를 구해보자.[64]

```
julia> s = "줄리아"
"줄리아"
julia> second_char_start = nextind(s, 1) # nextind 함수를 이용
4
julia> second_char = s[second_char_start]
'리': Unicode U+B9AC (category Lo: Letter, other)
julia> last_char = s[ prevind(s, sizeof(s) ) ] # prevind 함수를 이용
'아': Unicode U+C544 (category Lo: Letter, other)
```

[64] 문자열에 인덱싱을 하여 구한 문자의 타입은 Char 타입이 됨을 확인해 보라.

함수 eachindex를 이용하면 문자열 인덱스를 구할 수도 있다.[65]

```
julia> txt = "줄리아(Julia)"
"줄리아(Julia)"
julia> print( collect( eachindex(txt) ))
[1, 4, 7, 10, 11, 12, 13, 14, 15, 16]
```

[65] collect 함수에 대해서는 57 쪽의 설명을 참고하라.

배열에서처럼 인덱싱을 이용하여 문자열의 문자에 접근할 수 있지만, 배열과 달리 문자열의 문자는 수정할 수 없다.

```
julia> s = "julia"; s[1] = 'J'
Error: MethodError: no method matching setindex!(::String, ::Char, ::Int64)
```

2.5.5 문자열의 연결과 내삽

두 문자열을 연결하는 경우에는 곱셈 연산자 `*`를 사용하고, n번 반복할 때는 거듭제곱 연산자 `^`를 사용한다.[66]

```
julia> "good" * "boy"
"goodboy"
julia> "very "^3
"very very very "
```

[66] 파이썬에서는 두 문자열을 연결할 때 덧셈 연산자 `+`를 사용하지만, 두 문자열을 연결하는 순서에 따라 결과가 달라짐(즉, 연산에 대해 교환법칙이 성립하지 않음)을 생각하면 * 연산자를 사용하는 것이 자연스럽다.

종종 변수에 할당된 값을 이용하여 문자열을 만들어야 하는 경우가 생기는데, 줄리아에서는 `$` 기호를 사용하여 변수나 표현식을 삽입하여 동적으로 문자열을 생성하는 문자열 내삽(interpolation)을 할 수 있다.

```
julia> name = "철수"
"철수"
julia> greeting = "$(name)야 안녕!" # 변수 내삽의 예
"철수야 안녕!"
julia> x, y = 5, 3
(5, 3)
julia> result ="$(x)와 $(y)의 합은 $(x+y)입니다." # 표현식 내삽의 예
"5와 3의 합은 8입니다."
```

만약 위의 예제 코드에서 `$(x)`와 같이 `$` 뒤의 변수 `x`를 괄호로 감싸지 않았다면 `x와`를 변수명으로 처리하게 되고, 이 경우 `x와`라는 변수에는 할당된 값이 없으므로 에러가 발생하게 된다. 또, `$(x+y)`에서 보듯이, 두 변수 `x`와 `y`에 할당된 두 값을 더하는 연산을 의미하는 표현식에 대해서도 내삽이 이루어진다.

```
julia> x, y = 5, 3
(5, 3)
julia> expr1 = "$x 와 $y"
"5 와 3"
julia> expr2 = "$x와 $y"
Error: UndefVarError: `x와` not defined
```

2.5.6 문자열과 관련된 함수들

줄리아에서 문자열 처리에 사용할 수 있는 주요 함수들을 알아보자.

- `length` 함수

먼저 문자열의 길이를 반환하는 함수로 `length` 함수가 있다.

```
julia> length("줄리아는 효율적인 언어입니다.")
16
```

이 예제에서 알 수 있듯이, 공백문자나 문장부호도 모두 문자 타입의 객체이고 문자열의 길이를 구할 때 포함된다.

length 함수는 문자열 뿐만 아니라, 이 절에서 다룬 모든 자료 구조 객체에 사용할 수 있다.[67] 다음 예제를 통해 이를 확인해보자.

```
julia> length([1,2,3]), length((1,2,3))
(3, 3)
julia> length( Dict("a"=>1, "b"=>2) ), length( Set([1,2,2,1]) )
(2, 2)
```

[67] 동일한 이름을 갖는 함수가 서로 다른 타입의 인수에 대해 작용하는 것은 줄리아의 다중디스패치 때문에 가능한 것인데, 이 중요한 특성에 대해서는 뒤에 따라 다루기로 한다.

- uppercase 함수, lowercase 함수

문자열의 문자를 모두 대문자로 변환하는 함수로 uppercase, 모두 소문자로 변환하는 함수로 lowercase가 있다.

```
julia> uppercase("Hello"), lowercase("Hello")
("HELLO", "hello")
```

- replace 함수

또, 문자열 내의 특정 부분을 다른 문자열로 대체하려면 replace 함수를 사용하면 된다.[68]

```
julia> s = "hello, world"
"hello, world"
julia> replace(s, "world" => "julia")
"hello, julia"
julia> s
"hello, world"
```

[68] 함수 이름이 replace!가 아니라 replace인 것에 알 수 있듯이, 원래 문자열 s와 별개의 새로운 문자열이 반환된다. 문자열은 각 문자를 수정할 수 없는 객체임을 상기하자.

- strip 함수, lstrip 함수, rstrip 함수

문자열 s의 앞, 뒤에서 특정 문자를 제거하려면 strip 함수를 사용하면 된다. strip(s)와 같이 사용하면 공백 문자를 제거하게 되고, strip(s, chars)와 같이 사용하면 chars에 있는 모든 문자를 제거한다. 이때, chars는 한 문자일 수도 있고, 문자들의 배열 또는 집합이 될 수도 있다.

```
julia> s = "{3, 5} "
"{3, 5} "
julia> strip(s, ['{', '}', ' '])
"3, 5"
julia> lstrip(s, ['{', '}', ' ']), rstrip(s, ['{', '}', ' '])
("3, 5} ", "{3, 5")
```

- chop 함수

문자열의 앞, 뒤에서 원하는 수의 문자를 제거한 문자열을 만드는 함수로 chop 함수가 있다. 앞에서 제거할 문자의 개수는 head를 통해 전달하고, 뒤에서 제거할 문자의 개수는 tail을 통해 전달한다. 이 값들을 지정하지 않으면 기본값 head=0, tail=1이 적용된다.[69]

[69] 함수의 인자 중 기본값이 있는 인자는 생략할 수 있는데, 5.1.2소절에서 함수를 공부할 때 설명하기로 한다.

```
julia> s = "arrows"
"arrows"
julia> chop(s), chop(s, head=2), chop(s, tail=1)
("arrow", "row", "arrow")
```

- startswith 함수, endswith 함수

함수 startswith는 문자열이 특정 접두사로 시작하는지를 확인하여 참, 거짓을 반환하는 부울함수이고, endswith는 문자열이 특정 접미사로 끝나는지 검사하는 함수이다.

```
julia> s = "효율적인 언어"
"효율적인 언어"
julia> startswith(s, "효율"), endswith(s, "언어"), endswith(s, "국어")
(true, true, false)
```

- contains 함수

함수 contains는 문자열이 특정 부분 문자 또는 문자열을 포함하는지 검사하는 부울함수이다.

```
julia> s = "julia"
"julia"
julia> contains(s, "li"), contains(s, "a"), contains(s, 'a')
(true, true, true)
```

- findfirst 함수, findlast 함수

문자열 내에서 특정 문자 또는 문자열의 첫 번째 위치를 구하려면 findfirst 함수, 마지막 위치를 구하려면 findlast 함수를 다음 예제 코드처럼 사용하면 된다.

```
julia> s = "hello"
"hello"
julia> findfirst("l", s), findlast('l', s)
(3:3, 4)
julia> findfirst("ll", s)
3:4
```

- split 함수

함수의 인자로 전달되는 구분자를 기준으로 문자열을 나누어 배열을 반환하는 함수로 split가 있다. 구분자를 별도로 지정하지 않으면 공백을 제거한 부분 문자열들의 배열을 반환되고, 구분자를 한 문자나 문자열로 전달하면 구분자를 기준으로 나누어 반환한다. 다음 예제 코드를 확인해보자.[70]

```
julia> split("  hello, julia!")
2-element Vector{SubString{String}}:
 "hello,"
 "julia!"
julia> split("  hello, julia!", 'l'), split("  hello, julia!", "ll")
(SubString{String}["  he", "", "o, ju", "ia!"], SubString{String}["  he", "o, julia!"])
```

물론, 유니코드 문자열에 대해서도 split 함수는 동일하게 동작한다.

```
julia> println( split("내가 살아가는 동안", '가') )
SubString{String}["내", " 살아", "는 동안"]
```

- join 함수

split 함수가 문자열로부터 부분 문자열로 이루어진 배열을 구하는 함수라면, 임의의 배열에 대해 모든 요소들을 하나의 문자열로 결합하는 함수로 join가 있다. 이때, 다음 예제 코드와 같이 결합되는 요소들 사이에 원하는 문자 또는 문자열을 삽입할 수 있다.

```
julia> join([1, 2, 3, 4]), join([1, 2, 3, 4], ", ")
("1234", "1, 2, 3, 4")
julia> join([1, 2, 3, 4], ", ", " and ")
"1, 2, 3 and 4"
```

- collect 함수

collect 함수를 이용하면 문자열을 문자들의 배열로 변환할 수 있다.[71]

```
julia> collect( "A 등급!" )
5-element Vector{Char}:
 'A': ASCII/Unicode U+0041 (category Lu: Letter, uppercase)
 ' ': ASCII/Unicode U+0020 (category Zs: Separator, space)
 '등': Unicode U+B4F1 (category Lo: Letter, other)
 '급': Unicode U+AE09 (category Lo: Letter, other)
 '!': ASCII/Unicode U+0021 (category Po: Punctuation, other)
```

실제로 collect는 문자열 뿐 아니라 반복 가능한 객체를 배열로 변환한다. 우선 반복 가능한 객체에 대해 알아보자.

[70] 예제 코드에서 동일한 함수 split에 대해 인자의 개수가 다를 수 있는 이유에 대해서는 5장에서 설명한다.

[71] 함수명이 collect이고, 문자열을 변환시키는 구체적인 구현은 메소드(method)라고 말하는 것이 정확하지만, 5.2절에서 자세히 설명한다.

참고 2.4. 반복 가능한 객체

줄리아에서 객체가 반복 가능(iterable)하다는 것은 객체 내의 요소들을 하나씩 순차적으로 접근할 수 있는 있다는 것을 의미하고, 지금까지 배운 배열, 튜플, 명명된 튜플, 딕셔너리, 집합, 문자열 타입의 모든 객체는 반복 가능한 객체이다.

덧붙여서 34쪽에서 배열에 대한 슬라이싱을 할 때 다룬 시작:스텝:종료는 시작값부터 종료값보다 작거나 같을 때까지 값을 스텝만큼씩 접근할 수 있음을 의미하므로, 이 또한 반복 가능한 객체로 범위 객체라고 부른다.

실제로 시작:스텝:종료는 StepRange 타입의 객체이고, 시작:종료는 스텝이 1인 경우로 UnitRange 타입의 객체이다.

```
julia> 1:2:20, typeof(1:2:20)
(1:2:19, StepRange{Int64, Int64})
julia> 1:20, typeof(1:20)
(1:20, UnitRange{Int64})
```

위 예제 코드에서 다룬 범위 객체의 타입 StepRange{Int64, Int64}에서, 첫 번째 Int64는 범위 객체에서 다룰 값의 타입을 나타내고, 두 번째 Int64는 스텝으로 사용되는 값의 타입을 의미한다. 이런 형태의 타입을 매개변수 타입(parametric type)이라고 하는 뒤에 타입 시스템을 소개할 때 자세히 설명한다.

앞에서 소개한 범위 객체는 정수 타입 뿐만 아니라 부동소수점 타입, 문자 타입 등에 대해서도 사용할 수 있는데, 다음 예제를 통해 이를 확인해보자.

```
julia> 1.0:0.1:2.0,  length(1.0:0.1:2.0)
(1.0:0.1:2.0, 11)
julia> typeof(1.0:0.1:2.0)
StepRangeLen{Float64, Base.TwicePrecision{Float64}, Base.TwicePrecision{Float64}, Int64}
julia> 'a':'z', typeof('a':'z'), length('a':'z')
('a':1:'z', StepRange{Char, Int64}, 26)
julia> '가':'하', typeof('가':'하'), length('가':'하')
('가':1:'하', StepRange{Char, Int64}, 10585)
```

반복 가능한 객체는 13장에서 배울 iterate 함수가 구현되어 있는 객체라는 의미로, 뒤에 배울 for 반복문 등의 순환문을 통해 반복 작업을 수행할 수 있다.

이제 다양한 타입의 반복 가능한 객체에 대해 collect의 반환값이 어떻게 되는지, 예제 코드를 통해 살펴보자.

```
julia> collect( (1, 2, 3) ), collect( (a=1, b=2) )
([1, 2, 3], [1, 2])
julia> collect( Dict("a"=>1, "b"=>2) ), collect( Set([1,2,3,2,1]) )
```

```
(["b" => 2, "a" => 1], [2, 3, 1])
julia> collect( 1:4 ), collect( 1:2:10 )
([1, 2, 3, 4], [1, 3, 5, 7, 9])
```

위 결과에서 알 수 있듯이 collect 함수를 통해 딕셔너리 객체는 키와 값의 쌍을 요소로 갖는 배열로 변환되고, 범위 객체는 조건을 만족하는 모든 값들로 이루어진 배열로 변환된다. [72]

[72] 범위 객체는 수학에서 다루는 수열의 점화식, 변환된 배열은 모든 항을 나열하는 것으로 비교할 수 있다.

2.6 사용자 정의 타입: 복합 타입

지금까지 소개한 데이터 타입 중, 부울, 정수, 부동소수점 타입과 문자 타입은 더 복잡한 타입을 구성하는 기본적인 타입으로 원시 타입(primitive 타입)이라고 부른다. 주어진 타입이 원시 타입인지를 판단하려면 부울 함수 isprimitivetype을 이용하면 된다.

```
julia> isprimitivetype(Int64), isprimitivetype(Float64)
(true, true)
julia> isprimitivetype(Bool), isprimitivetype(Char)
(true, true)
julia> isprimitivetype( typeof([1,2]) )
false
julia> isprimitivetype( typeof("ab") )
false
```

앞의 예제 코드에서 배열 타입과 문자열 타입은 원시 타입이 아님을 알 수 있는데, 자료 구조 타입에서 소개한 배열, 튜플, 딕셔너리, 집합, 문자열 타입은 원시 타입을 이용하여 구성된 타입으로 복합 타입 (composite 타입)이라고 한다.

복합 타입은 명명된 필드들로 구성된 사용자 정의 타입이다.[73]

복합 타입에 대한 자세한 설명은 10.3.4절에서 다루기로 하고, 여기서는 복합 타입을 정의하는 문법만 간단히 확인하자.[74] 복합 타입은 아래 예제 코드와 같이, 타입명 앞에 키워드 struct를 붙이고, 필드명을 나열한 후 키워드 end로 닫아 블록을 구성한다. 이때, ::를 이용하여 필드의 타입을 지정할 수 있다.

[73] 줄리아의 복합 타입이 객체지향언어들의 클래스/객체와 다른 점은 멤버 함수를 가질 수 없다는 것이고, 이런 점에서 C언어의 구조체와 유사한 면이 있다.

[74] 타입명은 대문자로 시작한다.

```
julia> struct Cat
           name::String
           age::Int64
       end
```

키워드 struct를 이용하여 구성한 복합 타입은 기본적으로 변경 불가능한 타입이 되고, 타입명과 동일한 이름을 갖은 함수(생성자)가 자동으로 생성되어 다음과 같이 구성한 복합 타입의 객체를 생성하고, 필드에 접근할 수 있다.

```
julia> cat1 = Cat("kitty", 2)
Cat("kitty", 2)
julia> typeof(cat1)
Cat
julia> cat1.name, typeof(cat1.name)
("kitty", String)
julia> cat1.age, typeof(cat1.age)
(2, Int64)
julia> cat1.age = 3
Error: setfield!: immutable struct of type Cat cannot be changed
```

복합 타입의 필드를 수정할 수 있는 변경 가능한 복합 타입을 구성하는 방법과 생성자를 수정하는 방법에 대해서는 10.3.4절에서 자세히 다루기로 한다.

이 장의 내용과 관련하여 참고도서[75]를 읽어보길 권한다.

[75] N. Kalicharan, *Julia-Bit by Bit*. Springer, 2021.

2.7 개념 확인 문제

1) `x = 5/2` 코드를 실행시킬 때, 변수 `x`의 타입은?

2) 변수를 `true`, `false` 값으로만 지정할 때 사용되는 데이터 타입은?

3) 데이터 타입 `Tuple`, `Array`, `Dict`, `Set` 중에서 여러 개의 값을 순서대로 저장하지만, 생성된 후에는 요소를 변경하거나 삭제할 수 없는 데이터 타입은?

4) 다음 중 문자열 안에 변수 `name`의 값을 포함시키는 구문으로 옳은 것은?

   ① `"Hi, name"` ② `f"Hi, {name}"` ③ `"Hi, " + name`
   ④ `"Hi, $name"` ⑤ `"Hi, {name}"`

5) `typeof(3)`의 실행 결과는?

6) `false || true && !false` 표현식의 최종 결과값은?

7) 키(key)와 값(value)을 쌍으로 저장하는 자료구조는?

8) 다음 중 문자열 `s = "julia"`에 대해 `s[1]`의 결과값과 그 타입으로 옳은 것은?

   ① `"j"`, `Char` ② `'j'`, `String` ③ `"j"`, `String` ④ `'j'`, `Char`

9) 다음 중 10진수 `0.75`를 정확하게 표현하는 방법은?

   ① `3/4` ② `0.75` ③ `3//4` ④ `Int(0.75)`

10) `a=[1,2,3]; b=a; a[1]=99`을 실행시킬 때 `b[1]`의 값은?

11) 문자열 `"Hello"`와 `"World"`를 결합하여 `"HelloWorld"`를 만드는 코드는?

12) 다음 중 실행 결과가 배열 `[1,2,3,4,5]`가 되는 것을 모두 고르면?

   ① `push!([1,2],3,4,5)` ② `push!([1,2],[3,4,5])`
   ③ `append!([1,2],[3,4],5)` ④ `append!([1,2],[3,4,5])`

13) 다음 중 `(1,"a",true)`의 데이터 타입은?

① `Dict{Any,Any}` ② `Array{Any,1}` ③ `Tuple{Int64,String,Bool}` ④ `Tuple`

14) `d1 = Dict("a"=>1, "b" =>2)`에 대해 키 `"b"`에 해당하는 값에 접근하는 코드는?

15) `x = 5 > 3`를 실행할 때, 변수 `x`의 값과 타입은?

16) `a=[1,2]; t=(a, 30); a[1]=4;`를 실행시킨 후 `t`의 상태는?

17) `s ="줄리아"`에 대해 `length(s)`와 `ncodeunits(s)`의 결과값을 차례로 구하면?

18) `Dict`의 키로 `:a`와 같은 `Symbol` 타입을 `"a"`와 같은 `String` 타입보다 선호하는 가장 큰 이유는?

19) `'A'+1`을 실행할 때 결과는?

20) 범위 객체 `v1=1:9`와 이 범위로 생성한 배열 `v2 = collect(1:9)`의 가장 큰 차이점은?

21) 두 변수 `x=1`과 `y=2`의 값을 서로 맞바꾸는 가장 간단한 코드는?

22) `arr =[1, 2.5, 2//3]`을 실행했을 때, `arr`의 요소 타입은?

23) `a=[1,2]; b=[1,2]; c=a; a==b, a===b, a===c`를 실행한 결과는?

24) 숫자 `1` 하나만을 요소로 갖는 튜플을 올바르게 생성하는 방법을 모두 고르면?

① `(1)` ② `(1,)` ③ `tuple(1)` ④ `Tuple(1)`

25) 비어있는 배열 `arr =[]`을 실행할 때, `arr`의 요소 타입은?

① `Any` ② `Nothing` ③ `UndefInitializer` ④ 에러가 발생함

26) 다음 코드와 같이 컬렉션의 첫 번째 요소를 수정하려고 할 때 오류를 발생한다. 오류의 원인과 올바른 해결 방법은?

```
a = (1, 2, 3)
a[1] = 4
```

① `setindex!` 함수를 사용하면 튜플의 요소를 변경할 수 있다.

② 줄리아의 인덱싱은 `0`부터 시작하므로 `a[0] = 4`로 수정해야 한다.

③ 튜플은 불변이므로 수정할 수 없다. 요소를 변경하려면 배열로 만들어야 한다.

④ 튜플의 요소를 수정하려면 `(4, 2, 3)`과 같이 새로운 튜플을 생성하여 변수에 다시 할당해야 한다.

27) 다음 코드는 딕셔너리(Dict)를 생성하려 하지만 문법 오류가 발생한다. 올바르게 수정하면?

```
my_dict = {"one":1, "two":2}
```

28) 다음 코드는 배열의 첫 번째 요소에 접근하려고 하지만 `BoundsError`가 발생한다. 오류의 원인과 해결 방법은?

```
arr1 = ["a", "b", "c"]
first_element = arr1[0]
```

29) 단일 문자를 변수에 할당하려고 하지만 다음 코드는 문자열로 인식된다. `Char` 타입으로 변수를 선언하는 올바른 방법은?

```
my_char = "a"
```

30) 코드 `result = 5/2`를 실행하면 변수 `result`의 값은 `2.5`가 된다. 나눗셈의 정수 몫인 `2`이 할당되도록 코드를 수정하면?

31) 다음은 배열에 `4`를 추가하는 코드로, 의도대로 작동은 되지만 불필요한 부분이 있다. 간결하게 수정하면?

```
arr = [1, 2, 3]
arr = push!(arr, 4)
```

32) `Bool` 타입의 변수를 선언하기 위해 코드 `is_active = True`를 실행하면, `UndefVarError`가 발생한다. 오류를 수정하면?

(정답은 281쪽을 참고)

3 제어 흐름

일반적으로 프로그래밍 언어에서 제어 흐름 구조는 특정 조건이나 반복에 따라 코드를 실행하게 하는데 사용된다. 이 장에서는 복합식, 조건문, 반복문, 예외 처리와 같은 줄리아의 제어 흐름에 대해 설명한다.

3.1 복합식

때로는 여러 하위 표현식을 순서대로 평가하여 가장 마지막 표현식의 값을 반환하는 표현식을 갖는 것이 편리한데, 줄리아에서는 `begin ... end` 블록을 이용한 복합식(compound expression)을 통해 이런 목적을 달성한다.

다음 예에서 보듯이, 여러 줄의 코드를 `begin ... end` 블록으로 묶은 복합식의 값은 마지막 표현식의 값이 되고, 여러 개의 표현식을 하나의 단위로 처리할 수 있다.

```
julia> y = begin
         x = 2
         x^2 + x
       end
6
```

위의 예처럼 복합식을 구성하는 코드가 길지 않을 때는 다음과 같이 줄 바꿈을 세미콜론 `;`으로 대신하고 블록의 시작과 끝을 `(`와 `)`로 묶어서 복합식을 구성할 수도 있다.

```
julia> z = ( x=2; x^2+x )
6
julia> y == z
true
```

3.2 조건부 계산

3.2.1 기본적인 *if-else* 문

조건식의 참, 거짓에 따라 코드 실행을 제어하는 조건부 계산의 가장 기본적인 형태는 다음과 같다.

```
if 조건식
    코드 블록 1
else
    코드 블록 2
end
```

이때, 부울 타입을 갖는 조건식이 참이면 키워드 `if`와 `else` 사이에 작성된 코드 블록 1이 실행되고, 거짓이면 키워드 `else`와 `end` 사이에 작성된 코드 블록 2가 실행된다.[1]

만약, 조건식의 값이 거짓일 때 어떤 실행도 하지 않는다면, 코드 블록 2를 작성하지 않거나 `else`없이 `if ... end`를 작성하면 된다.

[1] 파이썬과 달리, 줄리아에서는 조건식의 값이 반드시 부울 타입이어야 한다.

```
julia> x = 3;
3
julia> if x >= x^2-3x
           x += 1
       else
           x -= 1
       end
4
julia> println(x)
4
```

위 예제 코드에서 조건식이 참이 되므로 `x += 1`이 실행되어 `x`의 값이 `1` 증가한 것을 확인할 수 있다.

3.2.2 삼항 조건식

`if-else`문에서 각각의 블록에 작성할 코드가 간단한 경우에는 다음과 같이 삼항 조건식을 이용하는 것이 간단하다.

```
(조건식) ? (코드 1) : (코드 2)
```

예를 들어, 앞 소절의 예제는 다음과 같이 코드를 작성할 수 있다.

```
julia> x = 3;
3
julia> (x >= x^2-3x) ? x+= 1 : x-= 1
```

```
4
julia> x
4
```

3.2.3 *if-elseif-else* 문

코드를 작성하다 보면, 조건을 세 가지 이상으로 나누어 처리해야 할 경우가 있다. 예를 들어, 실수 x에 대해 $x < 0$, $x = 0$, $x > 0$의 세 가지 경우에 대해 서로 다른 작업을 하는 경우를 생각하자. 만약 `if-else`문만을 이용한다면, 다음과 같이 조건식 $x < 0$이 거짓이 되는 경우의 블록에 다시 `if-else`문을 사용해야 할 것이다.

```
julia> x = 3
3
julia> if x < 0
         println("$(x)는 음수입니다.")
       else
         if x == 0
           println("$(x)는 0입니다.")
         else
           println("$(x)는 양수입니다.")
         end
       end
3는 양수입니다.
```

위와 같이 조건식이 거짓이 되는 블록에 다시 조건문을 사용해야 하는 경우를 위해, 줄리아에서는 다음과 같은 `if-elseif-else`문을 제공한다. 이때, `elseif`는 여러 번 반복하여 사용할 수 있고, 마지막 `else`는 생략할 수 있다.

```
julia> x = 3
3
julia> if x < 0
         println("$(x)는 음수입니다.")
       elseif x == 0
         println("$(x)는 0입니다.")
       else
         println("$(x)는 양수입니다.")
       end
3는 양수입니다.
```

3.2.4 단락 평가

2.3.1절에서 부울 타입에 대한 논리 연산자 `&&`와 `||`를 다루었는데, 이 연산자들이 값을 구하는 과정을 살펴보면 단축 평가(short-curcuit evaluation) 또는 단락 평가라고 부르는 추가 특성이 있다.

단축 평가란 논리 연산에서 연산의 결과가 확정되면 나머지 조건을 평가하지 않고 바로 결과를 반환하는 것을 의미한다. 예를 들어, 부울 값을 갖는 표현식 a, b에 대해, a && b는 a와 b 모두 true일 때만 true가 되고, 나머지 경우에는 false이다. 따라서 a가 false임을 아는 순간 b를 평가할 필요없이 연산 결과 false를 반환하게 된다.

a || b의 경우에도 비슷한 이유로 a가 true임을 아는 순간 b를 평가할 필요없이 연산 결과 true를 반환하게 된다.

단축 평가 특성에 따라, 논리 연산 a && b 또는 a || b에서 a의 타입은 반드시 부울 타입이어야 하지만, b는 어떤 표현식이든지 될 수 있다. 다음 예제 코드를 통해 그 의미를 확인해보자.

```
julia> true && println("표현식1 실행"), true || println("표현식2 실행")
표현식1 실행
(nothing, true)
julia> false && println("표현식3 실행"), false || println("표현식4 실행")
표현식4 실행
(false, nothing)
```

이제 부울 타입에 대한 논리 연산자의 단축 평가 특성을 이용하면, if-else 문을 이용하지 않고도 조건에 따른 실행을 빠르게 할 수 있다. 예를 들어, 변수 x에 저장된 값이 3이상일 때만, x = x+1과 같이 값을 갱신하고 싶다면, 단축 평가를 이용하여 다음과 같이 두 가지 방식으로 실행시킬 수 있다.

```
julia> x = 3
3
julia> (x >= 3) && (x = x+1)
4
julia> x = 3
3
julia> (x < 3) || (x = x+1)
4
```

3.3 반복 계산

3.3.1 while 문

대부분의 프로그래밍 언어에서 반복 계산을 수행하는 가장 간단한 방법은 while 루프(loop)를 이용하는 것이다. 줄리아의 while 루프는 다음 형태로 실행할 수 있다.

```
while (부울값을 갖는 조건식)
    반복해서 실행할 코드
end
```

이때 한 가지 주의할 점은 while ~ end문 밖에서 정의된 변수와 동일한 이름을 갖는 변수를 블록 내부에서 사용할 때, while ~ end문 내부에서만 사용되는 새로운 변수로 처리될 수 있다는 점이다.[2]

이처럼 변수가 적용되는 범위를 스코프(scope)라 하고, 스코프는 크게 전역 스코프(global scope)와 지역 스코프(local scope)로 나뉘는데, 줄리아의 스코프에 대해서는 4.2에서 자세히 다룬다.

이 소절에서는 while ~ end문을 REPL에서 실행시킨 결과와 파일에 작성하고 저장한 후 불러서 실행시킨[3] 결과가 같아지는 방법을 위주로 설명하고, 자세한 내용은 4.2절에서 다룬다.

실행시키는 환경에 관계없이 동일한 결과를 얻는 첫 번째 방법은 while ~ end문 밖에서 정의된 (전역)변수 i를 내부에서 사용할 수 있도록 키워드 global을 이용하는 것이다. 조건식 i<5가 참인 동안 키워드 while ~ end 사이의 블록에 놓이는 계산을 반복하여 실행시키는 다음 예제를 통해 확인해보자.[4]

```
julia> i = 0
0
julia> while i < 4
           global i = i+1
           println(i)
       end
1
2
3
4
```

단, 지역 스코프를 설정하는 블록 내에서 global 키워드를 이용하여 전역 변수를 갱신할 때는, 다른 지역 스코프 블록 내의 계산에 예기치 못한 영향을 미칠 수 있으므로 가급적 사용을 피해야 하며, 사용시에는 상당한 주의를 기울여야 한다.

또 다른 방법은 사용되는 변수들이 동일한 범위에 있음을 알려주기 위해 원하는 스코프를 설정하는 코드 블록을 키워드 let과 end로 묶어주는 방법이다.[5]

```
julia> let
           i = 0
           while i < 4
             i = i+1
             println(i)
           end
       end
1
2
3
4
```

[2] 4.2.1절에서 다루는 소프트 스코프라는 규칙 때문이다.

[3] 함수를 파일에 작성하고 불러서 사용하는 방법에 대해서는 71쪽의 참고 3.1에서 설명한다.

[4] 코드에서 블록 내부의 변수 i가 밖에서 정의된 i와 동일한 변수임을 알 수 있도록 i 앞에 붙인 키워드 global를 없애면, REPL에서는 오류없이 실행이 되지만, 파일에 작성하고 읽어들여 실행하는 경우에는 i가 정의되지 않았다는 오류가 발생한다. 그 이유는 지역 변수의 스코프를 설정하는 while ~ end 블록이 소프트 스코프라는 규칙을 따르기 때문이다. 4.2.1절을 참고하라.

[5] do ~ end 블록은 하드 스코프라는 규칙을 따르는 스코프를 설정하는데, 4.2.1를 참고하라.

while～end 블록으로 이루어진 표현식 자체의 값은 Nothing 타입의 nothing 이다.

```
julia> i = 0
0
julia> y = while  i < 4; global i = i+1 end; i, y
(4, nothing)
julia> typeof(y)
Nothing
```

또, while 문에서 조건식이 true이면 끝없이 반복하는 무한 루프에 빠지게 되는데, 키워드 break를 이용하면 루프를 빠져나올 수 있다. 3.2.4절에서 배운 단축 평가와 break를 이용하면, 앞의 예제를 다음과 같이 작성할 수도 있다.

```
julia> i = 0
0
julia> while true
           global i = i+1
           (i > 4) && break
           println(i)
       end
1
2
3
4
```

3.3.2 *for* 문

while 루프를 좀 더 사용하기 쉽도록 만든 for 루프는 줄리아에서 다음 형식으로 사용할 수 있다.

```
for (변수) in ( 반복 가능한 객체)
    반복할 코드
end
```

이때, 변수는 for～end 블록에서만 사용되는 변수(지역변수)로, 반복 가능한 객체의 요소가 차례로 할당된다.[6] 다음 예를 살펴보자.

[6] 반복 가능한 객체에 대해서는 58쪽의 참고 2.4를 참고하라.

```
julia> for i in [1,2,3]
           println(i)
       end
1
2
3
```

앞의 예제에서 `for i in [1,2,3]`을 `for i = [1,2,3]`으로 쓸 수도 있다.

`while` 문과 마찬가지로 `for` 문 내부의 변수는 밖에서 정의된 변수와 이름이 같더라도 상황에 따라[7] 다른 변수일 수 있다. 이 점에 염두에 두고, `for` 루프를 이용하여 1부터 1000까지의 합을 구해보자.

[7] `for`～`end` 블록도 소프트 스코프 규칙을 따르는 지역 스코프를 설정한다. 4.2.1절을 참고하라.

```
julia> mysum = 0
0
julia> for i = 1:1000
           global mysum = mysum + i
       end
julia> mysum
500500
```

`for` 루프를 이용하면 다음과 같이 배열의 요소를 갱신할 수 있다.

```
julia> a = zeros(Int64, 4)
4-element Vector{Int64}:
 0
 0
 0
 0
julia> for i in 1:length(a)
           a[i] = i^2
       end
julia> a
4-element Vector{Int64}:
  1
  4
  9
 16
```

`for` 루프의 반복 가능한 객체로 딕셔너리 객체를 사용하면, 다음 예제에서 보듯이 지역변수에 `Pair` 타입의 객체 `키=>값`이 차례로 전달된다.

```
julia> dict1 = Dict('a'=>1, 'b'=>2, 'c'=>3)
Dict{Char, Int64} with 3 entries:
  'a' => 1
  'c' => 3
  'b' => 2
julia> for i in dict1
           println(i)
       end
'a' => 1
'c' => 3
'b' => 2
```

따라서, 주어진 딕셔너리 객체의 키와 값 역할을 맞바꾼 새로운 딕셔너리 객체는 for 루프를 이용하면 다음과 같이 쉽게 구성할 수 있다.[8]

```
julia> dict2 = Dict{Int64, Char}()
Dict{Int64, Char}()
julia> for (key, value) in dict1
           dict2[value] = key
       end
julia> dict2
Dict{Int64, Char} with 3 entries:
  2 => 'b'
  3 => 'c'
  1 => 'a'
```

[8] 먼저, key, value = 'a'=>1을 실행하면, 변수 key와 value에 각각 'a'와 1이 할당됨을 확인해보자.

3.3.3 중첩된 *for* 문

동적 타입 언어 중 파이썬이나 매트랩 같은 인터프리팅 방식의 언어에서는 for 루프를 반복해서 사용하면 성능이 많이 떨어지지만, 줄리아의 경우에는 for 루프를 반복하여 중첩해서 사용해도 뛰어난 성능을 발휘한다.[9]

for 루프를 중첩에서 사용하는 방법은 for ~ end 블록 내부에 다시 for ~ end 블록을 사용하는 것이다.

[9] 이런 특성으로 인해 파이썬이나 매트랩에서 중요하게 다루는 벡터화 연산을 줄리아에서는 (중첩된) for 루프로 처리해도 된다. 다만, 보다 빠른 성능을 위해서는 약간의 주의가 필요한데, 11.3장에서 자세히 다룬다.

```
julia> for i in 1:3
         for j in 1:3
           println("i: $i, j: $j")
         end
       end
i: 1, j: 1
i: 1, j: 2
i: 1, j: 3
i: 2, j: 1
i: 2, j: 2
i: 2, j: 3
i: 3, j: 1
i: 3, j: 2
i: 3, j: 3
```

위 실행 결과를 보면 각각의 i 값에 대해 j 값이 차례로 1부터 3까지 변하는 것을 확인할 수 있다.

간단한 함수를 작성하는 방법과 함수를 정의하는 블록 내부에서 for 루프를 이용하는 방법을 예를 통해 알아보자.

참고 3.1. for 루프를 이용하여 켈렉션의 합 구하는 함수 파일에 작성하고 재사용하기

함수를 정의하는 방법에 대한 자세한 내용은 5장으로 미루고, 여기서는 for 루프를 이용하여 주어진 컬렉션의 요소의 합을 구하는 함수를 파일에 작성하고, 이 함수를 사용하는 방법에 대해 알아보자.

줄리아에서 함수는 다음과 같이 function ~ end 블록을 이용하여 쉽게 작성할 수 있다. 이때 키워드 return을 이용하여 값을 반환할 수 있다.

```
function 함수이름(인자)
    여러 줄에 걸친 코드
    return 반환값
end
```

위 형식에 따라 컬렉션을 인자로 받아 컬렉션의 모든 요소의 합을 구하는 함수 sum_test를 파일명 test.pl에 다음과 같이 작성하자.

```
function sum_test(a)
    temp = 0
    for i in a
        temp = temp + i
    end
    return temp
end
```

작성된 파일의 경로명이 C:\Users\kilch\test.jl이라 할 때, 다음과 같이 include 함수에 파일의 경로명을 문자열로 전달하면 읽어들일 수 있다. (윈도우 환경에서 폴더 경로 구분자는 \이고, 리눅스에서는 /을 사용한다. 따라서 경로명을 문자열로 전달할 때, \를 \\로 입력하거나, /로 입력해야 한다.

```
julia> include("C:/Users/kilch/test.jl")
sum_test (generic function with 1 method)
julia> a1 = [1, 2, 3, 4]; sum_test(a1)
10
julia> a2 = 1:1000; sum_test(a2)
500500
julia> a3 = Set(1:100); sum_test(a3)
5050
```

3.3.4 for 루프를 이용한 배열 내포 표현식

프로그래밍에서 특정 코드 블록이 다른 코드 블록 내부에 포함되는 구조를 내포(comprehension)라고 하는데, 줄리아의 배열 내포 표현식을 사용하면 간결하고 직관적으로 새로운 배열을 생성할 수 있다.

```
[ (생성할 배열 요소의 표현식) for 변수 in (반복 가능 객체)]
```

즉, 변수가 반복 가능 객체의 각 요소를 차례로 받고, 이를 이용한 표현식을 통해 최종 배열의 요소를 차례로 생성한다. 배열 내포 표현식의 예를 살펴보자.

```
julia> arr1 = [ i^2 for i in 1:10]; println(arr1)
[1, 4, 9, 16, 25, 36, 49, 64, 81, 100]
```

다음과 같이 반복 가능 객체 뒤에 조건을 추가한 배열 내포 표현식을 사용할 수도 있다.

```
julia> arr2 = [i for i in 1:10 if (i % 2==0)]; println(arr2)
[2, 4, 6, 8, 10]
```

또, 중첩된 배포 내포 표현식을 사용할 수도 있는데, 먼저 사용된 for 루프가 가장 바깥쪽 루프가 된다.

```
julia> arr3 = [ (i,j,k) for i in 1:2 for j in 3:4 for k in 5:6]; println(arr3)
[(1, 3, 5), (1, 3, 6), (1, 4, 5), (1, 4, 6), (2, 3, 5), (2, 3, 6), (2, 4, 5), (2, 4, 6)]
```

3.4 예외 처리

예외 처리는 예상치 못한 상황이나 오류를 다룸으로써 프로그램의 안정성을 높이기 위해 사용된다. 줄리아에서는 다음 예제 코드와 같이 try～end 블록을 사용하여 예외를 처리한다.[10]

```
julia> try
         # 예외가 발생할 수 있는 코드
         x = 1 / "a" # 가능한 메소드가 정의되어 있지 않음
       catch e
         # 예외를 처리하는 코드
         println("예외가 발생했습니다.: ", e)
       finally
         # 예외 발생 여부와 상관없이 항상 실행되는 코드
         println("이 코드는 항상 실행됩니다.")
       end
예외가 발생했습니다.: MethodError(/, (1, "a"), 0x0000000000007b21)
이 코드는 항상 실행됩니다.
```

[10] println 함수에 쉼표로 구분된 여러 개의 값을 전달하면 쉼표없이 연이어서 출력한다.

앞의 예제에서 다룬 try ~ end 블록의 형식에서, 예외 발생 여부와 상관없이 실행되는 finally 블록 부분은 생략할 수 있고, 예외의 특정 유형에 따라 다르게 처리하기 위해 catch 블록에 조건문을 사용할 수 있다. 줄리아에 정의되어 있는 예외 타입의 종류는 줄리아 공식 매뉴얼에서 'Built-in Exceptions' 항목을 검색하면 확인할 수 있다.

```
julia> try
         x = 1 / "a"
       catch e
         if isa(e, TypeError)
           println("타입 오류: ", e)
         elseif isa(e, MethodError)
           println("메소드 오류: ", e)
         else
           println("그 외 오류: ", e)
         end
       end
메소드 오류: MethodError(/, (1, "a"), 0x0000000000007b21)
```

위 예제 코드에서 isa(e, TypeError)는 e값의 타입이 TypeError인지를 확인하는 부울 함수를 실행하는 코드이다.[11]

[11] 즉, typeof(e)==TypeError를 실행하는 것과 동일하다.

3.4.1 사용자 정의 예외

프로그램 실행 중에 발생하는 특정 비정상적인 상황에 대응하는 예외 타입이 줄리아에 정의되어 있지 않을 수 있다. 이런 경우 사용자가 원하는 예외 타입을 직접 정의하고[12], 그런 상황이 발생할 때 throw 함수를 이용하여 직접 예외를 발생시킬 수 있다.

[12] 5.2절에서 배운 복합 타입으로 정의한다.

MycustomError라는 예외 타입을 정의하고, 이를 이용하여 함수의 인자에 음수가 전달될 때 예외를 발생시키도록 코드를 작성해보자.

```
julia> struct MyCustomError <: Exception
         msg::String
       end
julia> function check_positive(x)
         if x < 0
           throw(MyCustomError("음수 값은 허용되지 않습니다.: $x"))
         end
         return x
       end
check_positive (generic function with 1 method)
```

위 예제 코드에서 MyCustomError <: Exception은 MyCustomError 타입을 줄리아의 Exception 타입의 하위타입으로 정의한다는 의미이다.[13]

[13] 타입의 계층 구조에 대해서는 10.2절에서 설명한다.

이제 아래 코드를 실행해보면, 정의한 예외 타입이 잘 동작하는것을 확인할 수 있다.

```
julia> try
         check_positive(-1)
       catch e
         if isa(e, MyCustomError)
           println("사용자 정의 예외 발생: ", e.msg)
         end
       end
사용자 정의 예외 발생: 음수 값은 허용되지 않습니다.: -1
```

3.5 개념 확인 문제

1) 다음 코드에서 num이 짝수인지 홀수인지 판별하려고 할 때, 괄호에 알맞은 코드는?

```
num = 5
if (     )
  println("짝수")
else
  println("홀수")
end
```

2) 다음 코드를 실행할 때 출력으로 옳은 것은?

```
for i in 1:3
  print(i, " ")
end
```

① 1, 2, 3, ② i i i ③ 1 2 3 ④ 123

3) 다음 코드를 실행할 때 출력으로 옳은 것은?

```
i = 3
while i > 0
  print(i, " ")
  global i -= 1
end
```

① 3 2 1 0 ② 3 2 1 ③ 2 1 0 ④ 무한 루프에 빠짐

4) 다음 코드를 실행할 때 total의 값은?

```
total = 0
for i in 1:5
  if i % 2 != 0
    continue
  end
  global total += i
end
```

5) 다음 코드를 실행할 때 출력으로 옳은 것은?

```
for i in 1:3, j in 1:2
  print("(", i, ",", j, ") ")
end
```

① (1,1)(2,1)(3,1)(1,2)(2,2)(3,2)

② (1,1) (2,1) (3,1) (1,2) (2,2) (3,2)

③ (1,1)(1,2)(2,1)(2,2)(3,1)(3,2)

④ (1,1) (1,2) (2,1) (2,2) (3,1) (3,2)

6) 다음 코드를 실행할 때 found_num의 최종값은?

```
nums =[10, 4, 9, -2, 5, -8]
found_num = 0
for num in nums
  if num < 0
    global found_num = num
    break
  end
end
```

7) 다음 코드에서 if-else 문을 삼항 연산자를 이용하여 동일한 기능을 하도록 수정하면?

```
x = 1
if x > 0
  result = "음이 아닌 실수"
else
  result = "음의 실수"
end
```

8) 다음 코드를 실행한 후 y와 x의 최종 값은?

```
x = 0
function update_x( )
  global x = 10
  return true
end

y = false && update_x( )
```

9) 다음 코드를 실행할 때 출력으로 옳은 것은?

```
data = Dict("a"=>1, "b"=>2)
for (key, value) in d
  print(key, value, " ")
end
```

① a1 b2 또는 b2 a1 ② ("a",1) ("b",2) ③ a1 b2 ④ a b

10) 다음 코드의 실행 결과는?

```
[i^2 for i in 1:5 if i % 2 == 0]
```

① `[2, 4]` ② `[1, 9, 25]` ③ `[4, 16]` ④ `[1, 3, 5]`

11) 다음 코드를 실행할 때 출력은?

```
for (i, val) in enumerate(["a","b","c"])
  print(i, "->", val, " ")
end
```

12) 다음은 1이상 200이하인 3과 5의 공배수의 합을 구하는 코드이다. 괄호 안에 알맞은 코드는?

```
total = 0
for i in 1:200
  if (        )
    global total += i
  end
end
```

13) 다음 코드의 실행 결과로 생성되는 배열로 옳은 것은?

```
[(i,j) for i in 1:2 for j in 1:2 if i != j]
```

① `[(1,1),(2,2)]` ② `[(1,2),(2,1)]` ③ `[(2,1),(1,2)]` ④ `[(2,2),(1,1)]`

14) 다음 코드를 실행할 때, 배열 `arr1`과 `arr2`의 타입을 각각 구하면?

```
arr1 = [i*j for i in 1:2 for j in 2:3]
arr2 = [i*j for i in 1:2, j in 2:3]
```

15) 다음 코드를 실행한 후, `size(arr)`와 `arr[1,2]`의 값을 각각 구하면?

```
arr = [i*j for i in 1:2, j in 2:4]
```

16) 다음 코드는 피보나치 수열의 처음 10개 항을 출력하는 코드이다. 괄호에 들어갈 한 줄 코드는?

```
a, b = 1, 1
for i in 1:10
  print(a, " ")
  (              )
end
```

(정답은 281쪽을 참고)

4 네임스페이스 관리와 스코프 설정

일반적으로 프로그래밍 언어는 네임스페이스 관리(namespace management)와 스코프 설정(scoping)을 통해, 변수, 함수 등의 식별자를 관리하고 충돌을 방지한다.

줄리아에서 네임스페이스 관리는 모듈(module)을 통해 이루어지는데, 모듈은 코드를 논리적으로 그룹화하여 독립적인 네임스페이스를 형성하고 식별자를 체계적으로 관리한다. 또, 변수나 함수 등의 식별자가 유효한 코드의 범위를 스코프(scope)라고 하는데, 줄리아에서는 블록을 설정하는 모듈, 반복문, 함수 등의 스코프 구조(scope construct)를 이용하여 유효한 범위를 블록 단위로 설정한다.

이 장에서는 모듈과 스코프에 대해 기본적인 내용을 설명한다.

4.1 모듈

네임스페이스를 구분하기 위해 모듈을 정의하는 방법은 `module 모듈명 ~ end` 블록을 구성하는 것이다. 이때, 모듈 블록은 전역 스코프를 설정하며, 모듈 블록 내에 또 다른 모듈 블록과 변수를 포함할 수 있고, 함수 등의 지역 스코프 구조를 이용한 지역 스코프 블록도 포함할 수 있다.

REPL 환경은 줄리아의 최상위 모듈인 `Main` 모듈에서 실행된다. 줄리아는 두 개의 표준 모듈 `Core`와 `Base` 모듈에 줄리아의 내장된 모든 기능을 담고 있는데, 새로운 모듈을 정의할 때마다 이 두 모듈과 `include` 함수의 정의가 자동으로 포함된다.[1]

[1] 두 개의 표준 모듈과 `include` 함수의 정의를 포함하지 않는 모듈을 생성하려면 `baremodule` 블록을 사용하면 되는데, 이 책에서는 다루지 않는다.

4.1.1 모듈의 정의와 로딩 방법

예를 들어, 모듈명이 `Animals`인 모듈을 정의해보자.[2] 줄리아는 모듈 코드와 파일이 무관하므로, 파일명에 상관없이 한 파일에 여러 모듈이 정의될 수도 있고, 한 모듈이 여러 파일에서 정의될 수도 있다.

[2] 22쪽에서 언급했듯이 모듈명은 보통 대문자로 시작한다.

```
julia> module Animals
         export Cat
         struct Cat end
         struct Dog end
       end
Main.Animals
```

위에서 예로 든 모듈처럼, 모듈 내에서 정의한 변수, 함수 등을 외부에서 사용할 수 있도록 하려면 `export` 키워드를 이용하면 된다. 즉, 모듈 외부에서 `using`을 이용하여 해당 모듈을 로딩하면, `export` 뒤에 쉼표로 구분하여 나열된 이름의 변수나 함수 등을 모듈 외부에서 사용할 수 있다.

작업 중인 모듈에서 다른 모듈을 로딩할 때, 패키지에 정의된 모듈은 `using 모듈명`으로 로딩할 수 있고, 현재 모듈 내에 정의되어 있거나, `include`를 이용하여 모듈의 정의를 읽어들인 경우에는 이름 앞에 `.`을 붙여 로딩하면 된다. 다음 코드는 REPL 환경에서 `Animals` 모듈을 직접 정의한 경우이다.

```
julia> using .Animals
# Animals 모듈이 animals.jl이란 파일에 저장되어 있다면,
# using .Animals 앞에 include("animals.jl의 경로명")을 먼저 실행
julia> Cat
Main.Cat
julia> Dog
Error: UndefVarError: `Dog` not defined
julia> Animals.Dog
Main.Animals.Dog
```

위 결과에서 알 수 있듯이, `Animals` 모듈에서 `Cat`만 `export`했으므로, 현재 네임스페이스에서 `Cat`은 정의되어 있지만 `Dog`는 정의되어 있지 않은 것을 확인할 수 있다. 하지만, `Animals.Dog`와 같이 모듈명을 함께 쓰면 `Dog`에 접근할 수 있다.

4.1.2 메소드를 이용한 네임스페이스 관리

네임스페이스 관리를 위해 모듈명만 로딩하고 해당 모듈의 `export` 리스트는 로딩하지 않으려면, `using` 대신 `import`를 사용할 수 있다.

```
julia> module Carmakers
         export Hyundai
         struct Hyundai end
         struct Kia end
         hello( ) = println("자동차 회사")
       end
Main.Carmakers
```

```
julia> import .Carmakers
julia> Hyundai
Error: UndefVarError: `Hyundai` not defined
julia> Carmakers.Hyundai
Main.Carmakers.Hyundai
```

앞의 결과에서 알 수 있듯이, `import`는 모듈명만 로딩하므로 `Hyundai`는 `export`되어 있지만, 모듈명과 함께 `Carmakers.Hyundai`를 사용하지 않으면 오류가 발생한다.

모듈에서 원하는 `xx`만 지정해서 로딩하려면 `using 모듈명: xx` 또는 `import 모듈명: xx`을 이용하면 된다. 한 가지 중요한 차이점은 `xx`가 함수명일 때, `using 모듈명: xx`로 로딩한 함수 `xx`는 동일한 이름의 메소드를 정의할 수 없고, `import 모듈명: xx`로 로딩한 함수 `xx`는 메소드를 새롭게 추가하여 정의할 수 있다는 점이다.[3]
만약 여러 개의 `using`, `import`가 반복 사용되면, 사용된 순서대로 적용된다.[4]

[3] 함수와 메소드의 차이에 대해서는 5.2절을 참고하라.

[4] 예제 코드에서 `parentmodule`은 객체가 정의되어 있는 원래 모듈을 구하는 함수이다.

설명한 내용을 확인하기 위해, 앞의 예제 코드에 이어서(즉, 모듈명만 로딩된 상황에서) 다음 코드를 실행시켜보자.

```
julia> using .Carmakers: hello
julia> hello( )
자동차 회사
julia> parentmodule(hello) #hello가 정의된 모듈을 구할 때
Main.Carmakers
julia> Hyundai # export 되지 않음
Error: UndefVarError: `Hyundai` not defined
julia> struct Tesla end
julia> hello(::Tesla) = println("테슬라") # 입력 타입에 따른 새로운 메소드 추가 시도
Error: invalid method definition: function hello must be explicitly imported to be extended
julia> import .Carmakers: hello
julia> hello(::Tesla) = println("테슬라")
hello (generic function with 2 methods)
julia> hello( )
자동차 회사
julia> car1 = Tesla( )
Main.Tesla()
julia> hello(car1)
테슬라
```

위 결과를 보면 `using .Carmakers: hello`로 로딩한 경우에 메소드 `hello`를 추가할 수 없지만, `import .Carmakers: hello`로 로딩한 경우에는 새로운 메소드를 추가하는 것이 가능하다는 차이점이 있음을 확인할 수 있다.

한 가지 덧붙일 내용은 `import 모듈명: xx` 형식 대신 `import 모듈명.xx`로 함수 `xx`를 로딩한 경우에도 메소드를 추가할 수 있는데, 앞의 방법은 `import 모듈명: xx as 별칭`의 형식으로 별칭을 이용하여 사용할 수 있다는 점에서 차이가 있다. 자세한 내용은 줄리아 공식 문서에서 'Renaming with as' 항목을 참고하라.[5,6]

어떤 경우에는 서로 다른 사용자가 정의한 모듈에 동일한 인자를 갖는 동일한 이름의 함수가 정의되어 있는 경우가 있다. 이런 경우 충돌없이 두 모듈의 함수를 모두 사용하는 방법을 예를 통해 살펴보자.

다음 예제 코드와 같이 동일한 이름을 갖는 함수 `greet`가 서로 다른 두 모듈에 정의되어 있다고 하자. 두 모듈을 로딩하고 각 모듈에서 `export`된 함수 `greet`를 실행하면, 어느 모듈에서 정의된 함수인지 구별할 수 없으므로 오류가 발생한다.[7]

```
julia> module ModuleA
           export greet
           greet( ) = println("모듈A 사용을 환영합니다.")
       end
Main.ModuleA
julia> module ModuleB
           export greet
           greet( ) = println("모듈A 사용을 환영합니다.")
       end
Main.ModuleB
julia> using .ModuleA, .ModuleB
julia> greet()
Error: UndefVarError: `greet` not defined
```

이를 해결하는 첫 번째 방법은 함수에 모듈명을 붙여 두 함수를 구별하는 방법이다.

```
julia> ModuleA.greet( )
모듈A 사용을 환영합니다.
julia> ModuleB.greet( )
모듈A 사용을 환영합니다.
```

또 다른 방법은 79쪽에서 설명한대로 모듈별로 함수에 별칭을 붙여 로딩하는 방법이다.

```
julia> using .ModuleA: greet as f
julia> using .ModuleB: greet as g
julia> f( )
모듈A 사용을 환영합니다.
julia> g( )
모듈A 사용을 환영합니다.
```

또는 한 모듈을 다른 모듈 안에서 로딩하고, 메소드를 추가하는 방법도 가능하다.

[5] The Julia Project, *Julia Documentation:Manual:Renaming with as*, https://docs.julialang.org/en/v1/manual/modules/#Renaming-with-as.

[6] 참고로 줄리아의 표준 모듈 `Base`에 정의되어 있는 함수에 메소드를 추가할 때도, 동일하게 `import Base: 함수명`을 실행한 후 새롭게 메소드를 추가하면 된다.

[7] `using`이나 `import`로 여러 개의 모듈을 로딩할 때는 예제 코드에서처럼 쉼표로 구분하여 나열하면 된다.

4.1.3 모듈 내의 하위 모듈

모듈은 동일한 구문 module ~ end을 중첩하여 하위 모듈(submodule)을 포함할 수 있다. 이처럼 하위 모듈을 통해 별도의 네임스페이스를 도입함으로써 복잡한 코드를 구성하는 데 도움이 될 수 있다.

하위 모듈이 자신을 포함하는 상위 모듈 내의 다른 모듈을 사용할 때는 using 또는 import문에서 로딩하려는 모듈명 앞에 상대 모듈 한정자(relative module quantifier)를 붙이는데, 상대 모듈 한정자는 현재 모듈에 해당하는 .로 시작하고, 연속된 각 .은 현재 모듈의 상위 모듈로 이어진다.

예를 들어, 78쪽 예제 코드에서 REPL에서 정의한 모듈 Animals을 상대 모듈 한정자를 이용하여 using .Animals 형식으로 로딩했는데, .Animals의 의미는 현재 모듈(즉, Main 모듈)에 정의되어 있는 모듈 Animals이란 의미이다.

다음 예제 코드를 통해 상대 모듈 한정자를 사용하는 방법에 대해 좀 더 살펴보자.

```
julia> module ParentModule                          #1
           module SubA                              #2
               export add_D                         #3
               add_D(x) = x+3                       #4
           end                                      #5
           using .SubA                              #6
           export add_D                             #7
           module SubB                              #8
               import ..SubA: add_D                 #9
               add_D(x::String) = x^3               #10
           end                                      #11
end                                                 #12
Main.ParentModule
```

위 코드의 의미를 요약하면 다음과 같다.

- 6행은 모듈 ParentModule의 스코프에 속하므로 현재 스코프에 정의된 SubA를 로딩하고, SubA에서 export된 add_D를 모듈 ParentModule 내에서 그대로 사용할 수 있다.
- 9행은 모듈 SubB의 스코프에 속하므로 현재 모듈의 상위 모듈인 ParentModule에 정의된 SubA 모듈의 add_D를 메소드 추가 가능한 형식으로 로딩하고, 10행에서 새로운 타입에 대한 메소드를 추가한다.
- 결과적으로 ParentModule 내의 add_D는 두 개의 메소드 정의를 갖게 되고, 모듈 ParentModule의 스코프에서 export(7행)한다. 따라서 using을 이용하여 ParentModule 모듈을 로딩한 모듈(예를 들어, Main 모듈)에서 add_D의 두 가지 메소드를 모두 사용할 수 있다. 이를 확인하면 다음과 같다.

```
julia> using .ParentModule
julia> add_D(2)
5
julia> add_D("ha")
"hahaha"
```

4.1.4 모듈과 패키지의 차이

모듈은 하나의 파일에 정의된 코드의 집합으로, 함수, 변수, 타입 등을 포함하고 파일명.jl 파일로 작성된다. 반면에 패키지는 모듈들이 정의되어 있는 여러 파일명.jl 파일들과 Project.toml, Manifest.toml등의 메타데이터 파일을 체계적으로 포함하는 더 큰 구조로, 주로 특정 목적을 위해 독립적으로 배포, 설치할 수 있는 단위를 말한다.

줄리아에서 패키지를 구성하는 방법은 15.2절에서 다루기로 하고, 여기서는 패키지를 설치하는 방법만 다시 한 번 정리하자.

줄리아의 기본 패키지 저장소에[8]에 등록되어 있는 패키지들은 패키지 관리자인 Pkg를 통해 쉽게 설치하고 관리하는 것이 가능하다. 패키지를 설치하고 나면, using 패키지명을 실행하여 모듈과 같은 방법으로 사용할 수 있다.

우선 줄리아 REPL에서] 키를 입력하면 커서 앞이 julia>에서 pkg>로 바뀌면서 패키지 관리자 모드인 Pkg REPL로 들어간다. 이 Pkg REPL 환경에서 add 패키지명을 입력하면 패키지가 설치되고, up 패키지명으로 해당 패키지를 업그레이드 한다. 만약 설치된 패키지를 제거하고 싶으면 rm 패키지명을 실행하면 된다. Pkg REPL 환경에서 다시 REPL 환경으로 돌아갈 때는 키보드의 [backspace] 키를 누르면 된다.[9,10]

[8] https://github.com/JuliaRegistries/General

[9] 패키지 관리자 Pkg에 대한 자세한 내용은 줄리아 공식 문서에서 'Pkg' 항목을 검색하여 참고하면 된다.

[10] The Julia Project, *Julia Documentation:Standard Library:Pkg*, https://docs.julialang.org/en/v1/stdlib/Pkg/.

패키지를 설치하는 또 다른 방법은 다음과 같다.

```
import Pkg
Pkg.add("패키지명")
```

등록된 모든 패키지의 문서와 소스코드는 JuliaHub(https://juliahub.com/ui/Packages)에서 검색할 수 있고, https://juliapackages.com/에서는 주제별로 분류된 모든 패키지를 다양한 분류 기준에 따라 검색할 수 있다.

4.2 스코프

줄리아에서 전역 스코프를 설정하는 스코프 구조는 module 블록 밖에 없고, 그 외의 지역 스코프 구조는 설정될 수 있는 위치에 따라, 다른 전역 스코프나 지역 스코프 내에 설정될 수 있는 것과 전역 스코프에서만 설정되는 것으로 나뉜다.

또, 지역 스코프 구조는 전역 스코프 내의 변수와 동일한 이름의 변수를 자신 내부에서 사용하는 방법에 따라, 4.2.1절에서 설명하는 하드 스코프와 소프트 스코프로 나뉜다. 이를 표로 정리하면 다음과 같다.[11]

스코프 구조	스코프 타입	어떤 스코프에 설정 가능
module	전역	전역
struct	지역(소프트)	전역
for, while, try	지역(소프트)	전역, 지역
macro	지역(하드)	전역
function, do, let, 내포, 반복자	지역(하드)	전역, 지역

[11] 다음 표에서 '반복자'에 대해서는 13장을 참고하고, macro 블록내의 변수에 대해서는 추가로 14.3.2절을 학습하라.

위 표에 표시되지 않은 if ~ end 블록과 begin ~ end 블록은 스코프를 설정하는 구조가 아님에 유의해야 한다. 만약 이들 블록 내에서만 유효한 변수를 사용할 필요가 있으면, 변수명 앞에 키워드 local을 붙여 블록 외부에서 볼 수 없도록 할 수 있다.[12]

[12] 왼쪽 예제 코드에서 @show는 뒤에 오는 표현식과 그 결과를 함께 화면에 출력하는 매크로이다.

```
julia> x = 3
3
julia> begin
           local x = 0
           @show x
       end
x = 0
0
julia> @show x
x = 3
3
```

또, 여러 스코프가 서로 중첩되어 있을 때, 줄리아의 기본 원칙은 다음과 같다.

- 각각의 모듈은 별도의 전역 스코프를 갖고, 중첩된 모듈 사이의 관계는 4.1.1~4.1.3절을 규칙을 따른다.
- 동일한 전역 스코프 내에서 지역 스코프들이 중첩될 때, 안쪽에 위치한 스코프는 바깥쪽 스코프의 내용을 모두 볼 수 있다. 하지만, 각 지역 스코프는 자신이 포함하는 다른 스코프의 내용을 볼 수 없다.[13]

[13] 여기서 볼 수 있다는 의미는 변수 등을 읽을 수 있다는 의미이다. 하지만 변수의 값을 업데이트 하는 것은 하드 스코프인지 소프트 스코프인지에 따라 차이가 있다.

다음 코드를 통해 규칙의 의미를 살펴보자.

```
julia> module Mytest              #1
           export foo             #2
           x = 1                  #3
           foo( ) = x             #4
```

```
    end                         #5
Main.Mytest
julia> using .Mytest            #6
julia> x = 3                    #7
3
julia> foo( )                   #8
1
```

3행의 x는 모듈 Mytest의 전역 스코프에 포함되고, 7행의 x는 모듈 Main의 전역 스코프에 포함되므로 서로 다르다. 8행 함수 foo는 모듈 Mytest에서 export되었으므로 Main 모듈에서 사용할 수 있지만, foo를 정의하는데 사용한 x는 Mytest의 전역 스코프에 속하므로 1이 반환된다.

4.2.1 소프트 스코프와 하드 스코프

지역 스코프는 자신을 포함하는 모든 소코프 내의 변수를 볼 수 있다고 했는데, 그 변수의 값을 업데이트 할 때는 자신이 소프트 스코프인지 하드 스코프인지에 따라 그 방법이 달라진다. 이 소절에서는 이 규칙에 대해 설명한다.

한 지역 스코프 내에서 x = 값과 같은 할당은 다음 규칙에 따라 이루어진다.

(1) 할당을 포함하는 어떤 지역 스코프에서 할당 전에 이미 변수명 x가 사용된 경우: 이때는 이미 존재하는 지역 변수 x에 할당이 이루어짐[14]

[14] 변수가 어떤 지역 스코프 내에서 정의되어 있으면, 지역 변수라고 한다.

(2) 할당을 포함하는 지역 스코프 중 하드 스코프 구조가 있고, 스코프 내의 할당 전에 x가 지역 변수로 사용된 적이 없는 경우: 새로운 지역 변수 x가 해당 스코프 내에서 만들어지고 할당이 이루어짐

(3) 할당을 포함하는 모든 지역 스코프가 소프트 스코프 구조이고, 스코프 내의 할당 전에 x가 지역 변수로 사용된 적이 없는 경우: 다시 두 가지 경우로 나누어 짐

(3-1) 전역 변수 x가 없는 경우: 새로운 지역 변수 x가 해당 스코프 내에서 만들어지고 할당이 이루어짐

(3-2) 전역 변수 x가 존재하는 경우: 할당이 모호한 것으로 취급되고, 실행 환경에 따라 두 가지 경우로 처리됨

(3-2-1) REPL, notebook, VS code와 같이 상호작용 환경에서 직접 코드를 실행시킬 때: 전역 변수에 할당이 일어남

(3-2-2) 파일에 저장된 코드를 include 등으로 읽어들여 실행시킬 때: x의 모호성에 관한 경고가 화면에 출력되고, 새로운 지역 변수 x를 만든 후 할당이 이루어짐

위의 규칙 (3-2)에서, 즉 할당 이전에 전역 변수 x는 존재하지만 지역 변수 x는 존재하지 않을 때, 소프트 스코프에서 x에 할당할 때의 모호성을 제거하려면, 키워드를 앞에 붙여 전역 변수 x에 할당할 지(global x) 또는 지역 변수를 만들고 할당할 지(local x)를 명시하면 된다.

위의 규칙을 확인하기 위해 다음 코드를 파일명 scopetest1.jl에 작성하자.

[파일명: scopetest1.jl]

```
s = 0               #1
for i in 1:10       #2
    s += i          #3
    println(s)      #4
end                 #5
```

이제 파일이 있는 폴더에서 줄리아를 실행시켜 REPL에서 include로 읽어들이거나, 윈도우의 명령창에서 julia scoptest1.jl을 실행시키면 다음과 같은 결과를 얻는다.[15,16]

```
julia> include("C:/Users/kilch/scopetest1.jl")
Error: LoadError: UndefVarError: `s` not defined
in expression starting at C:\Users\kilch\scopetest1.jl:2
```

오류가 발생한 이유를 따져보자. 우선 할당 표현 s += i을 포함하는 지역 스코프는 for 스코프 구조 뿐이므로 소프트 스코프에 해당되고, 할당 이전에 s가 지역 변수로 사용된 적이 없으며 전역 변수 s는 존재하므로 규칙 (3-2)를 따른다.

따라서, 위 코드를 REPL 환경에서 직접 실행시켰다면 규칙 (3-2-1)에 의해 할당이 전역 변수 s에 이루어져 최종적으로 55를 반환하겠지만, 파일에서 실행시킨 경우 규칙 (3-2-2)에 의해 for 블록 내에서 동일한 이름의 지역 변수 s를 새로 만들고 할당을 하게된다. 하지만, 지역 변수 s에 값을 할당한 적이 없으므로 지역 변수 s가 정의되지 않았다는 오류가 발생하게 된다.[17]

당연히 코드에서 의도한 계산은 1행에서 정의한 s와 3행의 s가 동일한 변수로 처리하는 것일텐데, 올바른 계산이 이루어지도록 코드를 수정하는 방법은 다음과 같다.

- 1행과 3행의 s에 대한 모호성을 없앨 수 있도록 3행의 s 앞에 global 키워드를 붙여 1행의 전역 변수임을 명시한다.

  이 방법의 경우에는 전역 변수 s가 속한 전역 스코프의 다른 위치에서 다른 목적으로 사용하고 있는 경우에 그 값에 영향을 미칠 수 있으므로 주의해야 한다.

- 1행부터 5행까지를 포함하는 하드 스코프를 설정한다.

[15] 출력 결과에서 s의 모호성에 대한 경고 부분은 지면을 아끼기 위해 편집했다.

[16] 윈도우에서 줄리아를 설치할 때 path를 등록했으면, 윈도우의 명령 프롬프트(cmd)에서 cd 명령어로 파일이 있는 폴더로 이동한 후, 명령어 julia를 실행하면 줄리아의 REPL이 실행되어 파일의 경로명이 아닌 파일명만 include 함수의 인자로 넘길 수 있다. 또는 파일이 있는 폴더에서 명령어 julia 파일명을 실행시키면 파일의 코드를 실행한 결과를 출력한다. 물론 파일의 절대경로명을 이용할 때는 어느 폴더에서 실행시켜도 상관이 없다.

[17] s += i는 s = s+i를 의미하고, 오른쪽의 표현식의 값을 왼쪽 변수에 할당한다는 의미이다.

- 하드 스코프를 갖는 `let` ~ `end`문으로 위 코드를 감싸면 3행의 `s`가 지역 변수가 되고, 규칙 (2)에 의해 올바르 계산이 이루어진다.
  이 방법의 경우에는 계산된 결과를 담고 있는 지역 변수 `s`를 `let`의 스코프 밖에서는 볼 수 없다는 점에 유의해야 한다.
- 하드 스코프를 갖는 `function` ~ `end`문 내부에 위 코드를 포함시키면 `let`의 경우처럼 올바른 계산을 할 수 있고, 그 결과를 함숫값으로 반환하면 `function`을 포함하는 전역 스코프 뿐만 아니라, 다른 모듈의 전역 스코프에서도 사용할 수 있다.

위 방법 중 함수를 활용한 다음 코드를 `scopetest2.jl`파일에 저장하고 실행시켜 보자.[18]

[18] 예제 코드에서 `print` 함수는 `println` 함수와 달리 마지막에 줄바꿈 문자 `\n`을 포함하지 않는 함수이다. 자세한 사용법은 도움말 기능을 통해 확인하라.

[파일명: scopetest2.jl]

```
function scopetest(n)
    s = 0
    for i in 1:n
        s += i
        print("$s ")
    end
    return s
end
```

```
julia> include("C:/Users/kilch/scopetest2.jl")
scopetest (generic function with 1 method)
julia> res = scopetest(10)
1 3 6 10 15 21 28 36 45 55 55
julia> println("\n $res")
 55
```

지역 스코프의 하드 스코프와 소프트 스코프에 대해 좀 더 분명하게 이해하길 원하면, 줄리아 공식 문서 매뉴얼의 'Scope of Variables' 항목[19]에 제시된 예제 코드를 살펴보길 권한다.

[19] The Julia Project, *Julia Documentation:Manual:Scope of Variables*, https://docs.julialang.org/en/v1/manual/variables-and-scoping/.

4.3 개념 확인 문제

1) 전역 스코프에 있는 변수를 함수 내에서 수정하려면 어떤 키워드를 사용하는가?

① `let` ② `export` ③ `global` ④ `var`

2) 모듈 내부에서 정의된 함수나 타입을 모듈 외부에서 사용할 수 있도록 하기 위해 사용하는 키워드는?

3) 줄리아에서 `using ModuleA`와 `import ModuleA`의 가장 큰 차이점은?

① `using`은 함수에만 사용할 수 있고, `import`는 모든 타입에 사용할 수 있다.

② `import`는 모듈의 모든 이름을 가져오고, `using`은 `export`된 이름만 가져올 수 있다.

③ `using`은 모듈의 모든 `export`된 이름을 현재 네임스페이스로 가져오지만, `import`는 모듈 이름 자체만 가져온다.

④ 둘 사이에 기능적인 차이가 없다.

4) `let` 블록의 주된 용도는?

① 모듈을 정의하기 위해

② 상수를 정의하기 위해

③ 전역 변수를 선언하기 위해

④ 새로운 하드 스코프를 만들어 변수의 범위를 제한하기 위해

5) `const`로 선언된 변수에 대한 설명으로 옳은 것은?

① 한 번 할당되면 변수가 다른 객체를 가리키도록 재할당할 수 없다.

② 한 번 할당되면 다른 타입의 값으로 재할당할 수 없지만, 같은 타입의 값으로는 재할당이 가능하다.

③ 지역 변수에만 사용할 수 있다.

④ 값을 절대 변경할 수 없다.

6) 다음 코드에서 `a`와 `b`의 최종 값은?

```
a, b = 1, 0
let a = 5
  global b = a+1
end
```

7) `import ModuleA: func1, func2`와 같은 구문의 의미는?

① `ModuleA`의 이름을 `func1`과 `func2`로 변경한다.

② `ModuleA`의 `func1`과 `func2`만 현재 네임스페이스로 가져와 `ModuleA.` 접두사 없이 사용할 수 있게 한다.

③ `ModuleA`에서 `func1`과 `func2`를 `export`한다.

④ `ModuleA`의 모든 `export`된 이름을 현재 네임스페이스로 가져온다.

8) 다음 문장의 참, 거짓을 판단하면?
줄리아에서 변수가 어떤 스코프에 속하는지는 소스 코드의 구조, 즉 변수와 함수가 작성된 위치에 따라 결정된다.

9) 소프트 스코프와 하드 스코프에 대한 설명으로 옳지 않은 것은?

① 소프트 스코프에서 외부 지역 변수와 동일한 이름의 지역 변수를 구분하여 사용하기 위해 `local` 키워드가 필요할 수 있다.

② 함수, `struct`, `macro` 정의는 하드 스코프를 가진다.

③ `for`, `while`, `try` 블록은 기본적으로 하드 스코프를 가진다.

④ REPL과 같은 최상위 스코프는 소프트 스코프처럼 동작한다.

10) 다음 코드의 실행 결과는?

```
x = 5
result = [x for x in 1:3]
println(x)
```

① `3` ② `5` ③ `[1,2,3]` ④ `UndefVarError`

(정답은 281쪽을 참고)

5 함수와 메서드

줄리아에서 함수는 특정 작업을 수행하기 독립적으로 작성된 코드 블록을 말하는데[1], 함수를 이용하면 코드의 가독성과 재사용성을 높일 수 있으며, 복잡한 작업을 간단하게 처리할 수 있다. 또, 줄리아 함수의 주요 특징 중 하나는 동일한 함수 이름을 이용하여 입력 인자의 타입에 따라 여러 메소드[2]를 정의할 수 있다는 점인데, 이 장에서는 함수와 메소드의 기본적인 내용을 소개한다.

[1] 앞 장에서 설명했듯이 하드 스코프를 갖는다.

[2] 파이썬과 같이 클래스에 묶인 메소드와 다르며, 다른 언어의 오버로딩(overloading), 오버라이딩(overriding)과 유사하지만 차이가 있다.

5.1 함수의 정의 및 호출

줄리아에서 함수는 키워드 `function`와 키워드 `end` 사이에 함수의 본문을 구성하는 여러 줄의 코드를 작성함으로써 다음 형태로 정의할 수 있다.[3]

```
function 함수명(인수1, 인수2,...)
    함수 본문
end
```

[3] 파이썬과 달리 코드를 작성할 때 들여쓰기를 할 필요는 없지만, 코드를 읽기 쉽게 보통 들여쓰기를 한다.

이때, 함수 본문에서 키워드 `return`이 사용되면 `return` 뒤의 표현식이 실행된 결과가 즉시 반환되고, `return` 키워드를 사용하지 않으면 본문의 마지막 표현식의 값이 반환된다.[4]

[4] 함수를 실행할 때, 화면에 출력된 `generic function with 1 method`에 주목하자. 이 의미를 쉽게 설명하면 주어진 함수 이름으로 1개의 특정 구현이 있다는 의미이고, 이 특정 구현을 메소드라고 한다.

```
julia> function myadd(a,b)
         return a + b
         a^2   # return 다음은 실행되지 않음
       end
myadd (generic function with 1 method)
julia> function half(x)
         x /2
       end
half (generic function with 1 method)
julia> myadd(2, 3), myadd(2.1, 3)
(5, 5.1)
```

```
julia> half(4)
2.0
```

앞에서 정의한 예처럼 간단한 함수는 아래와 같이 함수를 한 줄로 정의하는 것도 가능한데, 이를 한 줄 함수라고 부르기도 한다.

```
half(x) = x / 2
myadd(a, b) = a + b
```

만약 여러 개의 값을 반환하고 싶으면 반환값을 `Tuple` 타입으로 반환하면 된다.

```
julia> ff(x) = x, half(x) # (x, half(x))와 같은 의미
ff (generic function with 1 method)
julia> ff(1)
(1, 0.5)
```

또, 함수의 인자의 개수는 제한이 없으며, 인자가 없을 수도 있다.

```
julia> function hello( )
         println("이 함수는 인자가 없는 함수입니다.")
       end
hello (generic function with 2 methods)
julia> hello()
이 함수는 인자가 없는 함수입니다.
```

5.1.1 작성한 함수의 재사용

작성한 함수는 확장자가 `jl`인 별도의 파일에 저장하고 필요할 때 읽어들여 사용할 수 있다.[5] 예를 들어, 앞에서 작성한 두 함수 `myadd`와 `half`의 코드를 `example1.jl`이라는 파일에 차례로 작성하고 저장한 후, 다음과 같이 `include`를 이용하여 파일 내용을 읽어들이는 것이 가능하다.[6]

[5] 줄리아에서 모듈 또는 패키지라고 부르는 것은 모두 일정한 규칙에 따라 함수들을 파일로 모아 놓은 것이다.

[6] `include`도 함수이므로 마지막 표현식 `half`가 실행되어 화면에 표시되지만, 실제로는 파일에서 정의된 함수를 모두 읽어들인다.

```
julia> include("example1.jl")
half (generic function with 1 method)
julia> myadd(1, 2)
3
julia> half(4)
2.0
```

파일 `example1.jl`에 작성한 함수를 읽어들이는 두 번째 방법은 사용하는 OS의 명령창에서 옵션을 사용하여 `julia -i example1.jl`과 같이 줄리아를 실행시키는 방법이다.

5.1.2 함수의 인자에 기본값 지정

함수를 정의할 때 일부 인자에 기본값을 지정하면, 함수를 호출할 때 해당 인자를 생략할 수 있고, 이 경우 지정된 기본값이 사용된다.

한 가지 중요한 점은, 기본값이 주어진 인자들은 그렇지 않은 인자보다 뒤에 위치해야 하고, 함수를 호출할 때 주어진 값의 개수에 따라 뒤에서부터 기본값이 사용된다.[7]

[7] 바로 뒤에 다룰 키워드 인자를 제외하면, 함수를 호출할 때 인자에 전달되는 값을 구분하는 방법은 정의에서 정해진 인자의 위치 순서 뿐이다.

```
julia> function test(x, y = 1, z = 2)
           return (x + y) * z
       end
test (generic function with 3 methods)
julia> test(1, 2, 3)
9
julia> test(1, 2)  # 기본값 z=2가 사용됨
6
julia> test(1)     # 기본값 y=1, z=2가 사용됨
4
```

앞의 예제 코드에서 함수 test를 실행하면 함수명 test에 대해 입력 인자의 개수에 따라 세 가지 구현(메소드)이 자동으로 이루어졌음을 알 수 있다.

또 한가지 언급할 점은 줄리아에서 인수의 기본값은 함수가 호출될 때마다 평가된다는 점이다.

예를 들어, 아래 예제처럼 함수 rand로 생성한 값을 기본값으로 지정하면, 함수가 호출될 때마다 기본값이 평가되어 다른 난수가 반환된다.[8]

[8] 파이썬의 경우에는 함수를 정의할 때 인수의 기본값이 한 번만 생성되어 고정되므로, 유사하게 함수를 작성할 때 호출할 때마다 동일한 값이 반환된다.

```
julia> rand_test( a = rand( )) = a
rand_test (generic function with 2 methods)
julia> rand_test(1)
1
julia> rand_test( )
0.22659069593675296
julia> rand_test( )
0.9348177305076287
```

앞의 예제 코드에서 인자 a의 기본값을 rand( )로 지정했으므로, 인자 a에 값을 전달한 rand_test(1) 경우과 달리, 인자없이 rand_test( )를 실행하면 매번 기본값이 평가되어 다른 난수를 반환한다.

예제 코드에서 사용한 rand 함수의 자세한 사용법에 대해 알아보자.

참고 5.1. 난수를 생성하는 방법

도움말을 이용하여 아래와 같이 rand의 함수 선언을 확인하면, 모든 인자는 생략 가능함을 알 수 있다.

```
rand([rng=default_rng()], [S], [dims...])
```

여기서 인자 rng는 난수를 생성하는 알고리즘과 관련된 것으로 이 책 수준에서는 다루지 않는다.

인자 S는 생성하는 난수의 범위와 관련된 인자로 값의 범위를 해당 값들의 컬렉션으로 전달할 수도 있고, 수치 타입으로 전달할 수도 있다. S에 정수 타입이 전달된 경우의 범위는 typemin(S):typemax(S)가 되고, 부동소수점 타입이 전달되는 경우는 0 이상 1미만의 범위에서 난수가 생성된다. S의 기본값은 Float64이다.

```
julia> rand([4,5,6]) # S =[4,5,6]
5
julia> rand("julia") # S =['j','u','l','i','a']
'l': ASCII/Unicode U+006C (category Ll: Letter, lowercase)
julia> rand(Int64) # S = Int64
2463970655728138369
```

마지막 인자 dim은 (다차원) 배열의 차원을 받는 가변 인자인데 각 차원의 수를 차례로 나열해도 되고, 튜플로 전달해도 된다. 인자 dim의 값을 전달하지 않으면 한 개의 난수가 반환되지만, 값을 지정하면 정해진 차원의 (다차원) 배열이 반환된다. (가변 인자는 다음 소절에서 설명한다.)

```
julia> rand( )  # S의 기본값 Float64, 난수 1개 반환
0.32360068145962384
julia> rand(1) # S의 기본값 Float64, 요소가 1개인 배열 반환
1-element Vector{Float64}:
 0.5200964719373424
```

한 가지 유의할 점은 함수 rand에 인자가 튜플 타입으로 하나만 전달되면, dim이 아닌 S 인자로 전달된다는 것이다. 따라서 0이상 1이하의 난수로 이루어진 1×2 배열을 생성하고 싶다면 rand(Float64, (1,2)) 또는 rand(1,2)를 실행시켜야 한다. 만약, rand((1,2))를 실행시키면 1과 2 중 하나가 랜덤하게 반환된다.

참고 5.2. 난수의 초깃값을 설정하는 방법

컴퓨터에서 생성하는 난수는 정확하게는 초깃값을 갖는 어떤 알고리즘을 이용하여 난수처럼 보이는 수, 즉 유사 난수(peudo random number)이다.

난수를 생성하여 실험을 하다보면, 동일한 실험 결과를 얻기 위해서, 생성되는 난수의 초깃값을 정하는 것이 필요한 경우가 있다. 이런 경우에 `using Random`으로 `Random` 모듈을 읽어들이고, `Random.seed!(1)`과 같이 초깃값을 정해 주면, 주어진 초깃값에 대해 동일한 순서로 생성되는 난수를 얻을 수 있다. 이때, 초깃값을 결정하는 수 `1`은 다른 수를 사용해도 된다.

```
julia> using Random
julia> Random.seed!(1)
Random.TaskLocalRNG()
julia> rand( ), rand( )
(0.07336635446929285, 0.34924148955718615)
julia> Random.seed!(1)
Random.TaskLocalRNG()
julia> rand( ), rand( ) # 동일한 초깃값으로 설정->동일한 난수열
(0.07336635446929285, 0.34924148955718615)
```

5.1.3 가변 인자와 키워드 인자

입력 인자의 개수가 변할 수 있는 상황에서 함수를 정의하려면 다음과 같이 `...`을 이용하는 가변 인자를 이용하면 된다.[9] 가변 인자 `x`에 전달되는 것은 나열된 값을 요소로 갖는 튜플이 된다.

```
julia> function gg(a, x...)
           temp = length(x)
           return a +temp
       end
gg (generic function with 1 method)
julia> gg(1, 1), gg(1, 1, 2), gg(1, [2,3,4]...), gg(1, [2,3,4])
(2, 3, 4, 2)
```

함수 정의 부분에서 가변 인자를 나타내기 위해 사용되는 `...`을 슬러핑(slurping)이라 하고, 함수를 호출할 때 컬렉션 형태의 인자를 요소들의 나열로 변환하는 용도로 사용되는 `...`을 스플래팅(splatting)이라고 한다.

앞의 예제 코드 `g(1, [2,3,4]...)`에서 `...`는 스플래팅으로 `g(1, 2, 3, 4)`를 입력하는 것과 동일하다.[10] 반면에 `g(1, [2,3,4])`를 실행하면 인자 `x`는 튜플 타입의 요소 한 개를 갖는 튜플이 되므로 `length(x)`의 값은 `1`이 된다.

[9] 예제 코드의 함수 내에서 사용된 변수 `temp`는 함수 내에서만 사용되는 변수로 로컬 변수라고 부르는데, 다음 장의 변수 영역에서 설명하도록 한다.

[10] 스플래팅은 함수 호출에서만 사용 가능함에 주의해야 한다.

함수를 정의할 때 기본값을 지정하는 인자의 개수가 많으면 함수를 호출할 때 불편한 점이 생긴다. 예를 들어, `test(x, y=1, z=2)=(x+y)*z`로 정의된 함수에서 기본값이 지정된 인자 `z`의 값을 `1`로 바꾸어 호출하는 경우에도, `test(2,1,1)`과 같이 `y`의 값도 전달해야만 한다.[11]

이런 문제점은 함수의 키워드 인자를 이용하여 해결할 수 있다. 즉, 아래 예와 같이 함수를 정의할 때 기본값이 지정된 인자를 세미콜론 `;` 뒤에 나열하면, 함수를 정의할 때의 인자 순서와 무관하게 `;` 뒤의 인자는 `인자명=지정할 값`의 형태로 함수 호출시 사용할 수 있다. 이처럼 함수 정의에서 `;` 뒤에 나열된 인자를 **키워드 인자**라고 부른다.[12]

[11] 5.1.2절에서 강조했듯이, 함수 정의에서 사용된 인자의 순서와 함수 호출에서 주어진 값의 개수에 따라 뒤에서부터 인자의 기본값이 사용된다.

[12] 예제 코드에서처럼 키워드 인자는 기본값이 지정된 인자, 가변 인자와도 함께 사용할 수 있다.

```
julia> keywordfunc(x, y=1; z1=1, z2=2, z3=3) = (x, y, z1, z2, z3)
keywordfunc (generic function with 2 methods)
julia> keywordfunc(1, z2=2)    # 호출할 때는 세미콜론을 사용하지 않아도 됨
(1, 1, 1, 2, 3)
julia> keywordfunc(1, 2, z3=0, z1=4)
(1, 2, 4, 2, 0)
```

5.1.4 인자 전달 방식

줄리아에서 함수의 인자는 기본적으로 복사 없이 **공유로 전달**(pass-by-sharing)된다. 따라서 함수 내에서 수정 가능한 객체를 수정하면, 함수 밖에서도 적용된다.[13] 이 경우 함수명에는 `!`를 붙여 인자가 수정됨을 표시한다.

[13] 인자를 공유로 전달하는 방식은 파이썬에서도 사용된다. 하지만 매트랩에서는 인자를 복사하므로 함수 내 수정이 함수 밖에서는 적용되지 않는다.

```
julia> function makezero!(x, i)
           x[i] = 0
       end
makezero! (generic function with 1 method)
julia> a = [1, 2, 3]
3-element Vector{Int64}:
 1
 2
 3
julia> makezero!(a, 2); a
3-element Vector{Int64}:
 1
 0
 3
```

앞의 예제에서 작성한 함수는 다음과 같이 한 줄로 작성할 수도 있다.

```
makezero!(x, i) = x[i] = 0
```

5.1.5 익명 함수

코드를 작성할 때 일회성으로 함수를 사용해야 하는 경우가 종종 생기는데, 이런 경우에 다음과 같이 ->를 이용한 익명 함수(anonymous function)[14]가 사용된다. 익명 함수를 사용하면 별도의 함수 이름을 정의할 필요 없이 간단히 함수를 작성할 수 있다.

[14] 예를 들어, 5.3절에서 고차 함수를 다룰 때, 익명 함수가 이용된다.

```
julia> println( (x -> x+1)(5) ) # 입력 인자가 하나인 경우
6
julia> println( ((x,y) -> x+y)(1,2) ) # 둘 이상의 인자를 갖는 경우
3
```

5.2 메소드

개념적으로 같은 역할을 하는 함수들은 인자 타입에 따라 구현 방식이 다르더라도 동일한 함수명을 쓰는 것이 일반적인데, 하나의 함수명에 대한 각각의 구현 방식을 줄리아에서는 메소드(method)라고 한다. 간단히 말해서 동일한 함수명에 대한 다른 메소드들의 테이블을 함수가 관리하고, 함수가 호출될 때마다 입력 인자에 따라 어떤 메소드를 실행할 지를 결정하게 된다.

줄리아에서 복수의 인자 타입을 고려하여 실행될 메소드를 결정하는 과정을 다중 디스패치(multiple dispatch)라고 한다.[15]

[15] 줄리아의 다중 디스패치와 메소드 특화에 대해서는 11.1에서 좀 더 자세히 설명한다.

함수에 대해 정의된 메소드의 개수와 입력 타입을 확인하는 방법은 methods(함수명)과 같이 실행하면 되는데, 91쪽에서 정의한 test 함수의 메소드를 구해보자.[16]

[16] methods를 실행하면 해당 메소드가 어디에서 정의되었는지에 대한 정보를 확인할 수 있다.

```
julia> methods(test)
# 3 methods for generic function "test" from Main:
 [1] test(x, y, z)
     @ none:1
 [2] test(x, y)
     @ none:1
 [3] test(x)
     @ none:1
```

위 예제의 경우에는 기본값이 주어진 인자를 사용함에 따라 인자의 개수에 따라 3개의 메소드가 정의된 것을 알 수 있다.

입력 인자의 타입에 따라 서로 다른 메소드를 생성하는 예를 살펴보자. 입력 인자의 타입을 지정하는 방법은 절에 복합 타입의 필드 타입을 정의할 때처럼 ::을 이용한다.

```
julia> function method_test(a, b)
           return a - b
       end
method_test (generic function with 1 method)
```

```
julia> function method_test(a::Int64, b::Int64)
           return a + b
       end
method_test (generic function with 2 methods)
julia> function method_test(a::Float64, b::Float64)
           return a * b
       end
method_test (generic function with 3 methods)
julia> methods(method_test)
# 3 methods for generic function "method_test" from Main:
 [1] method_test(a::Float64, b::Float64)
     @ none:1
 [2] method_test(a::Int64, b::Int64)
     @ none:1
 [3] method_test(a, b)
     @ none:1
julia> method_test(1, 2), method_test(1.0, 2.0), method_test(1, 2.0)
(3, 2.0, -1.0)
```

위 예제 코드의 결과에서 알 수 있듯이 입력 인자의 타입에 따라 3개의 메소드가 만들어지고, 입력 인자의 타입에 맞는 메소드가 실행됨을 확인할 수 있다. 특히, `method_test(1, 2.0)`의 경우에, 첫 번째 인자 타입은 `Int64`이고, 두 번째 인자 타입은 `Float64`이므로 인자 타입이 지정되지 않은 메소드가 실행됨을 알 수 있다.

한 가지 언급할 점은, 새롭게 정의한 복합 타입에 대해 `+`와 같이 줄리아에 내장되어 있는 함수의 메소드를 추가할 때는, 먼저 `import Base.+`를 통해 해당 모듈(`Base`)에서 `+`를 로딩한 후 정의해야 한다.[17] 자세한 내용은 10.3.4절에서 복합 타입을 다룰 때 자세히 설명하기로 한다.[18]

[17] 79쪽을 참고하라.

[18] 이처럼 모든 객체는 타입을 갖는다는 점과 함수는 다중 디스패치를 통해 실행된다는 점이 줄리아의 큰 특징이자 장점이다.

5.3 고차 함수

줄리아에서 고차 함수(higer-order function)란 다른 함수를 인자로 받거나, 함수 객체를 반환하는 함수를 말한다.[19] 수학에서 실수 전체의 집합에 대해 정의된 함수 f에 대해 새로운 함수 f^2을 $f^2(x) = f(f(x))$로 정의할 수 있는데, 이를 줄리아 함수로 구현해보자. 즉, 함수 f를 입력 인자로 받아 f^2을 반환하는 줄리아 함수 `funct_square`를 작성하려고 한다.

[19] 줄리아에서는 함수도 `Function` 타입을 갖는 객체이므로 다른 함수의 인자로 전달할 수도 있고, 다른 함수의 반환값이 될 수도 있다.

```
julia> function funct_square( f )
           temp(x) = f(f(x))
           return temp
       end
funct_square (generic function with 1 method)
```

```
julia> h(x) = x+1
h (generic function with 1 method)
julia> h² = funct_square(h); typeof(h²)
var"#temp#18"{typeof(h)}
julia> h²(1)
3
```

위의 예제 코드를 보면, 함수 funct_square의 본문에서 입력 인자인 f를 이용하여 새로운 함수 temp를 정의하고, 이 함수 객체[20]를 반환하고 있다.[21] 실제로는 함수 이름 temp는 필요가 없으므로 다음과 같이 익명함수를 이용하여 한 줄로 작성하는 것이 더 좋은 방법이다.

[20] 함수명이 함수 객체를 나타낸다.

[21] h²는 유니코드 입력 [h\^2 +tab]으로 입력할 수 있다.

```
julia> funct_square2(f) = x -> f(f(x))
funct_square2 (generic function with 1 method)
julia> funct_square2(h)(1)     # 앞 예제의 h²(1)와 동일
3
```

5.3.1 함수 합성과 파이핑

실제로 줄리아에는 정의된 두 함수 f와 g에 대해 합성함수 $f \circ g$[22]를 반환하는 합성 함수 ∘ (유니코드 \circ+tab)가 정의되어 있는데, 이 함수를 이용하면 96쪽의 고차 함수 예제를 다음과 같이 작성할 수도 있다.

[22] 합성함수 $f \circ g$는 $(f \circ g)(x) = f(g(x))$로 정의된다.

```
julia> hh = h ∘ h    # ∘(h, h)와 동일
h ∘ h
julia> hh(1)    # 앞 예제의 h²(1)와 동일
3
```

또 다른 방법으로는 줄리아의 파이핑(piping)[23]을 이용할 수 있다. 줄리아에서 파이핑이란 파이프 연산자 |>를 이용하여 함수 호출을 연결하는 방법[24]을 말하는데, 코드의 가독성을 높이고, 데이터를 여러 함수에 걸쳐 처리할 때 유용하다. 앞의 예제를 파이핑을 이용하여 작성하면 다음과 같다.

[23] 체이닝(chaining)이라고 말하기도 한다.

[24] 함수 호출의 결과를 다음 함수의 입력으로 전달하는 방법이다.

```
julia> h2(x) = x |> h |> h
h2 (generic function with 1 method)
julia> h2(1)  # 앞 예제의 h²(1)와 동일
3
```

5.3.2 유용한 고차 함수

이 소절에서는 몇 가지 유용한 고차 함수를 소개한다.

- findfirst, findlast

56쪽에서 문자열에 대한 함수로 소개한 findfirst와 findlast 함수의 다른 메소드부터 소개하자. findfirst의 입력 인자로 부울 함수와 배열을 차례로 전달하면, 요소에 부울함수를 적용하였을 때 참이 되는 첫 번째 인덱스를 반환하는 메소드가 정의되어 있다. 특히, 배열의 요소가 모두 부울 타입일 때는 입력 인자로 배열만 전달하면 된다.

예를 들어, 주어진 배열의 요소 중 첫 번째 음수의 인덱스를 구해보자.

```
julia> findfirst([false, true, false, true])
2
julia> findlast([false, true, false, true])
4
julia> findfirst( x -> x<0, [1, 2, -3, 4, -5])
3
julia> findlast( x -> x<0, [1, 2, -3, 4, -5])
5
```

- map

고차 함수 map은 첫 번째 인자로 함수, 두 번째 가변 인자로 배열 또는 튜플과 같은 컬렉션을 입력으로 받아, 컬렉션의 각 요소에 주어진 함수를 적용하여 얻어지는 컬렉션을 반환하는 함수이다. 이때, 가변 인자로 둘 이상의 컬렉션이 주어지면, 각 컬렉션의 동일한 인덱스 위치의 요소 쌍마다 함수가 적용된다. 예제 코드를 통해 이 함수를 살펴보자.

```
julia> map( x -> x^2, [1, 2, 3, 4])
4-element Vector{Int64}:
  1
  4
  9
 16
julia> map( x -> x^2, (1, 2, 3, 4))
(1, 4, 9, 16)
julia> println( map( (x,y) -> 2x + y, [1, 2, 3], [1, 3, 1]) )
[3, 7, 7]
julia> println( map( (x,y) -> 2x + y |> sqrt, [1, 2, 3], [1, 3, 1]) )
[1.7320508075688772, 2.6457513110645907, 2.6457513110645907]
```

앞의 예제에서 마지막 코드는 제곱근을 구하는 함수 sqrt를 파이프 연산자로 연결하여 수학에서의 이변수 함수 $f(x,y) = \sqrt{2x+y}$를 구현하고, map을 이용하여 $f(1,1), f(2,3), f(3,1)$을 요소로 갖는 배열을 생성하는 코드이다.

- filter

filter 함수는 두 번째 인자로 주어진 컬렉션의 요소 중 첫 번째 인자로 주어진 부울 함수가 참이 되는 요소만을 걸러내는 함수이다. 1부터 20까지의 수 중에서 2 또는 3의 배수 만을 걸러내는 다음 예를 살펴보자.

```
julia> a = filter( x ->(x % 2 == 0)||(x % 3 == 0), 1:20); println(a)
[2, 3, 4, 6, 8, 9, 10, 12, 14, 15, 16, 18, 20]
julia> length(a)
13
```

filter 함수를 이용하면, 위 예제 코드처럼 x가 2의 배수 또는 3의 배수일 때 참이 되는 부울 함수[25]를 익명 함수로 전달하여 원하는 결과를 쉽게 구할 수 있다. 예제 코드의 익명 함수처럼 부울 타입에 대한 논리 연산을 이용하지 않은 부울 함수를 이용한 다음 코드와 비교하면, 그 차이를 확인할 수 있다.[26]

[25] 2.3절의 부울 타입에 대한 논리 연산을 확인하라.

[26] 임의의 컬렉션을 배열 타입으로 변환하려면 collect 함수를 이용하면 된다는 점을 기억하자.

```
julia> s2 = Set( filter( x -> (x % 2 == 0), 1:20) ); println(s2)
Set([4, 6, 16, 2, 10, 18, 20, 12, 8, 14])
julia> s3 = Set( filter( x -> (x % 3 == 0), 1:20) ); println(s3)
Set([6, 15, 18, 9, 12, 3])
julia> println( s2 ∪ s3 )
Set([16, 20, 12, 8, 4, 6, 15, 2, 10, 18, 9, 14, 3])
julia> println( sort(collect(s2 ∪ s3)) )
[2, 3, 4, 6, 8, 9, 10, 12, 14, 15, 16, 18, 20]
```

- reduce

reduce 함수는 반복 가능한 컬렉션의 요소를 왼쪽에서 오른쪽으로 누적하여 하나의 값으로 줄이는 고차 함수이다.[27] 함수 선언 reduce(op, itr; init)에서 op는 두 개의 인자를 받는 함수로 컬렉션의 요소를 결합하는데 사용되고, 키워드 인수 init을 지정하면 첫 번째 요소로 사용된다.

키워드 인수 사용 여부에 따른 차이점을 다음 예제를 통해 확인해 보자.

[27] 함수의 구현에 따라 연산에 대한 결합법칙이 성립하지 않을 수도 있으므로, 함수가 컬렉션의 왼쪽에서 오른쪽으로 순차적으로 적용되는 것에 주목해야 한다.

```
julia> reduce( - , [1, 2, 3, 4])
-8
julia> reduce( - , [1, 2, 3, 4], init = 0)
-10
```

위 예제의 첫 번째 코드는 (((1-2)-3)-4)를 실행시키는 것과 같고, 두 번째 코드는 ((((0-1)-2)-3)-4)를 실행시키는 것과 같다.

또 다른 예로 반복 가능한 객체에 대해, 모든 요수의 합을 구하는 함수 mysum2를 구현해보자.

```
julia> mysum2(a) = reduce( +, a) # init=0과 동일
mysum2 (generic function with 1 method)
julia> mysum2(1:10)
55
```

실제로 줄리아에는 컬렉션의 모든 요소의 합을 구하는 함수 sum이 정의되어 있다.

- mapreduce

함수 mapreduce(f, op, itr; init)는 앞서 소개한 map과 reduce를 결합하여 reduce(op, map(f, itr); init)을 실행하는 것과 동일한 결과를 반환한다. 하지만 도중에 임시 배열을 생성하는 과정이 생략되어 있으므로 일반적으로 더 빠르게 실행된다. 실행 속도를 비교하기 위해 먼저 @time 매크로의 사용법부터 알아보자.

참고 5.3. @time 매크로

@time은 코드의 실행 시간을 측정하고, 메고리 할당을 확인하여 출력하는 매크로로 코드 성능을 분석하고 최적화하는데 유용하다. 함수의 실행에 대해 평가할 때는 앞의 예제처럼 사용하면 되고, 그 외의 경우에는 다음과 같이 begin ... end 블록을 이용하여 실행하면 블록 내부의 실행 시간을 측정한다.

```
@time begin
    여러 줄에 걸친 코드
end
```

@time을 이용하면, 실행시간과 메모리 할당량 외에 컴파일 시간과 가비지 컬렉션(GC)에 소요된 시간이 있는 경우에는 이 값도 함께 출력한다. @time을 간단히 소개하면 다음과 같다.

@time 매크로는 여러 요인에 의해 영향을 받을 수 있기 때문에 매 실행마다 다소 차이가 나는 결과를 출력할 수 있다. 특히 첫 실행 때는 줄리아의 JIT(Just-In-Time) 컴파일러가 컴파일하는 시간이 포함되기 때문에 이후 실행과는 큰 차이가 있을 수 있으므로 두 번째 이후의 실행시간을 비교해야 한다. 좀 더 자세한 내용은 11.2절의 컴파일 단계를 참고하라.

또, 좀 더 정확한 성능 분석이 필요하다면, 더 정밀한 벤치마킹을 제공하는 BenchmarkTools 패키지의 @btime 매크로를 사용하면 된다. 줄리아의 패키지에 대해서는 15.2절에서 다루기로 한다.

컬렉션의 각 요소를 제곱한 후 모든 요소를 더하는 계산에 대해, @time 매크로를[28] 이용하여 코드 실행 시간을 비교해보자.

[28] 줄리아에서 매크로는 복잡한 코드 변환을 단순하게 처리할 때 유용한데, 뒤에 11.2절에서 자세히 다룬다.

```
julia> my_mapreduce(f, op, itr) = reduce(op, map(f, itr))
my_mapreduce (generic function with 1 method)
julia> @time mapreduce(x->x^2, +, 1:2^30); @time mapreduce(x->x^2, +, 1:2^30)
  0.075716 seconds (47.61 k allocations: 3.359 MiB, 86.59% compilation time)
  0.043033 seconds (21.69 k allocations: 1.545 MiB, 77.43% compilation time)
6725375443718897664
julia> @time my_mapreduce(x->x^2, +, 1:2^30); @time my_mapreduce(x->x^2, +, 1:2^30)
  2.263216 seconds (40.33 k allocations: 8.003 GiB, 0.16% gc time, 3.13% compilation time)
  2.973861 seconds (22.87 k allocations: 8.001 GiB, 12.64% gc time, 1.40% compilation time)
6725375443718897664
```

위 결과에서 알 수 있듯이, map과 reduce함수의 합성으로 정의한 my_mapreduce 함수의 경우에 훨씬 많은 메모리 할당이 일어나고, 실행 시간에 큰 영향을 줌을 알 수 있다.

5.3.3 고차함수에서 *do ∼ end* 블록 사용

map 이나 filter와 같은 고차함수를 사용할 때, 첫 번째 인자로 전달되는 익명함수가 복잡한 경우에는 가독성이 떨어질 수 있는데, 이런 경우에 do ∼ end 블록을 이용하면 편리하다.

고차함수와 함께 do ∼ end 블록을 사용하는 기본 형식은 익명 함수의 인자를 do 뒤에 쓰고, 블록 내부에 익명 함수를 작성하는 방식이다. 예를 들어, 주어진 문자열 배열의 각 요소가 a로 시작하는 문자열일 때만 대문자로 이루어진 문자열로 변환하는 코드를 작성해보자.

```
julia> strings = ["apple", "banana", "Avocado", "cherry"]
4-element Vector{String}:
 "apple"
 "banana"
 "Avocado"
 "cherry"
julia> result = map(strings) do str
         if startswith(str, 'a') || startswith(str, "A")
           return uppercase(str)
         else
           return str
         end
       end
4-element Vector{String}:
 "APPLE"
 "banana"
 "AVOCADO"
 "cherry"
```

```
julia> println(result)
["APPLE", "banana", "AVOCADO", "cherry"]
```

5.4 벡터화용 . 연산자

이 절에서는 연산자 .을 벡터화용 연산자로 사용하는 방법에 대해 설명한다. 배열 a에 어떤 함수 f이든지 f.(a) 형식으로 .을 붙이면 배열의 각 요소별로 f를 동일하게 적용하는 벡터화된 계산을 할 수 있다.

```
julia> (x -> x^2).([1, 2, 3]) #익명 함수에도 적용가능
3-element Vector{Int64}:
 1
 4
 9
```

물론, 함수 f가 둘 이상의 인자를 갖는 경우에도 f.(a,b)의 형태로 인자의 개수에 만큼 동일한 size[29] 값을 갖는 배열을 전달하면, 동일한 위치의 요소별로 함수가 적용된 배열을 반환한다. 특별한 경우에는 두 배열의 size 값이 다른 경우에도 벡터화용 . 연산자를 사용할 수 있고 이를 브로드캐스팅이라고 부르는데, 다차원 배열을 자세히 다룰 때 설명한다.

[29] 39쪽 참고

```
julia> ( (x,y)->2x+y ).( [1, 2, 3], [0, 1, 2] )
3-element Vector{Int64}:
 2
 5
 8
```

단, 연산자의 경우에는 연산자 뒤에 .을 붙이는 것이 아니라, 연산자 바로 앞에 .을 붙여야 한다.

```
julia> a = [1, 2, 3]; b = [0, 2, 2]
3-element Vector{Int64}:
 0
 2
 2
julia> println(a .+ b)
[1, 4, 5]
julia> println(a .* b)
[0, 4, 6]
julia> c = a .== b; println(c) # 요소별로 값 비교
Bool[0, 1, 0]
julia> c[2] == true
true
```

다음 예제와 같이 벡터화용 . 연산자를 반복하여 사용하는 대신 @. 매크로를 이용하면 간결하게 입력할 수 있다.

```
julia> a = [1, 2, 3]; b =[0, 1, 2]
3-element Vector{Int64}:
 0
 1
 2
julia> println( a .+ b .+ (x -> x^2).(b) )
[1, 4, 9]
julia> println( @. a + b + (x -> x^2)(b) )
[1, 4, 9]
```

한 가지 언급할 점은, 파이썬이나 매트랩은 성능상의 이유로 벡터화가 반드시 필요하지만, 줄리아는 반복문도 충분히 빠르기 때문에 굳이 벡터화용 연산자를 사용하지 않고 반복문을 이용해도 된다. 다만, 코드를 좀 더 명확하고 간결하게 하는 경우에 벡터화를 사용한다.

5.5 객체 호출 함수

5.2절에서 소개한 복합 타입으로 생성된 임의의 객체를 호출 가능한 객체로 만들어서 함수처럼 사용하려면

```
(:: 타입)(인수...)
```

과 같이 타입으로 구분되는 메소드를 정의하면 된다. 예제를 통해 그 의미를 확인해 보자.

```
julia> struct Dog
         name::String
         age::Int64
       end
julia> (a::Dog)( ) = "안녕! 난 $(a.age)살 된 강아지 $(a.name)야"
julia> dog1 = Dog("보리", 2)
Dog("보리", 2)
julia> dog1( )
"안녕! 난 2살 된 강아지 보리야"
```

또 다른 예로 어떤 상수에 이름을 붙이고, 이 이름을 함수로 사용하고 싶다면 다음과 같이 활용할 수도 있다.

```
julia> struct MyConst
         value::Float64
       end
```

```
julia> (a::MyConst)(x) = a.value * x
julia> my_pi = MyConst(3.14)
MyConst(3.14)
julia> my_pi(3)
9.42
```

5.6 수학과 관련된 내장 함수

줄리아에는 수식 계산에 필요한 기본적인 함수들이 `Base` 모듈에 구현되어 있고, 좀 더 복잡한 수학 연산을 위해서는 `SpecialFunctions.jl`과 같은 패키지를 사용할 수 있다. 이 절에서는 `Base` 모듈에 구현되어 있는 유용한 함수들을 소개한다.

5.6.1 부동소수점 표현의 정밀도와 관련있는 함수

대부분의 실수는 정확하게 부동소수점으로 표현할 수 없으므로 일정한 오차가 생길 수 밖에 없다. 이 소절에서는 부동소수점 연산의 정밀도를 이해하는데 필요한 함수를 소개한다.

- `eps` 함수

표현 가능한 부동소수점 수를 실수 축에 대응시키면 이산적으로 표시될 수 밖에 없는데, 주어진 어떤 부동소수점 수 `x`와 이 수보다 큰 바로 다음 부동소수점 수의 차이를 `eps(x)`와 같이 구할 수 있고, 이 차이를 수 `x`에 대한 상대적인 기계 오차(machine epsilon)라 부른다. `eps( )`는 `eps(1.0)`을 구하는 것과 같다.

실제로 줄리아에 구현되어 있는 `nextfloat` 함수와 `prevfloat` 함수는 각각 주어진 부동소수점 수 `x`의 바로 다음 다음 부동소수점 수와 바로 직전 부동소수점 수를 구하는 함수이다. 이 함수들을 이용하여 상대적 기계 오차의 의미를 확인해보자.

```
julia> eps(1.0), eps(100.0)
(2.220446049250313e-16, 1.4210854715202004e-14)
julia> 1.0+eps(1.0), nextfloat(1.0), 100.0+eps(100.0), nextfloat(100.0)
(1.0000000000000002, 1.0000000000000002, 100.00000000000001, 100.00000000000001)
julia> 1.0+eps(1.0) == nextfloat(1.0)
true
julia> 1.0000000000000002 - 1.0
2.220446049250313e-16
julia> prevfloat(1.0)+eps(prevfloat(1.0)) == 1.0
true
```

- `isapprox` 함수

줄리아의 부동소수점 연산에서는 약간의 오차가 발생할 수 있으므로 두 값이 허용 오차 내에서 근사치인지를 확인할 필요가 있다.

이런 경우에 사용할 수 있는 부울 함수 isapprox(x,y, atol, rtol)는 다음 조건식이 성립하는지를 판단하여 true 또는 false를 반환한다.[30]

$$|x - y| \leq atol + rtol \times \max(|x|, |y|)$$

```
julia> isapprox(0.1, 0.15, atol=0.05)
true
julia> 0.15 * 0.34, isapprox(0.1, 0.15, rtol=0.34),
         0.15 * 0.33, isapprox(0.1, 0.15, rtol=0.33)
(0.051000000000000004, true, 0.0495, false)
```

함수 isapprox의 사용법을 좀 더 자세히 살펴보자.

```
isapprox(x, y; atol::Real=0, rtol::Real=기본값, [norm::Function])
```

위 사용법에서 x, y는 비교할 두 수 또는 배열 x, y이고, atol는 절대 허용 오차로 기본값은 0, rtol은 상대 허용 오차로 다음 규칙에 따라 기본값이 정해진다.

---

rtol의 기본값은 atol의 값이 양수로 주어지면 0이 되고, 그 외의 경우에는 x와 y의 타입에 맞는 eps값의 제곱근이 된다.

부울 함수 isapprox(x,y)를 실행하는 대신, ≈ (유니코드 문자 [\approx+tab]을 이용하여 x≈y를 실행할 수 있다.

```
julia> 1.0 ≈ 1.0 + eps( )/2
true
```

5.6.2 반올림과 관련된 함수

이 소절에서는 수를 특정 소수점 자리나 정수로 반올림하는 것과 관련된 함수를 소개한다.

- round 함수

Float 타입의 수 x에 대해 round 함수는 여러 가지 메소드가 정의되어 있는데, 두 가지만 살펴보자. 우선 키워드 인자를 사용하지 않는 메소드의 정의는 round([T], x, [r::RoundingMode])로 주어지는데, 생략 가능한 인자 T가 주어지지 않으면 반올림한 정수를 x의 타입과 동일한 타입으로 반환한다.

[30] 줄리아에서 두 수의 절댓값을 구하는 함수로는 abs가 있다.

또, 생략 가능한 인자 r의 기본값은 RoundNearest로 주어진 수와 가장 가까운 정수를 구하게 되는데, x의 소수부분이 0.5인 경우에는 가장 가까운 짝수를 반환하도록 되어 있어 수학에서 다루는 반올림과 차이가 있다. 만약 일반적으로 사용하는 반올림과 같아지도록 하려면 RoundNearestTiesUp으로 설정해야 한다.

```
julia> round(2.3), round(Int64, 2.3)
(2.0, 2)
julia> round(2.5), round(3.5)
(2.0, 4.0)
julia> round(2.5, RoundNearestTiesUp), round(2.5, RoundNearestTiesUp)
(3.0, 3.0)
```

키워드 digits을 사용하는 round의 메소드 정의는 다음과 같다.

```
round(x, [r::RondingMode]; digits::integer=0, base=10)
```

위 정의에서 키워드 digits은 반올림하여 구하는 수의 소수점 아래 자릿수를 지정하는 인자를 의미하고, 반올림 방법을 설정하는 r 인자의 기본값과 역할은 앞의 메소드 경우와 동일하다.

```
julia> round(2.15, digits=1), round(2.25, digits=1), round(2.35, digits=1)
(2.2, 2.2, 2.4)
```

- floor, ceil, trunc 함수

round 함수와 다른 규칙에 따라 Float 타입의 수를 정수로 바꾸는 함수로 다음과 같은 함수들이 있다.

- floor(x)는 x에 가장 가까운 $-\infty$ 방향의 정수(즉, x 이하의 최대 정수)를 구하는 함수
- ceil(x)는 x에 가장 가까운 ∞ 방향의 정수(즉, x 이상의 최소 정수)를 구하는 함수
- trunc(x)는 0쪽으로 x에 가장 가까운 정수를 구하는 함수

이들 함수는 모두 첫 번째 인자로 타입을 전달하지 않으면 x와 동일한 타입을 반환한다.

```
julia> floor(2.5), ceil(2.5), trunc(2.5)
(2.0, 3.0, 2.0)
julia> floor(Int64, 2.5), ceil(Int64, 2.5), trunc(Int64, 2.5)
(2, 3, 2)
julia> floor(-2.5), ceil(-2.5), trunc(-2.5)
(-3.0, -2.0, -2.0)
```

5.6.3 부호, 절댓값과 관련된 함수

x의 절댓값을 구하는 함수는 abs, 절댓값의 제곱을 구하는 함수는 abs2, 부호를 구하는 함수는 sign이다. 이들 함수의 반환값은 모두 x의 타입과 동일한 타입을 갖는다.

```
julia> abs(-2.0), abs(-2)
(2.0, 2)
julia> abs2(-2.0), abs2(-2)
(4.0, 4)
julia> sign(-2.3), sign(0.0), sign(3.1)
(-1.0, 0.0, 1.0)
julia> sign(-2), sign(0), sign(3)
(-1, 0, 1)
```

5.6.4 지수, 로그 함수

지수, 로그 함수와 관련된 함수를 정리하면 다음과 같다.

- exp(x) : 자연 상수 e에 대해 e^x를 계산
- expm1(x) : 0 근처의 x에 대해, $e^x - 1$를 좀 더 정확하게 계산
- log(x) : $\log_e x$를 계산
- log(b, x) : $\log_b x$를 계산
- log2(x) : $\log_2 x$를 계산
- log10(x) : $\log_{10} x$를 계산
- log1p(x) : 0 근처의 x에 대해, $\log_e(1+x)$를 좀 더 정확하게 계산

이 외에도 $\sqrt{x}$를 계산하는 sqrt 함수, $\sqrt[3]{x}$를 계산하는 cbrt도 있다.

때때로 0이 아닌 실수 x에 대하여 $2^n \leq |x|$를 만족하는 최대 정수 n을 구할 때가 있는데, exponent 함수를 사용하면 된다. 물론 반환값의 타입은 정수 타입이다.

```
julia> exponent(48), exponent(16.0), exponent(-15.99)
(5, 4, 3)
```

5.6.5 삼각함수, 쌍곡함수

실수에서 정의된 삼각함수는 표준적인 함수명으로 정의되어 있다. 예를 들어, sin, cos, tan, cot, sec, csc 함수들이 모두 정의되어 있고, 이 함수들의 역함수도 각각 asin, acos, atan, acot, asec, ascs로 정의되어 있다.

만약 60분법으로 주어진 x에 대해 삼각함수값을 구하고 싶다면, sind와 같이 삼각 함수 이름 바로 뒤에 d를 추가한 함수를 사용하면 된다.

```
julia> sin(pi/2), sin(pi), sin(3pi/2), sin(2pi)
(1.0, 0.0, -1.0, -2.4492935982947064e-16)
julia> sind(90), sind(180), sind(270), sind(360)
(1.0, 0.0, -1.0, 0.0)
julia> asin(1), pi/2
(1.5707963267948966, 1.5707963267948966)
```

쌍곡사인 함수 $\sinh(x) = (e^x - e^{-x})/2$, 쌍곡코사인 함수 $\cosh(x) = (e^x + e^{-x})/2$, 쌍곡탄젠트 함수 $\tanh(x) = \sinh(x)/\cosh(x)$도 동일한 이름의 함수로 줄리아에 정의되어 있다. 그 역함수들도 asinh, acosh, atanh로 정의되어 있다. 자세한 내용은 줄리아 공식 문서 매뉴얼의 'mathematical operations'[31]을 참고하면 된다.

[31] The Julia Project, *Julia Documentation:Manual:Mathematica Operations and Elementary Functions*, https://docs.julialang.org/en/v1/manual/mathematical-operations/.

5.7 enumerate 함수

참고 2.4에서 설명한 반복 가능한 객체에 대해 사용할 수 있는 enumerate 함수를 알아보자.

이 함수는 13장에서 배울 반복자의 일종인데, 배열, 튜플, 집합 등의 반복 가능한 컬렉션에 대해 다음 예제 코드와 같은 튜플 (카운터, 요소)를 순차적으로 생성하는 역할을 한다. 따라서 for 문에서 사용할 수 있고, collect 함수로 반복된 결과를 배열로 받을 수도 있다.

```
julia> for (i, x) in enumerate(['a','b','c'])
         println("$i 번째 요소: $x")
       end
1 번째 요소: a
2 번째 요소: b
3 번째 요소: c
julia> println(collect(enumerate((3,4,5))))
[(1, 3), (2, 4), (3, 5)]
julia> println(collect(enumerate("가나다")))
[(1, '가'), (2, '나'), (3, '다')]
```

enumerate 함수를 이용하여, 1차원 배열에서 주어진 값과 같은 요소에 대응되는 인덱스를 모두 찾아 반환하는 함수 findindices 함수를 작성해 보자.

```
julia> function findindices(arr, val)
          res = Int64[]
          for (i, x) in enumerate(arr)
            (x == val) ? push!(res, i) : continue
```

```
        end
        return res
    end
findindices (generic function with 1 method)
julia> arr1 = [1, 2, 3, 2, 2, 4, 5, 2]; println(arr1)
[1, 2, 3, 2, 2, 4, 5, 2]
julia> idx = findindices(arr1, 2); println(idx)
[2, 4, 5, 8]
julia> println(arr1[idx])
[2, 2, 2, 2]
```

위 예제 코드에서 continue는 현재 루프의 나머지 부분을 생략하라는 뜻이다. 다음 코드를 통해 그 의미를 확인해 보자.

```
julia> for i in 1:6
        iseven(i) && continue
        print("$i ")
    end
1 3 5
```

위 코드에서 iseven(i) && continue는 i가 홀수이면 다음 줄을 실행하여 화면에 출력하고, 짝수이면 continue로 인해 출력을 생략하고 다음 단계로 넘어감을 확인할 수 있다.[32]

[32] &&의 단축 평가에 대해서는 3.2.4절을 참고하라.

5.8 함수의 재귀적 정의

수열의 일반항 $a_n = a_1 + 2(n-1)$이 주어지지 않더라 a_1의 값과 인접한 항 사이의 관계 $a_n = a_{n-1} + 2$를 알고 있으면, $a_2 = a_1 + 2$, $a_3 = a_2 - 2 = a_1 + 4$와 같이 계산을 반복하여 원하는 항의 값을 구할 수 있다.

이와 유사하게 줄리아에서 함수를 정의할 때도 자기 자신을 이용하여 정의할 수 있는데, 이를 함수의 재귀적 정의라고 한다.

5.8.1 팩토리얼 함수 구현

예를 들어, 음이 아닌 정수 n에 대해

$$f(n) = \begin{cases} 1 & (n = 0 \text{ 일 때}) \\ n \times (n-1) \cdots 2 \times 1 & (n > 1 \text{ 일 때}) \end{cases}$$

로 정의되는 팩토리얼 함수를 두 가지 방법으로 작성해보자.

우선 for 구문을 이용하는 함수 fact1은 다음과 같이 구현할 수 있다.[33,34]

```
julia> function fact1(n)
         if n < 0
           throw(DomainError) # 음수일 때 예외를 발생시킴
         else
           temp = 1
         end
         for i in 1:n
           temp *= i
         end
         return temp
       end
fact1 (generic function with 1 method)
julia> fact1(0)
1
julia> fact1(12)
479001600
julia> fact1(big(21))
51090942171709440000
julia> fact1(-3)
DomainError
```

[33] 왼쪽 코드에서 n이 0인 경우에는 for 구문이 실행되지 않는다. collect(1:0)을 실행시켜 확인해 보라.

[34] if 구문은 스코프를 설정하지 않으므로 변수 temp는 function의 하드 스코프에 속하는 지역 변수이고, for 구문에서 업데이트 할 수 있다. 4.2.1 절을 참고하라.

위 코드에서 21!는 64비트 정수로 표현할 수 없으므로 BigInt 타입으로 바꾸기 위해서 fact2(big(21))과 같이 구해야 한다.

이번에는 동일한 함수를 재귀적으로 정의한 fact2를 구현해보자.[35]

```
julia> function fact2(n)
         if n < 0
           throw(DomainError)
         else
           (n==0 || n==1) ? (return 1) : (return n * fact2(n-1)) # 삼항 조건식 사용
         end
       end
fact2 (generic function with 1 method)
julia> fact2(0)
1
julia> fact2(12)
479001600
julia> fact2(big(21))
51090942171709440000
julia> fact2(-3)
DomainError
```

[35] 직관적으로 n > 0일 때, fact2(n) = n * fact2(n-1)을 구현하는 것인데, 수열의 경우처럼 반복 계산이 가능하려면 초항에 대응되는 fact2(0) 값을 알려줘야 한다.

예를 들어, fact2(3)은 다음 과정을 거쳐 그 결과를 반환한다.

fact2(3)호출 → fact2(2)호출 → fact2(1)호출 →
fact2(1)반환 → fact2(2)반환 → fact2(3)반환

즉, 재귀적으로 정의한 팩토리얼 함수는 fact2(n)의 결과를 구하기 위해서 fact2 함수를 n번 호출해야 하고, 결과적으로 for 구문을 이용한 구현과 비교할 때 실행 속도 측면에서 별 차이가 없음을 예상할 수 있다. 참고로 줄리아에는 팩토리얼을 구하는 함수 factorial이 정의되어 있다.

5.8.2 피보나치 수열

[주의] 이 소절에서 피보나치 수열의 항을 계산하기 위해 작성하는 모든 함수는 92번째 항까지만 구하는 함수이고, 그 이후의 항을 구하기 위해서는 big 함수를 이용하여 적절하게 수정해야 한다.[36]

어떤 경우에는 함수를 재귀적으로 정의하는 것이 작성하기 쉽지만 굉장히 비효율적인 코드가 될 수 있음에 유의해야 한다.

예를 들어, $1, 1, 2, 3, 5, 8, \cdots$와 같이 바로 앞의 연이은 두 수를 더해서 다음 수를 결정하는 피보나치 수열의 n번째 수를 구하는 함수 fib1를 재귀적으로 작성해보자.

```
julia> fib1(n) = (n==1 || n==2) ? 1 : fib1(n-1) + fib1(n-2)
fib1 (generic function with 1 method)
julia> @show fib1(1)
fib1(1) = 1
1
julia> @show fib1(6)
fib1(6) = 8
8
```

위 코드에서 알 수 있듯이, 재귀적 정의를 이용하면 한 줄 함수로도 작성할 수 있다.[37] 하지만, 이 경우에는 팩토리얼 함수와 달리 불필요한 함수 호출이 반복해서 발생하게 된다. 예를 들어, fib1(7)을 계산할 때 함수가 몇 번 호출되는지 수형도를 그려 따져 볼 수 있는데, 여기서는 거꾸로 계산해서 함수가 몇 번 호출되는지 구해보자.

구하는 값	필요한 값	값 계산에 필요한 함수 호출 횟수
fib1(3)	fib1(1), fib1(2)	$1+1=2$
fib1(4)	fib1(3), fib1(2)	$2+1=3$
fib1(5)	fib1(4), fib1(3)	$3+2=5$
fib1(6)	fib1(5), fib1(4)	$5+3=8$
fib1(7)	fib1(6), fib1(5)	$8+5=13$

[36] 93번째 항부터는 Int64 타입으로 표현할 수 없는 큰 수이다.

[37] 자연수가 아닌 수에 대해 함숫값을 구하려 할 때 예외를 발생시키는 부분은 생략했다.

총 호출 횟수는 피보나치 수열과 같은 형태로 증가함을 알 수 있는데, 그 이유는 fib1(3)의 값을 재귀적으로 구하는데, fib1(4)의 값을 구할 때도 다시 fib1(3)의 값을 재귀적으로 계산하는 중복이 반복되기 때문이다. 이로 인해 실행 속도가 느려지는 것을 개선하려면, 한 번 계산된 값을 저장해두고 필요할 때 값을 읽어오는 방법을 쓸 수 있다.[38]

[38] 이 경우에는 실행 속도는 빨라지지만, 저장에 소요되는 메모리 크기가 늘어나는 단점이 있다.

피보나치 수열의 계산된 항을 딕셔너리 타입에 저장하고 이를 활용하는 함수를 작성해보자.

```
julia> fib_table = Dict(1=>1, 2=>1)
Dict{Int64, Int64} with 2 entries:
  2 => 1
  1 => 1
julia> function fib2(n)
         if haskey(fib_table, n)
           return fib_table[n]
         else
           temp = fib2(n-1)+fib2(n-2)
           fib_table[n] = temp
           return temp
         end
       end
fib2 (generic function with 1 method)
julia> @time fib1(40); @time fib1(40)
  0.399120 seconds
  0.414463 seconds
102334155
julia> @time fib2(40); @time fib2(40)
  0.009895 seconds (111 allocations: 5.062 KiB, 99.39% compilation time)
  0.000003 seconds (1 allocation: 16 bytes)
102334155
julia> @time fib1(42); @time fib1(42)
  1.076015 seconds
  1.098146 seconds
267914296
julia> @time fib2(42); @time fib1(42)
  0.000008 seconds (5 allocations: 80 bytes)
  1.083098 seconds
267914296
```

위 결과를 보면, 딕셔너리를 이용하는 fib2 함수의 실행 속도가 훨씬 빠름을 확인할 수 있고, 입력값이 커질수록 그 차이는 커진다.

재귀적으로 정의하지 않고 for 구문을 이용하면 다음과 같이 작성할 수 있다.

```
julia> function fib3(n)
           a, b = 1, 1
           for i = 1 : n-1
             a, b = b, a+b
           end
           return a
       end
fib3 (generic function with 1 method)
julia> fib3(1)
1
julia> fib3(40)
102334155
```

줄리아에서 for 구문은 다른 동적 언어들과 달리 빠르다고 했는데, 딕셔너리를 이용하는 fib2와 for 구문을 이용한 fib3의 성능을 비교해 보자. 공정한 비교를 위해 fib_table을 초기화하고 시작하자.

```
julia> empty!(fib_table) # 모든 키와 값 삭제
Dict{Int64, Int64}()
julia> fib_table[1] = 1; fib_table[2] = 1 # 초기화
1
julia> @time fib2(90)
  0.000032 seconds (153 allocations: 6.922 KiB)
2880067194370816120
julia> @time fib3(90)
  0.000004 seconds
2880067194370816120
```

위 결과에서 알 수 있듯이 for 구문 계산이 아주 빠름을 확인할 수 있다.

문제 5.1. 작성한 함수 fib3 함수를 이용하여 Int64 타입으로 저장할 수 없는 피보나치 수열의 첫 번째 항을 구하시오.

풀이: fib3으로 구한 항을 배열로 저장한 후, 인덱스가 증가하지만 값이 감소하는 첫 번째 항을 다음과 같이 찾으면 93번째 항임을 알 수 있다.

```
julia> temp = [fib3(n) for n in 1:200]; typeof(temp)
Vector{Int64} (alias for Array{Int64, 1})
julia> idx = [temp[n] < temp[n-1] for n in 2:200]; typeof(idx)
Vector{Bool} (alias for Array{Bool, 1})
julia> ans = findfirst(x->x==true, idx) + 1
93
```

문제 5.2. 피보나치 수열의 n번째 항을 큰 수 n에 대해서도 구할 수 있도록 fib 함수를 작성하시오.

풀이: 앞에서 작성했던 함수 fib3에서 n은 몇 번째 항인지와 관련이 있고 Int64 타입으로 충분하므로 수정이 필요없고, a와 b만 BigInt 타입으로 수정하면 충분하다.

```
julia> function fib(n)
         a, b = big(1), big(1)
         for i = 1 : n-1
           a, b = b, a+b
         end
         return a
       end
fib (generic function with 1 method)
julia> println(fib(92) < fib(93))
true
julia> @time fib(1000) < fib(1001)
  0.000170 seconds (4.01 k allocations: 170.781 KiB)
true
```

5.9 개념 확인 문제

1) 다음 코드를 실행한 결과는?

```
x = 10
function my_func( )
  x = 20
  print(x, " ")
end
my_func( )
print(x)
```

① 20 20 ② 20 10 ③ 10 20 ④ 에러 발생

2) 다음 코드를 실행한 결과는?

```
x = 5
for i = 1:3
  x = i
end
print(x)
```

① 1 ② 3 ③ 5 ④ UndefVarError

3) 다음 코드를 실행한 결과는?

```
function outer_func( )
  y = 30
  function inner_func( )
    println(y)
  end
  inner_func( )
end
outer_func( )
```

① 0 ② 30 ③ nothing ④ UndefVarError

4) 다음 코드를 실행한 결과는?

```
function my_func( )
  x = 1
end
my_func( )
println(x)
```

① 0 ② 1 ③ nothing ④ UndefVarError

5) 다음 코드를 실행한 후 g(2)를 호출할 때 결과는?

```
x = 10
f(y) = x+y
g = let x = 1
  y -> x+y
end
```

6) 다음 코드를 실행시킬 때, f( )의 결과는?

```
x = 1
function f( )
  println(x)
  x = 2
end
f( )
```

① 1 ② 2 ③ UndefVarError ④ nothing

7) 다음 코드를 실행시킬 때, f(2)의 결과는?

```
function create_multiplier(factor)
  return x -> x * factor
end
f = create_multiplier(3)
f(2)
```

8) 다음 코드를 실행시킬 때 x의 최종 값은?

```
x = 0
for i in 1:5
  local x = i
end
print(x)
```

9) 다음 코드를 실행시킨 결과는?

```
function greet(name = "Guest")
  println("Hello, ", name)
end
greet ( )
```

① 아무 것도 출력되지 않는다. ② `Hello, Guest`

③ `Hello, name` ④ 오류가 발생한다.

10) 줄리아에서 함수의 인자에 기본값을 지정하는 방법에 대한 다음 설명 중 옳은 것을 모두 고르면?

① 함수 호출 시 해당 인자를 생략하면 기본값이 사용된다.

② 기본값을 가진 인자는 항상 일반 인자보다 뒤에 와야 한다.

③ 기본값은 항상 정수여야 한다.

④ 기본값이 지정된 인자가 하나라도 있으면, 함수를 정의할 때 모든 인자에 기본값을 지정해야 한다.

11) 다음 코드의 함수 `my_sum`을 호출하는 방법과 그 결과로 옳은 것을 모두 고르면?

```
function my_sum(nums...)
  total = 0
  for k in nums
    total += k
  end
  return total
end
```

① `my_sum([1,2,3])`, 6 ② `my_sum([1,2,3]...)`, 6

③ `my_sum(1,2,3)`, 6 ④ `my_sum((1,2,3)...)`, 6

12) 줄리아에 가변 인자를 갖는 함수에 대한 설명으로 옳은 것을 모두 고르면?

① 함수 내에서 가변 인자는 튜플로 처리된다.

② 함수가 임의의 개수의 인자를 받을 수 있게 한다.

③ 가변 인자는 `...`를 사용하여 표현한다.

④ 가변 인자는 항상 함수의 첫 번째 인자이어야 한다.

13) 다음 줄리아 코드를 실행시킬 때, 함수 `intro`를 호출하는 방법으로 옳은 것을 모두 고르면?

```
function intro(; name, age=20)
  println("내 이름은 ", name, "이고 난 ", age, "살 이야.")
end
```

① `intro("Alice")` ② `intro(name="Alice", age="18")`

③ `intro(name="Alice")` ④ `intro(age="14", name="Alice")`

14) 다음 중 함수의 키워드 인자에 대한 설명으로 옳은 것은?

① 키워드 인자는 ...을 사용하여 정의한다.
② 함수 호출 시 키워드 인자의 순서는 중요하다.
③ 키워드 인자는 일반 위치 인자 뒤에 세미콜론(;)을 사용하여 구분한다.
④ 키워드 인자는 기본값을 가질 수 없다.

15) 줄리아에서 함수와 메소드의 관계에 대한 설명으로 가장 정확한 것은?

① 하나의 메소드는 여러 개의 함수에 속할 수 있다.
② 하나의 함수는 여러 개의 메소드를 가질 수 있다.
③ 함수는 항상 하나의 메소드를 가진다.
④ 함수와 메소드는 완전히 동일한 개념이다.

16) 다음 코드를 실행시킨 결과가 [2,4,6,8]이 되도록 괄호 안에 알맞은 한 줄 코드를 채우면?

```
numbers = [1,2,3,4]
result = map( (      ), numbers)
```

17) 다음 두 벡터 a와 b에 대해, a의 각 요소에 2를 곱하고, 같은 인덱스에 대응되는 b의 요소를 더하여 새로운 벡터 [12,24,36,48]을 만드는 한 줄 코드를 벡터화 연산을 이용하여 작성하면?

```
a = [1,2,3,4]
b = [10,20,30,40]
```

18) 벡터화 연산을 시도하는 다음 코드는 오류를 발생시킨다. 그 이유를 설명하고 올바르게 수정하면?

```
2.+[1,2,3,4]
```

19) 다음 코드의 실행 결과로 얻어지는 튜플은?

```
2. + 3, 2 .+ 3
```

20) 다음 코드의 벡터 data에서 0보다 큰 요소만을 추출하여 새로운 벡터 positives를 만들 수 있도록 # 부분에 한 줄 코드를 작성하면? (힌트: 벡터화 연산과 논리적 인덱싱을 이용하면 된다.)

```
data = [-1, 5, 0, 1, -2, 10]
positives = # 여기에 한 줄 코드를 작성
```

21) 다음 코드에서 벡터 y를 두 벡터 x와 y의 요소끼리 더해서 얻어지는 벡터로 업데이트 하는 한 줄 코드를 작성하면?

```
x = [1, 2, 3]
y = [10, 20, 30]
# 여기에 한 줄 코드를 작성하시오.
```

(정답은 281쪽을 참고)

6 비표준 문자열 리터럴

줄리아에서는 일반적인 문자열 리터럴과 다른 방식으로 정의되는 비표준 문자열 리터럴을 통해 특정 기능을 수행하거나 특수한 의미를 부여할 수 있다.

예를 들어, 줄리아의 버전과 여러 패키지들의 버전을 관리하기 위해 줄리아는 `VersionNumber`라는 타입의 객체를 이용하는데, 이 버전 객체는 `v"1.11.5"`와[1] 같이 일반 문자열 앞에 버전을 나타내는 접두사 `v`를 붙인 비표준 문자열 리터럴을 사용하여 생성한다.

[1] 버전을 나타내는 비표준 문자열 리터럴 `v"1.12.0-rc1+win64"`의 의미는 major ver.1, minor ver.12, patch ver.0, pre-release rc1, build win64라는 의미이다. 이때, major ver.을 제외한 나머지는 생략 가능하다.

또 다른 예로, 2.5.1절에서 줄리아의 `String` 타입 문자열은 `UTF-8` 인코딩 방식에 따르는 바이트 배열로 볼 수 있음을 배웠는데, `codeunits` 함수를 이용하지 않더라도 접두사 `b`를 문자열 리터럴 앞에 붙이면 동일한 결과를 얻을 수 있다.

```
julia> byte_arr = b"바이트열"; typeof(byte_arr)
Base.CodeUnits{UInt8, String}
julia> print(byte_arr)
UInt8[0xeb, 0xb0, 0x94, 0xec, 0x9d, 0xb4, 0xed, 0x8a, 0xb8, 0xec, 0x97, 0xb4]
```

줄리아의 비표준 문자열 리터럴은 문자열 앞에 기능이나 의미를 나타내는 접두사가 붙은 형태를 갖는데, 이 장에서는 몇 가지 비표준 문자열 리터럴을 소개한다.[2]

[2] 이 장에서 다루는 내용은 이 책의 다른 부분을 이해하는데 필수적인 부분이 아니므로, 처음에는 건너뛰어도 문제가 되지 않는다.

6.1 *raw* 문자열 리터럴

일반적인 문자열에서 문자 \와 $는 각각 이스케이프 문자와 내삽을 표시하는데 사용되는 문자인데,[3] 문자열 내에서 이들 문자를 문자 자체로 처리하려면 \를 이용하여 `"\\"`, `"\$"`와 같이 써야 한다.

[3] 2.5.2절과 2.5.5절을 참고하라.

예를 들어, 6개의 문자로 이루어진 `\n*\\*` 문자열을 만들려면[4], 다음과 같이 문자열 내에서 각 문자 `\`를 이스케이프 문자 `\\`로 써야 한다.

[4] 즉, 예를 들어, `\n`을 줄바꿈 문자 1개로 처리하는 것이 아니라 두 문자 `\`와 `n`으로 처리한다는 의미이다.

```
julia> txt1 = "\\n*\\\\*"
"\\n*\\\\*"
```

```
julia> print(txt1)
\n*\\*
```

줄리아는 이런 번거로운 작업을 쉽게 처리할 수 있도록 접두사가 `raw`인 비표준 문자열 리터럴을 준비해 두고 있다. 즉, 구성하려는 문자들의 나열을 `raw"`와 `"`로 감싸면, 쌍따옴표 문자 처리와 관련된 경우를 제외하고 이스케이프 문자로 바꿀 필요가 있는 문자 앞에 자동으로 `\`를 추가하여 `String` 타입의 문자열을 생성한다. 이때, 접두사 `raw`를 사용하는 비표준 문자열 리터럴을 **raw 문자열 리터럴**이라고 한다.

```
julia> rtxt1 = raw"\n*\\*"
"\\n*\\\\*"
julia> txt1 == rtxt1
true
```

- [raw 문자열 리터럴을 쓸 때 주의할 점]

`raw` 문자열 리터럴은 쌍따옴표 `"`로 감싼 문자열 앞에 접두사를 붙여 만들기 때문에, 문자열 리터럴 내에서 쌍따옴표 문자를 사용할 때는 리터럴 구문의 `"`와 구분하기 위해 이스케이프 문자 `\"`로 처리해야 한다. 또, 이로 인해 이스케이프 문자 `\"`앞에 연이은 백슬래시 문자 `\`와 리터럴의 마지막에 위치하는 연속된 백슬래시 문자 `\`는 모두 이스케이프 문자 `\\`로 써야 한다.

다음 예를 통해 이 규칙을 잘 이해하기 바란다.

```
julia> rtxt2=raw"\\\\\"\\\a\\"
"\\\\\"\\\\\\a\\"
julia> print(rtxt2)
\\"\\\a\
julia> rtxt3=raw"\\\\a\\\\\""
"\\\\\\\\a\\\\\""
julia> print(rtxt3)
\\\\a\\"
```

6.2 정규표현식(생략 가능)

때로는 정확한 문자열이 아니라 특정 패턴을 찾는 경우가 있다. 예를 들어, 대용량 텍스트 파일에서 날짜를 추출하려고 할 때, YYYY-MM-DD와 같은 형식이라는 것을 알면 이러한 패턴을 지정하고 검색할 수 있는데, 이때 사용되는 것이 정규표현식(regular expression)이다.

정규표현식은 문자열을 다루는데 굉장히 유용한 도구이지만 줄리아를 익히는 것과는 별개이므로, 이 절에서는 줄리아에서 비표준 문자열 리터럴을 이용해 정규표현식을 만드는 방법과 간단한 활용 방법만 살펴본다.

6.2.1 비표준 문자열 리터럴을 이용한 정규표현식의 기본적인 사용법

줄리아에서 정규표현식을 만드는 가장 간단한 방법[5]은 접두사가 r인 비표준 문자열 리터럴을 입력하는 것이다. 이렇게 생성된 정규표현식의 타입은 Regex 타입이 된다.

[5] 줄리아에서는 별도 패키지를 설치하지 않아도, PCRE(PERL compatible regular expressions) 라이브러리에서 제공하는 펄(Perl) 호환 정규표현식 버전 2를 사용할 수 있다.

- [정규표현식의 기본적인 사용법]

접두사가 r인 비표준 문자열 리터럴을 이용하여 만든 정규표현식 reg의 패턴을 주어진 문자열 str에서 찾는 방법은 match(reg, str)와 같이 match 함수를 사용하면 되는데, 문자열에서 맨 처음 발견한 패턴에 대한 RegexMatch 타입의 객체를 반환하고, 패턴이 없으면 nothing을 반환한다. 이때, 함수의 마지막 인자로 검색 시작 위치를 나타내는 바이트 배열 인덱스를 지정할 수도 있다.

다음 예제를 통해 사용법을 익혀 보자.

```
julia> reg1 = r"르르"
r"르르"
julia> reg2 = r"사르르"
r"사르르"
julia> txt = "스르르 눈이 감겨, 스르르..."
"스르르 눈이 감겨, 스르르..."
julia> result1, result2 = match(reg1, txt), match(reg2, txt)
(RegexMatch("르르"), nothing)
julia> result3, result4 = match(reg1, txt, 4), match(reg1, txt, 5)
(RegexMatch("르르"), RegexMatch("르르"))
julia> result3.match, result4.match
("르르", "르르")
julia> result3.offset, result4.offset
(4, 29)
```

위 결과에서 보듯이, txt에 정규표현식 reg2의 패턴에 매칭되는 문자열이 없으므로 반환값은 nothing이다. 또 반환값이 nothing이 아닐 때, 맨 처음 매칭되는 문자열은 반환된 객체의 match 필드로 접근하여 구할 수 있고, 그 시작 위치는 offset 필드로 구할 수 있음을 알 수 있다.[6]

[6] txt에서 첫 번째 르 문자의 바이트 인덱스는 4이므로 result3은 첫 번째 매칭 문자열을, result4는 두 번째 매칭 문자열을 찾는다.

앞에서 살펴본 match, offset 필드 외에 RegexMatch 객체가 담고 있는 정보에 접근할 수 있는 필드로 captures와 offsets이 있다. 이들 필드는 정규표현식이 부분 패턴들로 구성된 복잡한 패턴인 경우에 각각의 부분 패턴에 대한 정보를 담고 있는데, 좀 더 복잡한 패턴을 만드는 방법을 소개한 뒤 살펴보기로 한다.

- [부분 패턴(그룹)을 이용한 복잡한 정규표현식 구성]

좀 더 복잡한 패턴의 정규표현식을 구성하는 방법은, 정규표현식 내의 문자와 부분 패턴들을 괄호로 감싼 (패턴) 형식으로 구성한 그룹들을 이용하여 전체 패턴을 만드는 것이다. 이때, 부분 패턴(즉, 그룹)을 이름으로 구분하려면 (?<패턴명>패턴)과 같이 구성하면 되고, 두 가지 이상의 패턴1, · · ·, 패턴k 중 하나를 만족하는 부분 패턴은 다음과 같이 구성한다.

(패턴1| ... |패턴k) 또는 (?<퍼턴명>패턴1| ... |패턴k)

예를 들어, 주어진 문자열에서 9가지 패턴 12, 112, 102, 13, 113, 103, 18, 118, 108에 매칭되는 부분이 있는지 찾고 싶다면, 첫 번째 그룹에서 (1|11|10)인 패턴, 두 번째 그룹에서 (2|3|8)인 패턴을 찾고, 두 그룹의 패턴이 연이어 나타나도록 정규표현식을 구성하면 된다. 다음 코드를 살펴보자.

```
julia> pattern = r"(?<p1>1|11|10)(2|3|8)"
r"(?<p1>1|11|10)(2|3|8)"
julia> m = match(pattern, "11510312")
RegexMatch("103", p1="10", 2="3")
julia> m.match
"103"
julia> m.offset
4
julia> m.captures
2-element Vector{Union{Nothing, SubString{String}}}:
 "10"
 "3"
julia> m.offsets
2-element Vector{Int64}:
 4
 6
julia> m[1], m[2]  #1
("10", "3")
julia> m[1] == m["p1"] #2 그룹명으로 접근 가능
true
```

위의 예제 코드에서 전체 패턴에 매칭되는 부분 문자열 "103"을 찾았고[7], 그 시작 위치는 m.offset으로 구할 수 있다.

또, 전체 패턴이 두 그룹으로 구성되어 있고, 첫 번째 그룹은 p1이라는 이름을 갖고 있다. 이때, 각 그룹별 패턴에 매칭되는 부분 문자열의 배열과 시작 위치의 배열은 각각 m.captures, m.offsets을 이용하여 구할 수 있다.[8] 이때, 특정 그룹에 매칭되는 부분 문자열은 배열 m.captures에 대한 인덱싱으로도 구할 수 있지만, 코드의 #1처럼 m에 대해 그룹의 인덱스 또는 #2와 같이 그룹명으로 인덱싱하여 구할 수 있다.

[7] m.match에 해당한다.

[8] dump(m)을 이용하면 내부적으로 처리되는 Expr 타입의 표현식 구조를 한 눈에 볼 수 있다. 줄리아의 표현식에 대해서는 14장을 참고하라.

- [패턴과 매칭되는 모든 부분 문자열 찾기]

앞에서 다루었던 예제에서 문자열 "11510312"의 부분 문자열 중 정규표현식 패턴에 매칭되는 문자열은 "103" 외에도, 바로 뒤에 나오는 "12"도 해당된다. 이처럼 주어진 문자열에서 패턴에 매칭되는 모든 문자열을 구하려면 함수 eachmatch를 사용하면 된다. 이때, 그 반환값은 범위 객체와 같이 for 문에서 사용할 수 있는 반복 가능한 객체[9]가 되고, collect 함수를 이용하면 각각의 결과를 배열 형태로 모을 수 있다.

앞의 예제에 적용하면 다음과 같이 모든 매칭 문자열을 구할 수 있다.

```
julia> ms = eachmatch(pattern, "11510312")
Base.RegexMatchIterator(r"(?<p1>1|11|10)(2|3|8)", "11510312", false)
julia> ms_arr = collect(ms)
2-element Vector{RegexMatch}:
 RegexMatch("103", p1="10", 2="3")
 RegexMatch("12", p1="1", 2="2")
julia> ms_arr[2].match
"12"
julia> ms_arr[2].captures
2-element Vector{Union{Nothing, SubString{String}}}:
 "1"
 "2"
```

[9] 참고 2.4를 확인하라. 이런 객체의 타입은 RegexMatchIterator로 일종의 반복자인데, 반복자에 대해서는 13장에서 다룬다.

일반 문자열 리터럴 "...."과 달리 정규표현식 리터럴 r"..." 내에서는 많은 문자들이 특별한 의미를 갖게 되므로, 쌍따옴표에 사용되는 \"를 제외한 일반 문자열에서의 이스케이프 문자나 $를 이용한 내포는 적용되지 않는다.[10,11]

다음 절부터는 정규표현식에서 특수한 기능을 나타내는 문자와 기호들에 대해서 알아본다.

[10] 타입 생성자 Regex( ) 함수를 이용하면 이스케이프 문자와 문자열 내포는 물론이고 문자열에 대한 연산도 이용할 수 있는데, 줄리아 공식 문서에서 'Regex'를 검색하여 참고하라.

[11] The Julia Project, *Julia Documentation:Base.Regex*, https://docs.julialang.org/en/v1/base/strings/#Base.Regex.

6.2.2 표현식 내에서 반복을 나타내는 문자

정규표현식 내에서 문자 ?, +, *는 다음과 같이 바로 앞의 문자나 괄호로 지정된 부분 패턴이 반복되는 정도를 지정하는 역할을 담당한다.

- ?는 앞의 지정된 부분이 없거나 한 번만 나오는 패턴 (즉, 반복 횟수가 0 또는 1)
- +는 앞의 지정된 부분이 적어도 한 번 이상 나오는 패턴 (즉, 반복 횟수가 1 이상)
- *는 앞의 지정된 부분이 횟수에 제한없이 반복되는 패턴 (즉, 반복 횟수가 0 이상)

예를 들어, 어떤 문자열에서 연이은 3 또는 연이은 1뒤에 연이은 3이 나타나는 경우가 있는지 찾고, 반복되는 1의 개수와 3의 개수를 알고 싶다면, 다음 예제처럼 해결할 수 있다.

```
julia> pattern = r"(1*)(3+)"
r"(1*)(3+)"
julia> ms_arr = eachmatch(pattern, "21223331133333")
Base.RegexMatchIterator(r"(1*)(3+)", "21223331133333", false)
julia> function repetition_count(m::RegexMatch)
         if m.match == nothing
           return (0,0)  # (1의 반복 횟수, 3의 반복 횟수)
         else
           lengtot = length(m.match) # 칮은 전체 패턴 길이
           leng1 = m.offsets[2] - m.offsets[1]  # 1의 반복 횟수
           leng3 = lengtot - leng1 # 3의 반복 횟수
           return (leng1, leng3)
         end
       end
repetition_count (generic function with 1 method)
julia> repetition_count.(ms_arr) # .을 이용한 벡터화 연산
2-element Vector{Tuple{Int64, Int64}}:
 (0, 3)
 (2, 5)
```

위 코드에서 `eachmatch`의 결과는 반복 가능한 객체이므로 굳이 `collect`를 사용하여 배열로 변환하지 않고, 함수의 벡터화 연산을 적용했음에 주목하자.

6.2.3 표현식 내에서 조건에 맞는 문자와 위치를 매칭하여 패턴을 구성하는 법

정규표현식에서 패턴을 이루는 특정 문자(들)을 지정하거나 위치를 매칭하는 방법에 대해 알아보자.

- 줄바꿈 문자를 제외한 임의의 문자를 매칭하는 패턴은 `.`이다.
- `^` 문자와 `$`는 각각 검색할 문자열의 시작 위치와 끝 위치를 매칭한다.
- 특정 범위 중 한 문자를 매칭하는 패턴은 `[...-...]`로 `[`from`-`to`]`와 같이 사용하고, 특정 범위의 문자 이외의 한 문자를 매칭하는 패턴은 `[^`from`-`to`]`이다.
- 숫자를 매칭시키는 패턴은 `\d`, 숫자 이외의 문자를 매칭시키는 패턴은 `\D`이다. 따라서 정규표현식에서 `\d`는 `[0-9]`와 동일한 패턴을 구성하고, `\D`는 `[^0-9]`와 동일한 패턴을 구성한다.
- 공백과 매칭시키는 패턴은 `\s`, 공백 이외의 문자와 매칭시키는 패턴은 `\S`이다.
- 여러 가지 언어에서 사용하는 문자, 숫자, _ 중 하나와 매칭시키는 패턴은 `\w`, 그 이외의 문자와 매칭시키는 패턴은 `\W`이다.

예를 들어, 문자열 "Steve always arrives early to his meeting with Eve."에서 "ve"로 끝나는 연속된 네 글자를 모두 찾아보자.[12]

```
julia> txt = "Steve always arrives early to his meeting with Eve."
"Steve always arrives early to his meeting with Eve."
julia> m1 = eachmatch(r"..ve", txt); m1.regex
r"..ve"
julia> m2 = eachmatch(r"\w\wve", txt); m2.regex
r"\w\wve"
julia> [m.match for m in m1]
3-element Vector{SubString{String}}:
 "teve"
 "rive"
 " Eve"
julia> [m.match for m in m2]
2-element Vector{SubString{String}}:
 "teve"
 "rive"
```

[12] 참고로 왼쪽 코드에서 m1.regex은 RegexMatchIterator 객체의 필드명을 이용하여 이 매칭에 사용된 정규표현식을 반환한다.

위 결과에서 알 수 있듯이 임의의 문자를 .로 매칭시킨 정규표현식 m1에서는 공백 문자도 허용하여 " eve"도 포함되었지만, \w로 매칭시킨 정규표현식 m2에서는 " eve"가 제외됨을 확인할 수 있다.

또 다른 예로 문자열 내에서 May 7, 2025와 같이 월 일, 년의 형식으로 주어진 날짜 정보를 정규표현식을 이용하여 구해 보자. '월'은 부분 패턴 \w+, '공백'은 부분 패턴 \s+, '날짜'와 '년도'는 각각 부분 패턴\d+로 매칭시키면서, 부분 패턴 정보를 얻을 수 있게 이름이 있는 그룹을 이용하여 전체 패턴을 정규표현식으로 만들면 다음과 같이 구할 수 있다.[13]

[13] 정규표현식에서 '날짜' 패턴 뒤의 쉼표에 주의하라.

```
julia> txt = "release date: Dec 25, 2025"
"release date: Dec 25, 2025"
julia> m_date = match(r"(?<month>\w+)\s+(?<day>\d+),\s+(?<year>\d+)", txt)
RegexMatch("Dec 25, 2025", month="Dec", day="25", year="2025")
julia> m_date["year"], m_date["month"], m_date["day"]
("2025", "Dec", "25")
```

6.2.4 정규표현식을 이용한 문자열 일부 바꾸기: 대체 문자열

정규표현식은 문자열에서 패턴과 매칭되는 부분을 찾는 용도 외에, 매칭 부분을 다른 문자열로 대체하는데도 활용할 수 있다.

원래 문자열 `txt`에서 정규표현식 패턴 `reg`에 매칭되는 부분을 대체하여 문자열을 새로 만드는 방법은 `replace` 함수와 대체 문자열을 만드는 비표준 문자열 리터럴 `s"..."`을 다음과 같은 형식으로 사용하는 것이다.

```
replace(txt, reg => s"reg의 그룹을 이용한 문자열")
```

이때, 대체 문자열 `s"..."`에서 `\0`은 `reg`의 전체 패턴에 매칭되는 `txt`의 부분 문자열, `\i`는 `reg`의 `i`번째 부분 패턴에 매칭되는 `txt`의 부분 문자열을 뜻한다. 만약 `reg`의 부분 패턴이 `(?<패턴명> ...)`와 같이 이름을 갖는 경우라면, `s"..."` 내에서 그룹의 인덱스 `d`에 대해 `\d` 또는 `\g<패턴명>`을 사용할 수 있다.

예를 들어, 앞 소절의 예에서 문자열의 `May 7, 2025` 부분을 `year: 2025, month: May, day: 7` 꼴로 대체한 문자열을 설명한 두 가지 방법으로 만들어 보자.

```
julia> reg = r"(?<month>\w+)\s+(?<day>\d+),\s+(?<year>\d+)"
r"(?<month>\w+)\s+(?<day>\d+),\s+(?<year>\d+)"
julia> s_str1 = s"year: \g<year>, month: \g<month>, day: \g<day>"
s"year: \g<year>, month: \g<month>, day: \g<day>"
julia> s_str2 = s"year: \3, month: \1, day: \2"
s"year: \3, month: \1, day: \2"
julia> substituted_txt1 = replace(txt, reg => s_str1)
"release date: year: 2025, month: Dec, day: 25"
julia> substituted_txt2 = replace(txt, reg => s_str2)
"release date: year: 2025, month: Dec, day: 25"
```

또 다른 예로, 문자열의 일부로 저장되어 있는 수의 소수점이 쉼표로 잘못 적혀 있을 때, 이 수를 찾아서 `Float64` 타입의 수로 변수에 할당하는 경우를 연습해 보자.

```
julia> txt = "...계산 결과는 3,14159이다."
"...계산 결과는 3,14159이다."
julia> reg = r"(\d+),(\d+)"
r"(\d+),(\d+)"
julia> m = match(reg, txt)
RegexMatch("3,14159", 1="3", 2="14159")
julia> target_num = m.match
"3,14159"
julia> corr_num = parse( Float64, replace(target_num, reg =>s"\1.\2") )
3.14159
```

6.2.5 정규표현식에 대해 좀 더 알기

줄리아에서는 정규표현식을 구성하는 비표준 문자열 리터럴 r"..."의 마지막 쌍따옴표 뒤에 플래그라 부르는 i, m, s, x, a를 붙이면 플래그의 특성에 따라 정규표현식의 작용을 조정할 수 있다. 이때 다른 플래그를 중복하여 적용하려면 단순히 이어서 쓰면 된다.

예를 들어, 플래그 i는 패턴에서 문자의 소문자와 대문자를 구별하지 않도록 조정하고, 플래그 m은 문자열의 시작과 끝에 매칭되는 ^와 $를 각 줄의 시작과 끝에 매칭하도록 조정한다. 다음 예제를 통해 그 의미를 확인해 보자.

```
julia> txt = "evE\neve\nEve" #\n은 줄바꿈 문자이다.
"evE\neve\nEve"
julia> print( [(m.match, m.offset) for m in eachmatch(r"ve$", txt)] )
Tuple{SubString{String}, Int64}[("ve", 10)]
julia> print( [(m.match, m.offset) for m in eachmatch(r"ve$"m, txt)] )
Tuple{SubString{String}, Int64}[("ve", 6), ("ve", 10)]
julia> print( [(m.match, m.offset) for m in eachmatch(r"ve$"i, txt)] )
Tuple{SubString{String}, Int64}[("ve", 10)]
julia> print( [(m.match, m.offset) for m in eachmatch(r"ve$"im, txt)] )
Tuple{SubString{String}, Int64}[("vE", 2), ("ve", 6), ("ve", 10)]
```

위 예제의 결과를 살펴보자. 먼저 플래그를 사용하지 않은 첫 번째 경우에는, 패턴 ve$의 의미가 ve로 끝나는 문자열을 뜻하므로 시작 위치가 10인 문자열만 매칭된다.

두 번째 경우에는 플래그 m으로 인해 패턴의 $가 각 줄의 끝을 의미하게 되므로, 첫 번째 경우에서 찾은 매칭 외에 시작 위치가 6인 문자열도 매칭된다.

또 네 번째 경우에는 대소문자를 구분하지 않는 플래그 i가 플래그 m과 함께 사용됨에 따라 시작 위치가 2인 문자열 vE도 매칭됨을 알 수 있다.

그 외의 플래그에 대한 기능은 Base.@r_str의 도움말을 참고하기 바란다. 또, 정규표현식의 보다 많은 기능을 익히고 싶으면 PCRE 라이브러리의 문서[14]를 참고하기 바란다.

[14] Philip Hazel, *Perl-Compatible Regular Expressions (Revised API: PCRE2)*, https://www.pcre.org/current/doc/html/.

6.3 사용자 정의 비표준 문자열 리터럴

정규표현식을 정의하는 비표준 문자열 리터럴 r"..."은 줄리아에서 다음과 같이 매크로를 이용하여 정의되어 있다.

```
macro r_str(p)
    Regex(p)
end
```

일반적으로 매크로가 확장되는 시점은 런타임 시점보다 앞선 소스 코드가 파싱되는 시점이다.[15] 따라서 정규표현식의 타입 생성자를 이용하여 매크로로 정의하는 것은 간결하게 정규표현식을 만들 수 있다는 장점 외에 성능면에서도 더 효율적이다.

[15] 절에서 배우는 내용이다.

매크로에 대한 자세한 내용은 뒤에 공부하기로 하고, 자신만의 비표준 문자열 리터럴을 만드는 방법만 간단하게 익혀보도록 하자. 자신이 접두사로 사용할 문자 또는 단어를 `prefix`라 할 때, 생성할 비표준 문자열 리터럴 `prefix"..."`은 다음과 같이 정의한다.

```
macro prefix_str(p)
    p를 이용한 문자열 생성
end
```

또, 플래그를 붙인 `prefix"..."flag` 형태의 비표준 문자열 리터럴은 아래와 같이 정의하면 된다.

```
macro prefix_str(p, flag)
    p와 flag를 이용한 문자열 생성
end
```

예를 들어, 입력하는 문자열 앞에 자동으로 `line #1:` 을 붙여주는 비표준 문자열 리터럴 `ln"..."`을 만들어 보자.

```
julia> macro ln_str(p, flag=1)
           return "line #$(flag): " * p
       end
@ln_str (macro with 2 methods)
julia> ln"user-defined string literal"
"line #1: user-defined string literal"
julia> ln"test line"1
"line #1: test line"
julia> ln"test line"2
"line #2: test line"
```

다음 장에서 파일 입출력을 배우고 나면, 어떤 작업을 수행하면서 시간 정보를 포함한 로그파일 등을 작성할 때 사용자 정의 비표준 문자열 리터럴을 활용할 수도 있다.

6.4 개념 확인 문제

1) 줄리아에서 `raw"\n"` 표현식의 결과와 그 타입으로 옳은 것은?

① 에러 발생	② `'\n'`, `Char`
③ `"\n"`, `String`	④ `"\\n"`, `String`

2) 다음 중 `Vector{UInt8}` 타입의 바이트 배열 리터럴을 생성하는 코드는?

① `v"data"` ② `r"data"` ③ `"data"` ④ `b"data"`

3) 줄리아에서 정규 표현식 `Regex` 객체를 만드는 가장 일반적인 방법은?

① `re"[a-z]+"` ② `"[a-z]+"`

③ `r"[a-z]+"` ④ `raw"[a-z]+"`

4) 코드 `v"1.2.3"`이 생성하는 객체의 타입은?

① `String` ② `Tuple{Int,Int,Int}` ③ `VersionNumber` ④ `Float64`

5) 코드 `v"1.2.3" < v"1.2.4"`의 평가 결과는?

① 에러 발생 ② `1` ③ `true` ④ `false`

(정답은 281쪽을 참고)

7 파일 입출력

줄리아는 다양한 입출력 장치에서 데이터 흐름(스트림)을 처리하기 위해 IO 타입의 하위 타입으로 여러 가지 구체 타입을 정의하고 있다.[1]

이 장에서는 추상 타입 IO의 하위 타입 중, 구체 타입 Base.TTY의 객체를 이용하여 터미널 장치로 연결하는 방법, 구체 타입 IOStream의 객체를 이용하여 파일로의 연결을 다루는 방법에 대해 간단히 소개한다. 또, 메모리 내의 바이트 배열을 파일처럼 취급하는 IOBuffer 타입에 대해 살펴본다.

또한, 파일 처리와 관련하여, 다양한 유형의 스프레드시트 응용 프로그램에서 많이 사용하는 일반적인 파일 형식인 CSV파일을 다루는 방법에 대해 알아본다.

[1] 10.5.7절을 참고하라.

7.1 표준 입/출력 스트림

줄리아에서는 Base 모듈에 정의된 TTY 타입의 객체 중 터미널로부터 입력을 받는 객체와 터미널로 출력을 보내는 객체를 각각 전역 상수 stdin, stdout으로 정의하고, 표준 입력 스트림, 표준 출력 스트림이라고 부른다. 또, 표준 에러 스트림을 나타내는 stderr 객체도 있다.

기본적으로 stdin은 키보드에 연결되어 있고, stdout은 컴퓨터 화면에 연결되어 있다. 예를 들어, 도움말에서 print 함수의 명세를 보면 다음과 같이 화면으로 출력하는 것이 기본 설정으로 되어 있다.

```
print([io::IO], xs...) # io가 주어지지 않을 때 기본값은 stdout
```

또, IO의 하위 객체 스트림에 대해 한 줄을 읽어들이는 readline 함수의 명세에서는 io의 기본값이 키보드에 연결된 stdin이다.[2]

```
readline(io::IO=stdin; keep::Bool=false)
```

[2] keep는 입력 스트림에서 한 줄의 끝을 표시하는 줄바꿈 문자 \n 등을 유지할 지 여부를 설정하는 키워드 인자이다.

readline을 연습하기 위해 다음과 같은 함수를 작성하고 실행시키면 [그림 7.1]과 같은 결과를 얻는다.

```
function stdin_test( )
    print("이름을 입력하세요:")
    name = readline( )
    print("$name, 반가워요")
    # 본문 작성
end
```

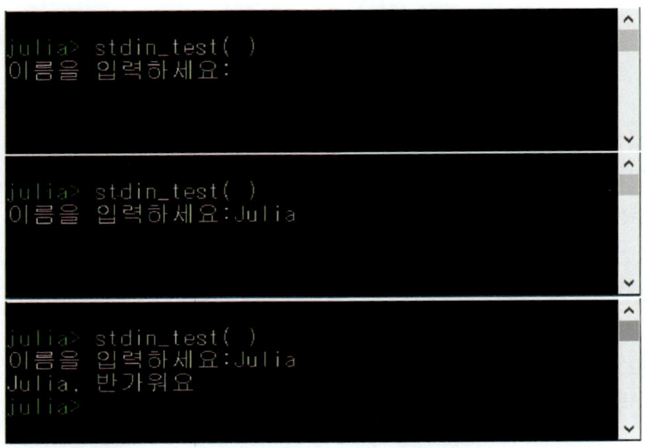

그림 7.1. stdin 실습 예

7.2 *open* 함수를 이용한 파일 스트림 생성

줄리아에서 아래와 같은 명세를 갖는 open 함수를 이용하면, IO의 하위 구체 타입인 IOStream의 파일 스트림 객체를 만들 수 있고, 이를 통해 파일에 읽고 쓰는 작업을 할 수 있다.

```
open(filename::AbstractString; lock = true, keywords...) -> IOStream
```

이때, 파일을 여는 모드는 부울 값을 갖는 다섯 개의 키워드 인자로 결정된다.

키워드	설명	기본값
read	읽기 위해 파일 열기	!write
write	쓰기 위해 파일 열기	truncate | append
create	파일이 없으면 생성하기	!read & write | truncate | append
truncate	파일 내용 지우기	!read & write
append	파일 내용 맨 끝으로 이동	false

따라서 별도의 키워드를 지정하지 않고 기본값으로 open을 실행시키면, 오직 읽을 목적으로 파일을 여는 것이 된다. 한 가지 중요한 점은 열린 파일에 적절한 작업을 한 이후에는 다음과 같이 close 함수를 이용하여 반드시 파일을 닫아야 한다는 점이다.

```
io = open("파일명"; keywords...)
# 파일에 대한 작업 1
# 파일에 대한 작업 2
# ...
close(io)
```

암묵적으로 파일을 닫기 위해서는 다음과 같이 do~end를 사용하면 된다.

```
open("파일명"; keywords...) do io
    # 파일에 대한 작업...
end
```

실제로는 키워드의 조합을 설정한 문자열 모드 지정자를 이용한 다음 형식을 많이 사용한다.

```
open(filename::AbstractString, [mode::AbstractString]; lock = true) -> IOStream
```

이때, 문자열 타입의 mode 인자는 다음 중 하나를 선택하거나, 생략할 수 있다.

모드	true 값을 갖는 키워드 인자
"r"	read
"w"	write, create, truncate
"a"	write, create, append
"r+"	read, write
"w+"	read, write, create, truncate
"a+"	read, write, create, append

즉, 함수 open을 "w" 모드나 "a" 모드로 열면, 해당 파일이 없는 경우 만들어서 그 파일에 쓸 수 있다는 점에서는 동일하다. 하지만 "w"의 경우에는 기존의 내용을 모두 지우고 쓰고, "a"의 경우에는 기존 내용의 끝에 붙여서 쓴다는 차이가 있다. 또, "w+"와 "a+" 모드는 "w", "a" 모드와 비교하여 파일을 읽을 수 있다는 차이가 있다. 이에 반해, "r+" 모드는 파일에 쓸 때, 파일의 현재 위치 다음부터 기존 내용을 덮어서 쓰게 된다.

실제로 모든 파일은 바이트 단위 배열로 생각할 수 있는데, open 함수로 파일을 열면 생성된 파일 스트림 io를 통해 파일 내에서의 현재 위치(바이트 단위)가 자동으로 관리되고, 그 위치를 함수 position(io)로 구할 수 있다. 예를 들어, "a"나 "a+" 모드를 제외한 모드로 파일을 열었다면, 파일 내의 위치는 0이 된다.

열린 파일에 write, print 등의 함수를 이용하여 파일에 쓰거나, read 등의 함수를 이용하여 파일을 읽으면 그 위치가 이동하게 되는데, "r+" 모드의 경우에는 현재 위치부터 배열의 바이트 요소를 바꾸는 것으로 이해하면 된다.

파일 스트림에 읽고 쓰는 함수는 다음 절에서 살펴보기로 하고, 여기서는 앞 절에서 설명한 print 함수와 readline 함수를 사용하여 위의 내용을 확인해 보자.[3]

[3] 함수의 첫 번째 인자가 IO의 하위 타입 객체이면 동작한다.

```
julia> io = open("filetest.txt", "w")  # 파일 스트림 객체 io 생성
IOStream(<file filetest.txt>)
julia> position(io)
0
julia> print(io, "abc\n"); position(io)
4
julia> print(io, "가나다"); position(io)
13
julia> close(io)
```

위 실행에서 처음 파일을 열었을 때 0이었던 위치가 4 바이트가 크기를 갖는 문자열 "abc\n"[4]를 쓴 후에 3으로 이동되고, 문자열 "가나다"는 유니코드 문자 1자당 3바이트가 필요하므로 9만큼 이동하여 위치가 13이 됨을 확인할 수 있다.

[4] 문자열에서 영문자 및 줄바꿈 문자는 1바이트가 필요하다.

읽거나 쓰는 것 외에 seekstart(io::IO) 함수를 사용하여 파일의 시작 위치(0)로 위치를 옮길 수 있고, seekend(io::IO) 함수를 사용하면 파일 끝으로 위치를 옮길 수 있다. 또, 처음부터 k 바이트 뒤에 위치시키려면, seek(io::IO, k)를 사용하면 된다.[5]

[5] 이 함수들은 파일 스트림 뿐만 아니라, IO 타입의 하위 구체 타입의 객체이면 항상 사용할 수 있다.

이제, "r+" 모드로 파일을 연 후에 쓰기를 하면 어떤 일이 일어나는지 확인해 보자.

```
julia> io = open("filetest.txt", "r+")
IOStream(<file filetest.txt>)
julia> position(io)
0
julia> readline(io)
"abc"
julia> position(io)
4
julia> print(io, "for")
julia> print(io, "12")
julia> seekstart(io) # 파일의 처음 위치로 이동
IOStream(<file filetest.txt>)
julia> readline(io), readline(io)
("abc", "for12\x98다")
julia> close(io)
```

위 실행 결과에서 `readline(io)`의 결과가 `"abc\n"`이 아닌 이유는 끝의 줄바꿈 문자를 유지하는 `readline` 함수의 키워드 `keep`의 기본값이 `false`이기 때문이다. 실제로 코드의 다음 줄에서 위치가 4로 바뀌는 것에서 이를 확인할 수 있다.

이어서 3바이트 크기를 갖는 문자열 `"for"`를 파일에 쓸 때, `"r+"` 모드이므로 5~7 위치의 3 바이트에 저장된 유니코드 문자 `"가"`를 덮어쓰게 되고, 위치는 7이 된다. 다시 `"12"`를 파일에 쓰면 위치 8부터 2바이트에 문자열 `"12"`가 저장된다. 따라서, 유니코드 `"나"`를 표현하던 3 바이트 중 1 바이트만 남게 되어 적절한 문자열로 표현되지 못하고, 2개의 16진수 `\x98`로 표현됨을 확인할 수 있다.

7.3 파일에 쓰고, 파일을 읽어들이기

7.3.1 파일에 문자열로 쓰고 읽기

앞 소절에 살펴보았듯이 `print` 함수를 사용하면 객체를 문자열로 파일에 쓸 수 있고, `readline` 함수를 사용하여 파일에서 한 줄씩 문자열로 읽어들일 수 있다.

또, `readlines` 함수를 사용하면 파일의 모든 줄을 읽어들여, 각 줄을 문자열로 갖는 배열을 반환한다.

```
julia> io2 = open("filetest2.txt", "w+")
IOStream(<file filetest2.txt>)
julia> println(io2, "첫 번째 줄")
julia> println(io2, "두 번째 줄")
julia> println(io2, "세 번째 줄")
julia> seekstart(io2)
IOStream(<file filetest2.txt>)
julia> lines = readlines(io2); typeof(lines)
Vector{String} (alias for Array{String, 1})
julia> lines[1]
"첫 번째 줄"
julia> lines[2]
"두 번째 줄"
julia> close(io2)
```

7.3.2 파일에 바이트 단위로 쓰고 읽기

파일 스트림 뿐만 아니라, `IO`의 하위 구체 타입으로 생성되는 모든 스트림 `io`에 대해 읽기 메소드 `read`와 쓰기 메소드 `write`를 사용할 수 있다. 실제로는 입력 인자에 따라 수십 가지의 메소드가 정의되어 있는데, 이 절에서는 파일 스트림에 대해 다음과 같은 형식으로 사용하는 방법에 대해서 알아보자.

write 메소드는 data가 메모리에 저장되는 바이너리 표현을 바이트 단위(UInt8)로 스트림에 쓰고 쓴 바이트 수를 반환한다. 이때, 서로 다른 타입의 데이트를 쓰려면, 쉼표로 나열하면 된다.[6]

```
write(io::IO, data)
read(io::IO, T::Type)
```

또, read 메소드는 바이너리 표현의 스트림으로부터 T 타입의 값 하나를 읽게 된다.[7] 따라서, 만약 텍스트 파일 전체를 문자열로 읽어들이고 싶다면, 해당 파일 스트림 io에 대해 read(io, String)을 실행하면 된다.

덧붙여서 read(io:IO, nb=typemax(Int))는 파일 스트림으로부터 nb 바이트를 읽어들여 요소의 개수가 nb개인 배열 Vector{UInt9}을 반환하게 된다. 따라서, read (io)를 실행하면 기본값 typemax(Int)까지 모든 바이트를 읽어들이게 된다.

바이너리 데이터를 담는 파일을 생성할 것이므로, 파일의 확장자를 'txt'가 아닌 'bin'인[8] 파일을 이용하여 위의 내용을 확인해 보자.

```
julia> io = open("filetest3.bin", "w+")
IOStream(<file filetest3.bin>)
julia> write(io, "test", 1234)          #1
12
julia> seekstart(io)                    #2
IOStream(<file filetest3.bin>)
julia> res1 = read(io, Char)            #3
't': ASCII/Unicode U+0074 (category Ll: Letter, lowercase)
julia> res2 = read(io, 3)               #4
3-element Vector{UInt8}:
 0x65
 0x73
 0x74
julia> res3 = read(io, Int64)           #5
1234
julia> seek(io, 4)                      #6
IOStream(<file filetest3.bin>)
julia> res4 = read(io); println(res4)   #7
UInt8[0xd2, 0x04, 0x00, 0x00, 0x00, 0x00, 0x00, 0x00]
julia> close(io)
```

앞의 예제 코드를 분석해 보자.

#1 문자열과 정수값을 쓰기 위해 쉼표로 나열하였고, 문자열과 Int64 타입의 정수 8를 바이트 단위로 쓰고, 쓴 바이트 수 $4 + 8 = 12$를 반환한다.

[6] 아래 예제 코드의 #1을 참고하라.

[7] 줄리아에서 모든 타입은 바이트 단위로 구성되므로, 타입에 필요한 바이트 수만큼 바이너리 표현을 읽어들여, 그 타입의 값으로 반환한다는 의미이다.

[8] 확장자 이름은 임의로 정해도 상관없다.

#2 seekstart 메소드를 이용하여 파일의 첫 번째 위치 0으로 이동한다.

#3 Char 타입으로 1개의 값을 읽어들이고, 위치는 1로 바뀐다.

#4 3 바이트를 읽어들여 배열 Vector{UInt8}을 반환하고, 위치는 4가 된다.

#5 Int64 타입으로 1개의 값을 읽어들이면, res3에는 정수 타입의 값 1234가 저장된다.

#6 seek 함수를 이용하여 다시 위치 4로 이동하고, 이후 모든 값을 Vector{UInt8} 타입으로 읽어들인다.

위의 코드 #4에서 읽어들인 배열을 문자열로 바꾸려면 다음과 같이 실행하면 된다.

```
julia> temp = Char.(res2); println(temp)
['e', 's', 't']
julia> join(temp)
"est"
```

또, Int64 타입의 정수 1234에 대한 바이너리 표현은 0x00000000000004d2인데, #7에서 읽어들인 배열과 비교하면, 하위 바이트부터 스트림에 저장되었음을 알 수 있다.

엔디언 방식[9](endianness)과 관련있는 이 내용을 자세히 다루는 대신, read 메소드로 읽어온 바이트 배열을 reinterpret 함수를 이용하여 다시 정수로 변환하는 방법을 알아보자.

[9] 컴퓨터가 다중 바이트 데이터를 저장하는 방식인 엔디언 방식(endianness)과 관련이 있다. 가장 상위 바이트부터 저장하는 빅 엔디언 방식과 가장 하위 바이트부터 저장하는 리틀 엔디언 방식이 있는데, 줄리아의 write 함수에 특정 방식을 지정하여 저장할 수도 있다.

res4는 8바이트 Int64 타입의 정수에 대한 바이너리 표현을 정해진 엔디언 방식따라 Vector{UInt8} 타입의 배열이므로, 8 바이트씩 읽어들여 변환하도록 reinterpret의 첫 번째 인자로 UInt64 또는 Int64를 전달하면 된다.

```
julia> reinterpret(UInt64, res4)
1-element reinterpret(UInt64, ::Vector{UInt8}):
 0x00000000000004d2
julia> reinterpret(Int64, res4)
1-element reinterpret(Int64, ::Vector{UInt8})
 1234
```

위 예제 코드에서 알 수 있듯이, reinterpret의 첫 번째 인자에서 지정한 타입의 바이트 수만큼씩 변환한 배열이 반환된다. 다음 예를 살펴보자.

```
julia> arr = Int16[1234, 2341, -3412, -4123]; typeof(arr)
Vector{Int16} (alias for Array{Int16, 1})
julia> io = open("filetest4.bin", "w+")
IOStream(<file filetest4.bin>)
```

```
julia> for x in arr
         write(io, x)
       end
julia> seekstart(io)
IOStream(<file filetest4.bin>)
julia> temp = read(io)
8-element Vector{UInt8}:
 0xd2
 0x04
 0x25
 0x09
 0xac
 0xf2
 0xe5
 0xef
julia> reinterpret(Int16, temp)
4-element reinterpret(Int16, ::Vector{UInt8}):
  1234
  2341
 -3412
 -4123
julia> close(io)
```

파일 스트림에 대해 바이트 단위의 `write`, `read` 메소드를 사용하는 것이 유용할 때도 있지만, 처음에는 7.3.1절에서 설명한 것처럼 파일 스트림에 문자열을 쓰고, 읽는 것이 편리하다.

7.3.3 CSV 파일 읽고 쓰기

이 소절에서는 7.3.1절에서 배운 내용을 이용하여 'CSV'(Comma Seprated Values) 형식의 파일을 다루는 방법에 대해 알아본다.[10,11,12] 'CSV' 파일 형식은 다양한 유형의 스프레드시트 응용 프로그램과 과학 응용 프로그램 간에 데이터를 교환할 때 자주 사용하는 파일형식인데, 일종의 행과 열로 이루어진 표로 생각할 수 있다. 이때 각 행에서 데이터를 쉼표로 구분하여 열을 나누게 된다.

피자 메뉴에 대한 예를 통해 CSV 파일을 생성하고 다루는 방법을 살펴보자. 우선 각 피자 메뉴를 복합 타입 `Pizza`로 정의하고, 모든 메뉴를 배열 형태로 구현하자. 이때, 각 메뉴(튜플)의 이름, 크기, 가격은 필드명으로 접근할 수 있다.

```
julia> struct Pizza
         name::String
         size::String
         price::Float64 # 단위 천원
       end
```

[10] CSV 파일을 좀 더 편리하게 다룰 수 있는 `CSV.jl` 패키지나 파이썬의 판다스처럼 좀 더 일반적인 테이블 형식의 데이터를 다룰 수 있는 `DataFrames.jl` 패키지가 있다. 이들 패키지의 사용법은 해당 패키지의 문서를 참고하라.

[11] JuliaData, *CSV Package Manual*, `https://csv.juliadata.org/stable/`.

[12] JuliaData, *DataFrames Package Manual*, `https://dataframes.juliadata.org/stable/`.

```
julia> pizzas = [
Pizza("hawaiian" ,"S",10.5),
Pizza("mexicana" ,"S",13.0),
Pizza("hawaiian" ,"L",16.5),
Pizza("bbq chicken" ,"L",20.75),
Pizza("sicilian", "S",12.25),
Pizza("bbq chicken" ,"M",16.75),
Pizza("mexicana", "M",16.0),
Pizza("thai chicken", "L",20.75)
]; typeof(pizzas)
Vector{Pizza} (alias for Array{Pizza, 1})
julia> pizzas[1].name, pizzas[1].size, pizzas[1].price
("hawaiian", "S", 10.5)
```

이제 `IO` 객체에 `pizzas`의 각 메뉴(행)의 항목(열)을 쉼표로 구분하여 한 줄씩 쓰는 함수를 작성하자.

```
julia> function store_pizzamenu(io::IO, menu::Vector{Pizza})
         # 해더 정보 입력
         println(io, "name,size,price")
         for pz in pizzas
           println(io, "$(pz.name),$(pz.size),$(pz.price)") # 문자열 내삽 이용
         end
       end
store_pizzamenu (generic function with 1 method)
```

위에서 작성한 함수가 제대로 동작하는지 표준 출력 스트림으로 확인해보자.

```
julia> store_pizzamenu(stdout, pizzas)
name,size,price
hawaiian,S,10.5
mexicana,S,13.0
hawaiian,L,16.5
bbq chicken,L,20.75
sicilian,S,12.25
bbq chicken,M,16.75
mexicana,M,16.0
thai chicken,L,20.75
```

이제 CSV 형식의 파일을 열고, 위 함수를 이용하면 엑셀과 같은 스프레드시트 프로그램으로 열 수 있는 CSV 파일을 작성할 수 있다.

```
julia> io = open("pizzamenu.csv", "w")
IOStream(<file pizzamenu.csv>)
julia> store_pizzamenu(io, pizzas)
julia> close(io)
```

이제 CSV 파일을 읽고 처리하는 방법을 연습해 보자.

CSV 파일의 각 행을 readline을 이용하여 문자열로 읽은 다음, 57쪽에서 배운 split 함수를 이용하면 쉼표를 기준으로 문자열을 나눌 수 있다. 이때, 얻어진 문자열을 이용하여 Pizza 객체를 다시 구성하려면, 문자열로 주어진 가격을 다시 Float64 타입으로 변환해 주어야 하는데 28쪽에서 배운 parse 함수를 사용하면 된다.

또, 파일이 끝날 때까지 readline을 반복하려면, 파일의 끝을 확인하는 부울 함수 eof을 사용하면 된다.

```
julia> menu_recovered = Pizza[]  # 요소의 타입이 Pizza인 1차원 배열
Pizza[]
julia> io = open("pizzamenu.csv", "r")
IOStream(<file pizzamenu.csv>)
julia> println(readline(io)) # 헤더 정보
name,size,price
julia> while !eof(io)
           pz = split(readline(io), ',')
           n, s = pz[1], pz[2]
           p = parse(Float64, pz[3])
           push!(menu_recovered, Pizza(n, s, p))
       end
julia> close(io)
julia> length(menu_recovered)
8
julia> menu_recovered[1].name, menu_recovered[1].size, menu_recovered[1].price
("hawaiian", "S", 10.5)
```

7.3.4 줄리아의 타입 정보를 유지하며 파일에 쓰고 읽기

지금까지 문자열 또는 바이트 단위로 파일에 쓰고 읽는 방법을 살펴보았다. 이 절에서는 줄리아의 표준 라이브러리인 Serialization을 이용하여 타입 정보를 포함한 데이터들을 바이너리 파일에 쓰고 읽는 방법에 대해 살펴본다.[13]

[13] 줄리아 v1.1부터 추가된 기능이다.

우선 줄리아에서 정의된 모든 값들은 Serialization 모듈에서 export 된 serialize 메소드를 이용하여 타입 정보를 포함한 값을 바이너리 파일에 쓸 수 있고, deserialize 메소드를 이용하여 원래 타입의 값을 읽어올 수 있다.

예를 들어, 앞의 예제 코드에서 작성한 Vector{Pizza} 타입의 menu_recovered와 Int64 타입의 값 356, 문자열 "serialization"을 바이너리 파일에 차례로 쓰려면 다음 예제 코드처럼 작성하면 된다.

```
julia> using Serialization
julia> io = open("filetest5.bin", "w")
IOStream(<file filetest5.bin>)
julia> serialize(io, menu_recovered)
```

```
julia> serialize(io, 365)
julia> serialize(io, "serialization")
julia> close(io)
```

이제 해당 파일로부터 차례로 읽어들이면 동일한 타입의 값이 됨을 확인할 수 있다.

```
julia> io = open("filetest5.bin", "r")
IOStream(<file filetest5.bin>)
julia> temp1 = deserialize(io); typeof(temp1)
Vector{Pizza} (alias for Array{Pizza, 1})
julia> temp1 == menu_recovered
true
julia> temp2 = deserialize(io); typeof(temp2)
Int64
julia> temp2 == 365
true
julia> temp3 = deserialize(io); typeof(temp3)
String
julia> temp3 == "serialization"
true
julia> close(io)
```

따라서, `Serialization.serialize`와 `Serialization.deserialize`는 데이터를 바이터리 형태로 저장했다가 타입까지 그대로 불러오고 싶을 때 유용하게 사용할 수 있다.

7.3.5 *IOBuffer* 스트림을 이용하여 메모리를 파일처럼 다루기

추상 타입 `IO`의 하위 구체 타입 `IOBuffer`을 이용하면 메모리를 파일처럼 취급하여 데이터를 쓰고 읽을 수 있다. 예를 들어, 로그 데이터를 파일에 쓰기 전에 `IOBuffer`를 활용하여 일괄 처리한 후 파일에 저장하면 입출력 작업에서 성능을 향상시킬 수 있다.

`buf = IOBuffer( )`를 실행하면, 메모리 내에서만 작동하는 스트림 객체 `buf`가 생성되므로, `IO`의 하위 객체에 대해 동작하는 `print`, `write`, `read` 등의 메소드를 사용하여 데이터를 쓰고 읽을 수 있다.

다음 예를 통해 이를 확인해 보자.

```
julia> io = IOBuffer( ); typeof(io)
IOBuffer (alias for Base.GenericIOBuffer{Array{UInt8, 1}})
julia> nb1 = write(io, "IOBuffer stream")
15
julia> nb2 = write(io, 2025)
8
julia> seekstart(io); position(io) # 위치 0으로 이동
```

```
0
julia> join(Char.(read(io, nb1))) # 바이트 배열을 읽고 문자열로 변환
"IOBuffer stream"
julia> read(io, Int64) == 2025
true
```

`IOBuffer`의 좀 더 자세한 내용과 활용 방법은 줄리아 문서를 참고하기 바란다.

7.4 개념 확인 문제

1) 다음 중 줄리아에서 텍스트 파일을 쓰기 모드로 여는 올바른 코드는?

① `file=open("data.txt","w")` ② `file=open("data.txt","r")`

③ `file=open("data.txt","a")` ④ `file=open("data.txt")`

2) 파일 작업을 마친 후 `close` 함수를 호출하는 가장 큰 이유는?

① 파일을 삭제하기 위해

② 파일의 이름을 바꾸기 위해

③ 시스템 리소스를 해제하고, 버퍼에 남은 데이터를 파일에 완전히 쓰기 위해

④ 파일을 다른 프로그램에서 사용할 수 없도록 잠그기 위해

3) 다음 코드가 실행된 후 `greetings.txt` 파일의 내용은?

```
open("greetings.txt", "w") do file
  println(file, "Hi")
  print(file, "Juila")
end
```

① `Hi Julia` ② `HiJuilia`

③ `Julia\nHi` ④ `Hi\nJulia`

4) 파일의 각 줄을 순회하며 처리할 때 가장 효율적인 방법은?

① `read(file,String)`으로 파일 전체를 읽은 후, 줄바꿈 문자를 기준으로 문자열을 분리한다.

② `readlines( )` 함수로 파일의 모든 줄을 읽어온다.

③ `eachline( )` 함수를 사용하여 파일을 한 주씩 읽어온다.

④ `readline( )` 함수를 파일 끝에 도달할 때까지 반복해서 호출한다.

5) 줄리아의 do 블록 구문을 파일 입출력에 사용하는 가장 큰 장점은?

① 파일을 자동으로 닫아주므로 close()를 명시적으로 호출할 필요가 없다.

② 파일 읽기 및 쓰기 속도를 향상시킨다.

③ 코드를 더 길고 복잡하게 만든다.

④ 오직 쓰기 작업에만 사용할 수 있다.

6) 파일에 내용을 덧붙이려면 어떤 파일 열기 모드를 사용해야 하는가?

① "r+" ② "w+" ③ "w" ④ "a"

7) 다음 코드의 실행 결과로 output.txt에 기록되는 내용은?

```
data = [1,2,3]
open("output.txt", "w") do f
  for x in data
    print(f, x)
  end
end
```

① [1,2,3] ② 1\n2\n3 ③ 123 ④ 1 2 3

8) 줄리아에서 존재하지 않는 파일을 읽으려고 시도할 때 어떤 일이 발생하는가?

① 파일이 자동으로 생성된다.

② SystemError와 같은 예외가 발생하여 프로그램 실행이 중단된다.

③ 아무 일도 일어나지 않고, 프로그램이 계속 실행된다.

④ 사용자에게 파일 경로를 묻는 메시지가 나타난다.

9) read(filename, String)과 readlines(filename)에 대해 옳은 설명을 모두 고르면?

① read는 한 줄만 읽지만, readlines는 파일의 모든 줄을 읽는다.

② read의 반환 타입은 문자열이고 readlines의 반환 타입은 문자열 배열이다.

③ read는 텍스트 파일에만, readline은 바이너리 파일에만 사용할 수 있다.

④ 성능에 차이가 없다.

10) 운영체제와 무관하게 디렉토리와 파일 이름 합쳐 완전한 경로를 안전하게 만들 때 권장되는 함수는?

① 문자열을 + 연산자로 연결한다.

② 문자열을 * 연산자로 연결한다.

③ joinpath() 함수를 사용한다.

④ string() 함수로 직접 경로 구분자를 넣어 연결한다.

11) 줄리아에서 Int32 타입의 정수를 바이너리 파일에 쓰는 가장 일반적인 방법은?

① `println(file, my_int)` ② `print(file, bitstring(my_int))`
③ `file, my_int` ④ `serialize(file,my_int)`

12) 다음 코드가 실행된 후, data.bin 파일의 크기는 몇 바이트가 되는가?

```
data = [Int16(1),Int16(2),Int16(3)]
open("data.bin", "w") do f
  write(f, data)
end
```

13) 바이너리 파일에서 Float64 타입의 값을 읽으려고 할 때 올바른 코드는?

① `val=parse(Float64,read(file))` ② `val=read(file,8)`
③ `val=read(file,Float64)` ④ `val=readline(file)`

14) 바이너리 파일의 특정 위치로 이동하여 데이터를 읽고 싶을 때 사용하는 함수는?

① `goto(file, n)` ② `skip(file, n)`
③ `seek(file, n)` ④ `position(file, n)`

15) 파일 끝에 도달했는지 확인하는 가장 좋은 방법은?

① `filesize(file)==position(file)`
② `read` 함수가 오류를 발생시킬 때까지 계속 읽는다.
③ `isdone(file)` 함수를 사용한다.
④ `eof(file)` 함수를 사용한다.

(정답은 281쪽을 참고)

8 기본적인 시각화 도구

줄리아는 수학에서 다루는 여러 함수의 그래프를 쉽게 그리고, 데이터에 내재된 패턴이나 추세, 이상치 등을 쉽게 파악할 수 있도록 다양한 시각화 도구를 제공한다.

실제로 시각화를 담당하는 다양한 라이브러리[1]는 각각의 특성을 갖고 사용법이 서로 다른데, 이들 라이브러리를 백엔드(backend)로 설정하고, 통합된 인터페이스를 제공하는 것이 `Plots`(`Plots.jl`) 패키지이다. 따라서, `Plots` 패키지를 이용하면 코드를 크게 수정하지 않고 백엔드만 바꾸는 방식으로 다양한 상황에 맞는 시각화가 가능하다.

[1] 예를 들어, `GR`, `PyPlot`, `Plotly/PlotlyJS`, `PGFPlots/PGFPlotsX` 등이 있다.

백엔드 `GR`은 빠르고 다양한 타입의 플로팅을 지원하지만, 상호작용 인터페이스가 없다. 반면에 `Plotly` 백엔드는 그림에서 영역의 확대/축소, 마우스 커스 위치의 데이터 값 표시 등 다양한 상호작용 기능이 있다. 또, `PGFPlotsX`는 LaTeX의 PGFPlots 패키지를 사용하는 백엔드로, 고품질의 출판용 그래프를 생성할 수 있다. `Plots` 패키지 문서의 'Tutorial'[2]에 백엔드를 바꾸어 사용하는 방법과 `Plots` 패키지의 기본적인 사용법을 연습할 수 있는 예제들이 있으니 읽어보기 바란다.

[2] JuliaPlots, *Plots Package Manual:Tutorial*, `https://docs.juliaplots.org/stable/tutorial/`.

`Plots` 패키지 외에 많이 사용되는 패키지로는 `Makie`(`Makie.jl`)가 있는데, 이 책에서는 `Plots`에 대해서만 다룬다.

`Plots`과 `Makie`, `Gadfly` 등 다양한 패키지의 사용법에 대해서는 참고도서[3]를 추천한다.

[3] D. J. Zea, *Interactive Visualization with Julia*. Packt Publishing, 2022.

8.1 *Plots*의 기본 사용법

15.2절의 설명대로 `Plots` 패키지를 설치하면, `using Plots`를 실행함으로써 `Plots`에서 `export`된 `plot` 함수 등을 사용할 수 있다. 이때, 백엔드를 따로 지정하지 않으면 기본 백엔드로 `GR`가 적용된다.

예를 들어, 일정 시간 간격으로 변화한 두 종류의 데이터가 $n \times 2$ 행렬 꼴로 주어질 때, 시간의 변화에 따른 두 데이터의 변화를 `plot` 함수를 이용하여 시각화해 보자.

다음 코드를 REPL에서 실행시키면, 새로운 창이 뜨면서 각각의 데이터 변화를 [그림 8.1]과 같이 선 그래프로 그려준다.[4]

[4] 만약 해당 코드를 쥬피터 노트북 환경에서 실행시키면, 동일한 페이지에 그림을 그려준다.

```
using Plots
x, y = 1:10, rand(10,2)
plot(y, label=["data1" "data2"], lw=3)
```

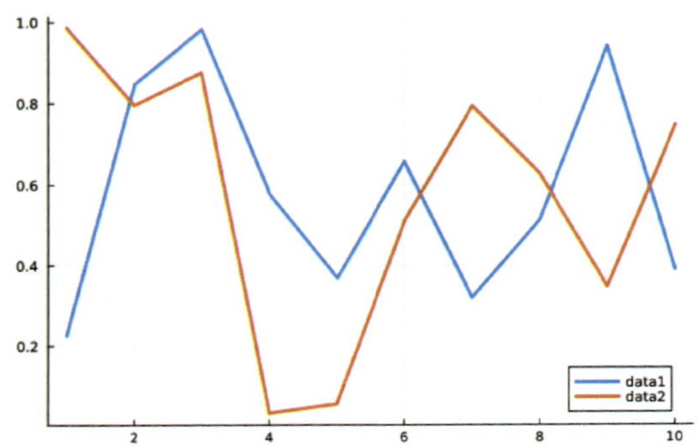

그림 8.1. 선 그래프의 예

plot 함수가 반환하는 것은 Plot(간단히, Plot) 타입의 객체이고, 변수에 할당할 수 있다.

plot 함수의 인자에 대해 중요한 규칙은 다음과 같다.

- 데이터는 가변 인자, 속성은 키워드 인자이다. 앞 예제에서 데이터 x와 y는 가변 인자로 넘겼고, 라벨 속성은 label 키워드 인자, 선의 굵기 속성은 키워드 인자 lw로 넘겼다.[5] 만약 y와 같이 가변 인자가 하나이면, x 좌푯값이 1부터 자료의 개수만큼 자동으로 생성되고, y의 값은 y 좌푯값이 된다. 데이터 인자가 두 개이면 차례로 x 좌푯값, y 좌푯값이 되고, 데이터 인자가 세 개이면 3차원에서 차례로 x, y, z 좌푯값이 된다.

[5] lw는 linewidth의 별칭이다.

- 한 가지 기억할 점은 2차원 또는 3차원의 점들을 나열하여 그리는 것이 아니라, 각 좌푯값들의 컬렉션을 차례로 전달한다는 점이다. 예를 들어, 두 점 (1,2), (3,4), (5,6)을 차례로 연결하는 꺽어진 선분을 그리려면, `plot([1,3,5], [2,4,6])`과 같이 가변 인자를 전달해야 한다.

- 앞의 예제와 같이 데이터 인자 y가 $n \times k$ 형태의 배열로 주어지면, 각각 n개의 값을 갖는 k 종류의 데이터가 주어진 것으로 해석한다. 따라서, 대응되는 라벨을 전달할 때는 $1 \times k$ 형태의 배열로 전달해야 한다.

현재 작업 중인 그림에 추가 작업을 반영하려면 plot! 함수를 이용하면 된다.[6] 만약, 여러 개의 그림(Plot 객체)을 만들면서 필요에 따라 원하는 그림을 수정하고 싶다면, plot 함수가 반환하는 객체를 변수에 저장하고, 이 객체를 plot! 함수의 첫 번째 인자로 전달하면 된다.

REPL에서 다음 예제 코드의 2행을 실행하면 그림 창에 fig1 객체에 대한 그림이 그려지고, 이어서 3행을 실행하면 그림 창의 그림이 fig2 객체에 대한 그림으로 바뀐다. 현재 작업하는 객체는 fig2 객체가 된다. 이제 4행에서 fig1 객체에 추가 작업을 하려면 plot! 함수의 첫 번째 인자로 fig1을 전달하면 된다.

[6] Plots.CurrentPlot이라는 전역 변수가 현재 작업 중인 Plot 객체를 가리키고 있으므로, plot! 함수에서 수정하려는 객체를 명시하지 않아도 된다.

4행에서 seriestypes은 주어진 데이터로 어떤 그림을 그릴지를 지정하는 속성으로 기본값은 선 그래프를 나타내는 심볼 :line이고, :scatter은 산점도를 뜻한다. 그 외 seriestypes 속성의 종류는 Plots 문서의 'Series Attributes' 항목[7]에서 확인할 수 있다.

[7] JuliaPlots, *Plots Package Manual:Series Attributes*, https://docs.juliaplots.org/stable/generated/attributes_series/.

```
z = rand(1,10)                                          #1
fig1 = plot(y, label=["data1" "data2"], lw=3)           #2
fig2 = plot(z, label = "data3")                         #3
plot!(fig1, z, seriestypes = :scatter)                  #4
```

위 코드를 차례로 실행할 때 그림 창에는 [그림 8.2]와 같이 fig1 객체에 산점도가 추가된 것을 확인할 수 있다. 또, 4행에서 label 속성을 지정하지 않았으므로, fig1 객체 기준으로 z가 y의 세 번째 데이터로 자동 처리되어 라벨이 생성되었다.

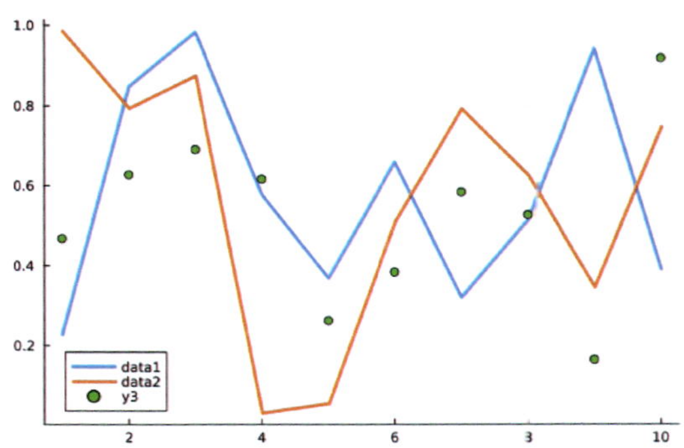

그림 8.2. plot! 함수 사용법

여러 개의 Plot 객체가 만들어져 있을 때, 해당되는 객체의 그림을 수정없이 확인만 하려면 plot(객체명)을 실행하면 된다.

예를 들어, 앞의 예제 코드에 이어서 아래와 같이 plot(fig2)를 실행하면, 현재 작업 중인 객체가 fig2로 바뀌게 된다. 따라서 인자없이 plot!을 실행하면 [그림 8.3]과 같이 fig2 객체에 제목이 추가됨을 확인할 수 있다.

```
plot(fig2)
plot!(title="plot test")
```

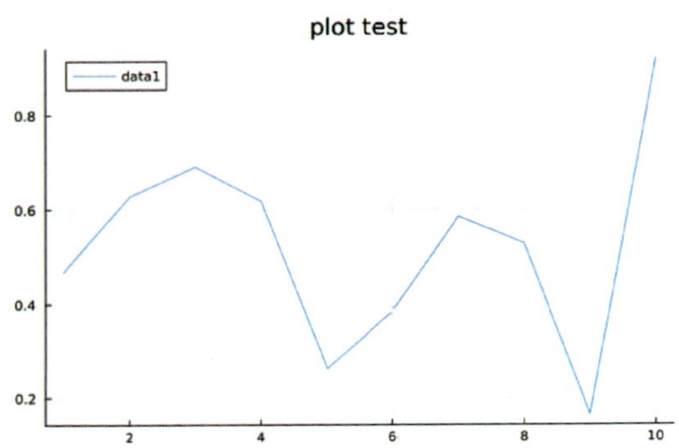

그림 8.3. Plot 객체 선택 예

8.1.1 *plot* 함수의 유용한 기능과 그림 저장

8.1절의 예제 코드에서처럼 데이터 y가 행렬 형태로 주어질 때, 한 그림에 함께 그리지 않고 각 데이터 종류별로 그래프를 그리고 싶다면 plot 함수의 layout 속성을 이용하면 된다. layout 속성을 layout = (m,n)[8]과 같이 지정하면, y의 1열 데이터부터 차례로 정해진 규칙에 따라 그림 배열의 지정된 위치에 그려준다.

[8] m행 n열로 배열한다는 의미이다.

이때, 그림을 배열하는 규칙은 그림 배열의 i행 j열 위치를 (i,j)로 나타낼 때, 다음 순서

$$\begin{array}{ccccccccc} (1,1) & \to & (1,2) & \to & \cdots & \to & (1,n) & \to \\ (2,1) & \to & (2,2) & \to & \cdots & \to & (2,n) & \to \\ & & & & \vdots & & & \\ (m,1) & \to & (m,2) & \to & \cdots & \to & (m,n) & \end{array}$$

에 따라 배열하게 되는데, 그릴 그림의 개수가 마련된 자리보다 적을 때는 비워두고, 그림의 개수가 더 많을 때는 다시 처음 위치로 돌아와 그리게 된다. [그림 8.4]와 [그림 8.5]를 참고하라.

또한, 여러 개의 Plot 객체로 구성된 새로운 Plot을 만들 때도 layout 속성을 이용할 수 있다. 이 경우에는 Plot 객체를 가변 인자[9]로 전달하게 되고, layout 속성이 적용되는 규칙은 앞의 경우와 동일하다.

[9] 따라서, Plot 객체들이 벡터 형태로 저장되어 있다면 93쪽에서 설명한 스플래팅을 이용해야 한다.

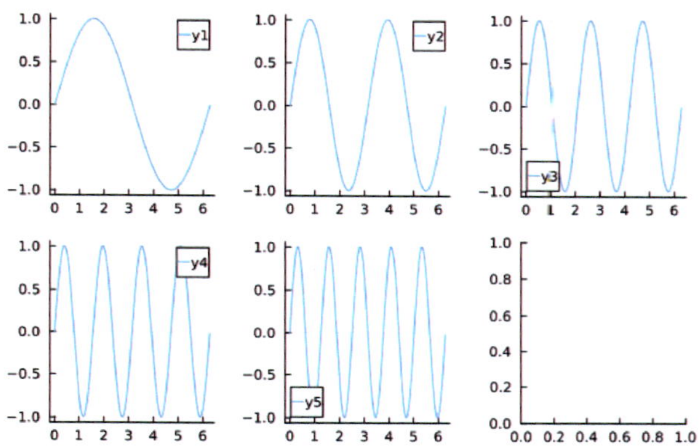

그림 8.4. 데이터 종류가 layout의 배열 수보다 작은 경우

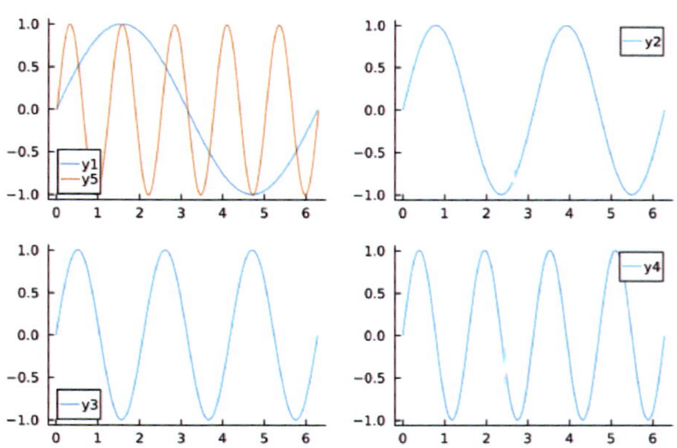

그림 8.5. 데이터 종류가 layout의 배열 수보다 많은 경우

[그림 8.6]을 생성한 다음 코드를 보고 layout을 활용하는 방법을 확인해보라.

```
y = rand(10, 2)
fig1 = plot(y, layout=(1,2))
fig2 = scatter(y)   #plot(y, seriestypes= :scatter)과 동일
plot(fig1, fig2, layout=(2,1))
```

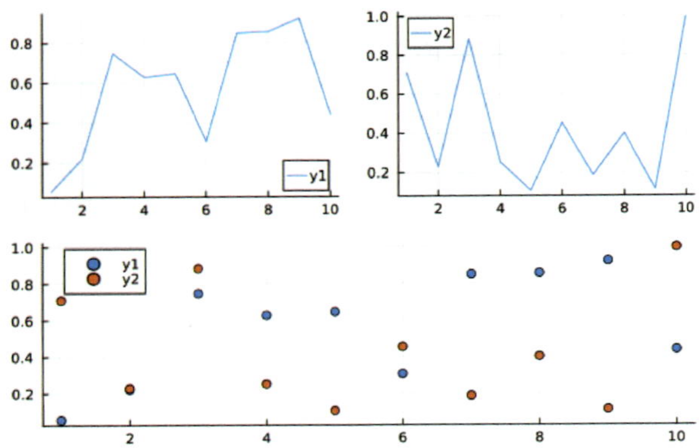

그림 8.6. layout 속성 활용 예

앞의 예제 코드에서 `scatter`(또는 `scatter!`) 함수는 `plot`(또는 `plot!`) 함수에서 속성 `seriestypes`를 `:scatter`로 지정하는 것의 별칭으로 생각하면 된다.

`Plot` 객체를 그림으로 저장하려면, 다음과 같이 `savefig` 함수에 `Plot` 객체와 파일 경로명을 차례로 전달하면 된다. 이때, `Plot` 객체가 생략되면 현재 객체가 그림으로 저장되고, 파일명만 전달되면 현재 작업 디렉토리에 저장된다.[10]

[10] 줄리아에서 현재 작업 디렉토리를 확인하는 방법은 `pwd( )`를 실행시키면 된다.

```
savefig("(경로를 포함한) 파일명")  # 저장할 형식의 파일 확장자 포함
```

저장되는 그림 파일의 형식은 파일명의 확장자에 맞는 포맷으로 저장되는데, `GR` 백엔드에서는 png, svg, pdf 포맷이 가능하고 백엔드에 따라 다양한 포맷이 지원된다.

8.1.2 함수 $y = f(x)$의 그래프와 극곡선 그리기

이 소절에서는 `plot` 함수를 이용하여 $y = \sqrt{x}\sin x, (0 \le x \le 30)$과 같은 함수의 그래프, $r = \cos(\sin 2.5(\theta - \pi/2))$와 같은 극곡선을 그리는 방법에 대해 설명한다.

우선 함수의 정의역을 $0 \le x \le 10\pi$에 속하는 점을 0부터 같은 간격(예를 들어, 0.001)으로 구하기 위해 범위 객체 `x = 0:0.001:30`을 만들고, 함수 $f(x) = \sqrt{x}\sin x$를 줄리아 함수 `f`로 구현하고 나면, `x`의 각 값에 대한 함숫값들로 이루어진 배열을 벡터화 연산 `f.(x)` 또는 내포 `[f(t) for t in x]`로부터 생성할 수 있다. 따라서, 다음과 같은 코드를 실행하면 [그림 8.7]을 얻는다.

```
f(x) = sqrt(x) * sin(x)
x = 0:0.001:30
y = f.(x)
plot(x, y, label="y=sqrt(x)*sin(x)")
plot!(x, (x->sqrt(x)).(x), label="y=sqrt(x)")
```

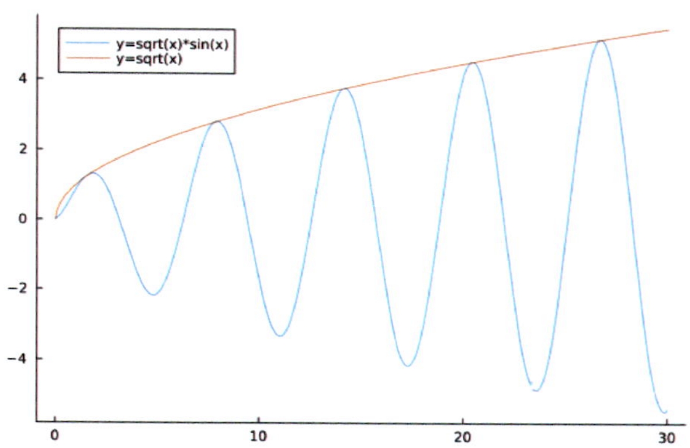

그림 8.7. $y = f(x)$의 그래프 그리기

위 예제 코드에서 라벨을 $y = \sqrt{x}\sin(x)$와 같이 깔끔한 수식으로 표현하려면 LaTeXStrings.jl 패키지를 이용하면 되는데, 여기서는 다루지 않는다.[11,12]

참고로 정의역의 양 끝점을 포함하면서 주어진 구간을 등분한 점들의 개수를 지정하려면 함수 range를 다음과 같이 사용할 수 있다.

```
range(start=시작값, stop=끝값, length=분할 점의 개수)
```

예를 들어, 구간 $[0, 2\pi]$에 대해, $0 = x_1 < x_2 < \cdots < x_{99} < x_{100} = 2\pi$가 되도록 하는 범위 객체는 다음과 같이 구할 수 있다.

```
julia> x = range(0, 2pi, 100)
0.0:0.06346651825433926:6.283185307179586
julia> length(x)
100
julia> x[1]==0
true
julia> x[100] == 2pi
true
```

[11] LaTeX의 사용법을 아는 독자들은 Plots 문서에서 'LaTeX Equation Strings'을 참고하라. LaTeX 수식을 보다 자유롭게 사용하려면 Plots의 백엔드로 PGFPlotsX를 사용하면 LaTeX의 PGFPlots 패키지를 사용할 수도 있다.

[12] JuliaPlots, *Plots Package Manual:LaTeX Equation Strings*, https://docs.juliaplots.org/stable/tutorial/#LaTeX-Equation-Strings.

이제 극곡선 $r = \cos(\sin 2.5(\theta - \pi/2))$를 그려보자. 일반적으로 극곡선 $r = f(\theta)$는 다음과 같이 매개변수를 이용한 곡선으로 표현할 수 있다.

$$x(\theta) = f(\theta)\cos\theta,\ y(\theta) = f(\theta)\sin\theta$$

따라서, 다음 코드를 실행시켜 [그림 8.8]과 같이 극곡선을 그릴 수 있고, 정의역의 범위를 조절하면서 곡선이 그려지는 방향과 순서도 확인할 수 있다.

```
f(t) = cos( sin( 2.5(t-pi/2) ) )
t = 0:0.001:2pi
x = f.(t) .* cos.(t)  # (t->f(t)*cos(t)).(t)와 동일
y = f.(t) .* sin.(t)  # @. f(t)*sin(t)와 동일
plot(x, y, aspectratio=1)
```

위 코드에서 plot 함수의 속성 aspectratio는 그래프의 가로 세로 비율을 설정하는 속성인데, aspectratio=1로 설정하면 x 축과 y 축의 단위 길이를 동일하게 표현하여 왜곡되지 않은 곡선을 얻을 수 있다.

또, 5.4절에서 설명한 벡터화 연산을 사용하는 다양한 방법도 다시 한 번 확인하기 바란다.

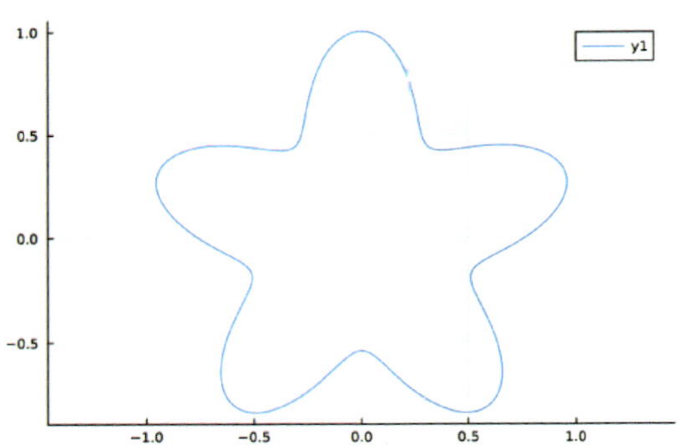

그림 8.8. 극곡선 그리기

8.2 개념 확인 문제

1) 좌표평면에서 점의 x 좌표만 모은 배열을 x_data, 동일한 순서로 y 좌표만을 모은 배열을 y_data라 할 때, 줄리아의 Plots 패키지를 사용하여 가장 기본적인 이차원 선 플롯을 생성하는 코드는?

① plot(x=x_data, y=y_data) ② plot(x_data, y_data)

③ lineplot(x,y) ④ create(x,y,type=line)

2) 기존 플롯에 새로운 데이터 시리즈를 추가하여 수정할 때 사용되는 함수는?

① `plot!(x,y)` ② `plot(x,y,append=true)`

③ `add_plot!(p,x,y)` ④ `update_plot!(p,x,y)`

3) `plot` 함수의 올바른 속성을 이용하여 플롯의 제목을 `My plot`으로 설정하는 방법은?

① `plot(x, y, title="My plot")`

② `plot(x, y, header="My plot")`

③ `plot(x, y, toptext="My plot")`

④ `plot(x, y, name="My plot")`

4) 다음 중 산점도를 생성하는 코드로 옳은 것을 모두 고르면?

① `plot(x, y, mode="markers")` ② `plot(x, y, style=:scatter)`

③ `plot(x, y, seriestype=:scatter)` ④ `scatter(x, y)`

5) 플롯에서 범례(legend)를 숨기려면 어떤 속성을 사용해야 하는가?

① `hide_legend=true` ② `legend=:none`

③ `legend=false` ④ `show_legend=false`

6) 다음 코드를 실행한 결과는?

```
x = 1:10
y1 = x.^2
y2 = 10*x
plot(x, [y1 y2])
```

① 두 개의 별도 창에 `y1`과 `y2`가 각각 선으로 그려진다.

② 오류가 발생한다.

③ `y1` 데이터만 그려진다.

④ 하나의 플롯에 `y1`과 `y2` 두 개의 선이 모두 그려진다.

7) 플롯의 라인 두께를 3으로 설정하는 속성과 그 단축형으로 옳은 것은?

① `thickness = 3` 또는 `th = 3`

② `linesize = 3` 또는 `ls = 3`

③ `width = 3` 또는 `w = 3`

④ `linewidth = 3` 또는 `lw = 3`

8) 하나의 그림(figure) 안에 2×2 격자로 4개의 서브플롯(subplot)을 만들려면 속성을 어떻게 설정해야 하는가?

① `layout=(2,2)` ② `suplots=(2,2)`

③ `layout="2x2"` ④ `layout=4`

9) 생성된 플롯을 `"my_plot.png"` 파일로 저장하는 방법을 고르면?

① `writeplot("my_plot.png")` ② `export("my_plot.png")`

③ `savefig("my_plot.png")` ④ `save("my_plot.png")`

10) 다음 중 `x`축과 `y`축의 라벨을 동시에 설정하는 코드로 옳은 것은?

① `plot(x, y, axis_labels=["time","value"])`

② `plot(x, y, labels=["time","value"])`

③ `plot(x, y, xlabel="time", ylabel="value")`

④ `plot(x, y, xaxis="time", yaxis="value")`

(정답은 281쪽을 참고)

9 수학공부에 줄리아 활용하기

앞서 8.1.2 소절에서 줄리아를 이용하여 극극선을 그리는 방법을 소개한 바 있다. 그 외에도 미적분학이나 선형대수, 미분방정식, 확률론, 통계학 등 학부 수준의 여러 수학 과목을 공부할 때 줄리아를 활용하면 해당 과목을 깊이 있게 이해하고 문제를 해결하는데 도움을 받을 수 있는데, 이 장에서는 몇 가지를 예제를 통해 그 방법을 소개한다.

9.1 테일러 정리의 이해와 활용

미적분학에서 배우는 테일러 정리는 복잡한 함수 f를 특정 점 주변에서 더 다루기 쉬운 n차 테일러 다항함수 $P_n(x)$로 근사시키고, 근삿값과 실제 값의 차이에 해당되는 나머지 항 $R_n(x)$에 대한 정보를 주는 정리이다. 즉, 한 점 $x = a$에서 적절한 미분 조건이 만족될 때, $x = a$ 근처에서 함수 $f(x)$를 n차 다항함수

$$
\begin{aligned}
P_n(x) &= \sum_{k=0}^{n} \frac{f^{(k)}(a)}{k!}(x-a)^k \\
&= f(a) + \frac{f'(a)}{1!}(x-a) + \frac{f''(a)}{2!}(x-a)^2 + \cdots + \frac{f^n(a)}{n!}(x-a)^n
\end{aligned}
$$

로 근사시킬 수 있고, 이때 $R_n(x) = f(x) - P_n(x)$에 대한 정보를 준다.

만약, $x = a$ 근처의 $x = t$에 대해 $\lim_{n\to\infty} R_n(t) = 0$이 성립하면, 다음이 성립한다.

$$f(t) = \lim_{n\to\infty} P_n(t) = \sum_{n=0}^{\infty} \frac{f^{(n)}(a)}{n!}(t-a)^n$$

예를 들어, $x = 0$에서 $f(x) = \sin(x)$에 테일러 정리를 적용하면, 모든 실수 x에 대해 다음이 성립함을 보일 수 있다.

$$\sin(x) = \sum_{n=0}^{\infty} (-1)^n \frac{x^{2n+1}}{(2n+1)!} = x - \frac{x^3}{3!} + \frac{x^5}{5!} - \cdots$$

이때, 등식 오른쪽의 무한급수는 교대급수가 되므로 $\sin(x)$와 $2n+1$차 테일러 다항함수 $P_{2n+1}(x)$의 차이 $R_{2n+1}(x)$는 다음과 같이 주어짐을 알 수 있다. 교대급수의 수렴성에 대해서는 미적분학 책[1]에서 무한급수의 수렴성 판정법을 참고하면 된다.

[1] 김홍종, 미적분학 1. 서울대학교출판문화원, 2023.

$$|R_{2n+1}(x)| = \left|\sin(x) - \sum_{k=0}^{n}(-1)^k \frac{x^{2k+1}}{(2k+1)!}\right| \le \frac{|x|^{2n+3}}{(2n+3)!} \tag{9.1}$$

따라서 $|x| \le \pi/2$에 대해 $n=7$로 잡으면, 15차 테일러 다항함수 $P_{15}(x)$와 $\sin(x)$의 차이는 $(\pi/2)^{17}/17! \approx 6.097 \times 10^{-12}$ 보다 작아지고, $|\sin(x) - P_n(x)| < \epsilon$을 만족하는 근삿값을 구하고 싶다면 $|x|^{2n+3}/(2n+3)! < \epsilon$을 만족시키는 자연수 $n = n_0$를 구하여 근삿값으로 $P_{n_0}(x)$를 사용하면 된다.

9.1.1 사인함수의 n차 테일러 다항함수와 오차항의 의미 확인

줄리아로 $f(x) = \sin(x)$의 $2n+1$차 테일러 다항함수를 구현하고, 오차항 $R_{2n+1}(x)$가 갖는 의미를 확인해보자.

우선 `n`을 키워드 인자로 갖는 `2n+1`차 테일러 다항함수 `talyor_poly`를 작성하고, 차수의 기본값을 15(`n=7`)로 설정하자.

```
function taylor_poly(x; n=7)
  result = 0
  for k in 0:n
    result += (-1)^k * x^(2k+1) / factorial(2k+1)
  end
  return result
end
```

이제 이 함수와 줄리아에 기본적으로 구현되어 있는 사인함수 `sin`의 그래프를 $-7.5 \le x \le 7.5$ 범위에서 다음과 같이 그려보면, [그림 9.1]에서 보듯이 $|x| \ge 6$ 범위에서 그래프가 일치하지 않음을 확인할 수 있다.

```
using Plots
xs = -7.5:0.01:7.5
plot(xs, taylor_poly.(xs), label="pₙ(x)")
plot!(xs, sin.(xs), label="sin(x)")
```

테일러 다항함수는 오직 $x=0$에서의 함숫값과 n계 미분계수를 이용하여 만들어지므로, $x=0$에서 멀어질수록 오차 $R_{15}(x)$의 값이 커지는 것이 당연한다. 실제로

$x = 2\pi$일 때와 $x = 7.5$일 때, $R_{15}(x)$에 대한 범위는 식 (9.1)로부터 다음과 같고,

$$|R_{15}(2\pi)| \le 0.1043, \quad |R_{15}(7.5)| \le 2.114$$

[그림 9.1]에서도 이를 확인할 수 있다.

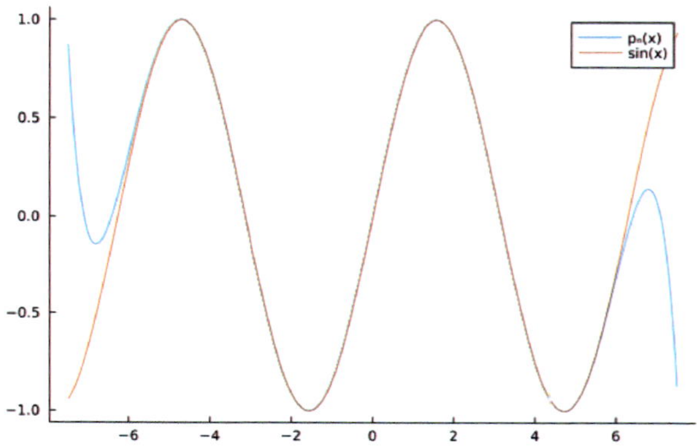

그림 9.1. 사인함수와 15차 테일러 다항함수 그래프

9.1.2 임의의 실수에 대한 사인함수 구현

테일러 다항함수를 이용하여 임의의 실수에 대한 사인함수 값을 반환하는 함수를 작성할 때 다항함수의 차수를 더 크게 하는 것은 해결책이 될 수 없다. $|x| \le \pi/2$에 대해서는 15차 다항함수가 충분히 좋은 근삿값을 주므로, 사인함수의 주기성을 이용하여 다음과 같이 `mysin` 함수를 구현하자.

```
function mysin(x; n=7)
  x<0 && return -mysin(-x)          #1
  if x > 2pi                        #2
    x = x - 2*ceil(x/(2*pi)-1) * pi #3
  end
  x>pi && return -mysin(x-pi)       #4
  if x <= pi/2                      #5
    return taylor_poly(x, n=n)      #6
  else
    return taylor_poly(pi-x, n=n)   #7
  end
end
```

사인함수는 원점에 대칭인 함수로 $\sin(-x) = -\sin(x)$가 성립하므로, $x \geq 0$인 x에 대해서만 코드를 구현하고, $x < 0$인 경우에는 코드의 #1에서처럼 재귀적 용법을 이용하여 처리한다.

이제 라인 #1 이후에는 $x \geq 0$을 가정할 수 있고, 사인함수의 주기성이 2π이므로 $x - 2\pi n < 2\pi$를 만족하는 가장 가장 자연수 n을 `ceil(x/(2*pi)-1)`로 구하고, 코드의 라인 #3에서 $0 \leq x \leq 2\pi$가 만족되도록 처리한다.

또, 사인함수의 대칭성을 이용하면 $0 \leq x \leq 2\pi$에 대한 사인함수의 값은 $0 \leq x \leq \pi/2$에 대한 사인함수값으로부터 계산할 수 있고, 이를 코드의 라인 #4, #6, #7에서 구현했다.

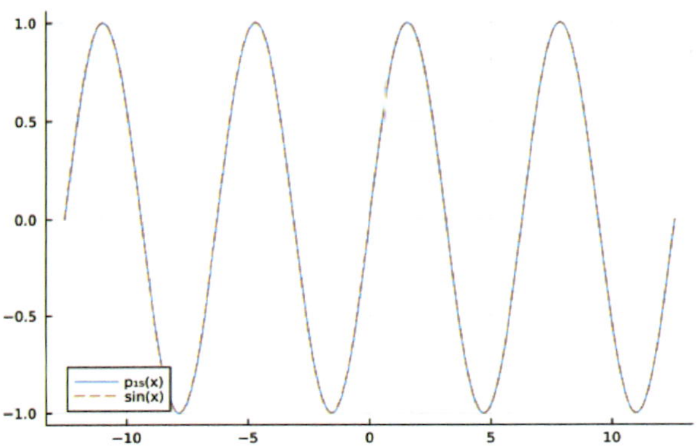

그림 9.2. 15차 테일러 다항함수를 이용한 사인함수 구현 결과

작성된 함수와 줄리아에 구현되어 있는 사인함수의 그래프를 $-4\pi \leq x \leq 4\pi$ 범위에서 함께 그려보면 [그림 9.2]에서 보듯이 구별할 수 없음을 확인할 수 있다.

문제 9.1. 작성된 `mysin` 함수는 키워드 인자 `n`의 기본값이 `7`로 설정되어 있다. 키워드 인자의 값이 `n=8`인 `mysin` 함수의 그래프를 `xs=-4pi:0.01:4pi` 범위에서 그리는 코드를 작성하시오. (단, `using Plots`와 `xs=-4pi:0.01:4pi`는 실행되어 있다고 가정한다.)

풀이: 벡터화 연산을 이용하는 두 가지 방법은 다음과 같다.

```
plot(xs, mysin.(xs, n=8))
plot(xs, (x->mysin(x,n=8)).(xs))
```

첫 번째 방법은 인자가 두 개인 mysin 함수에 대한 벡터화 연산이고, 두 번째 인자는 키워드 인자이므로 8이 아닌 n=8로 전달해야 한다.

두 번째 방법은 키워드 인자를 미리 지정하고, 첫 번째 인자에 대한 익명함수를 생성하여 벡터화하는 방법이다.

문제 9.2. -4pi:0.01:4pi에 대해 작성한 함수 mysin과 줄리아에 구현되어 있는 함수 sin의 값을 각각 구할 때, 가장 큰 오차를 계산하는 코드를 작성하시오.

풀이: max 함수는 가변인자 중 최댓값을 반환하는 함수이므로, 배열의 성분 중 가장 큰 값을 구하기 위해서는 스플래팅(...)을 이용해야 한다. 아래 코드를 실행하면 모든 오차가 6.0004223811915836e-12 보다 작거나 같음을 확인할 수 있다.

```
xs = -4pi:0.01:4pi
max( ( abs.(sin.(xs) .- mysin.(xs)) )...)
```

9.2 베르누이 분포와 이항분포에 대한 시뮬레이션

두 가지의 가능한 결과(성공, 실패)[2]만 나오는 베르누이 시행에서 0 또는 1을 값으로 갖는 확률변수 X에[3] 대해 $\mathrm{P}[X = 1] = p$, $\mathrm{P}[X = 0] = 1 - p$일 때, 확률변수 X는 베르누이 분포를 따르는다고 하고 $X \sim \mathrm{Bern}(p)$로 나타낸다.

베르누이 시행 $\mathrm{Bern}(p)$를 n번 독립적으로 시행할 때 각 시행의 결과를 나타내는 확률변수를 $X_1, \cdots, X_n$이라 하면, n번의 시행에서 성공한 횟수를 표현하는 확률변수 Y는 $Y = X_1 + \cdots + X_n$이 되고, 이항분포 $Y \sim \mathrm{B}(n, p)$를 따름을 보일 수 있다. 이때, $Y = k$가 될 확률은 다음과 같다.

$$\mathrm{P}[Y = k] = \frac{n!}{k!(n-k)!} p^k (1-p)^{n-k}$$

또, 이항분포를 따르는 확률변수 $Y \sim \mathrm{B}(n, p)$의 기댓값은 np, 분산은 $np(1-p)$이므로, 표본평균이라 부르는 확률변수 $\overline{X} = Y/n = (X_1 + \cdots + X_n)/n$의 기댓값은 p가 되고, 분산은 $p(1-p)/n$이 된다. 따라서 n이 충분히 크면 분산이 아주 작은 값이 되고, 표본평균의 분포는 기댓값 p 근처에 집중됨을 알 수 있는데, 이를 큰 수의 법칙이라 한다. 즉, n이 충분히 크면 p의 근삿값으로 표본평균 $\overline{X}$가 취하는 값을 사용할 수 있다는 의미이다.

한편, n이 충분히 크면 중심극한정리에 의해 표본평균 $\overline{X}$의 확률분포는 정규분포로 근사시켜 다룰 수 있다.

[2] 보통 원하는 결과를 성공, 그렇지 않은 결과를 실패로 쓴다.

[3] X(성공) $= 1$, X(실패 $= 0$인 함수이다.

지금까지 설명한 내용에 익숙하지 않은 독자는 기초통계학, 수리통계학 책을 참고하기 바라며, 좀 더 요약된 형태로 정리하길 원하는 독자는 참고도서[4]가 도움이 된다. 대학에서 통계 실습은 주로 R로 이루어지는 경우가 많지만, 큰 데이터를 다룰 때는 줄리아를 이용하는 것이 보다 효율적이다. 줄리아를 이용하여 통계학을 공부하고 실습하는 경우 참고도서[5]를 추천한다.

이제 앞서 설명한 내용들을 줄리아로 구현하고 확인해보자.

[4] 하길찬, 머신러닝을 위한 수학 길잡이. 교우, 2024.

[5] Y. Nazarathy and H. Klok, *Statistics with Julia*. Springer, 2021.

9.2.1 베르누이 분포와 이항분포를 따르는 확률변수 구현

베르누이 분포 $\text{Ber}(p)$를 따르는 확률변수 X는 다음과 같이 함수 berX로 구현할 수 있고, 이를 이용하면 이항분포 B(n, p)를 따르는 확률변수 Y와 표본평균 $\overline{X}$를 binX와 barX로 구현할 수 있다.

참고 9.1. 베르누이 분포, 이항분포를 따르는 확률변수, 표본평균 구현

```
using Random             #1
Random.seed!(1234)       #2

function berX(p; n=1)
  if n==1
    return rand( ) <= p  #3
  else
    return rand(n) .<= p #4
  end
end

binX(n,p) = sum(berX(p,n=n))

barX(n,p) = binX(n,p)/n
```

위 코드의 라인 #2의 Random.seed!(1234)는 의사난수생성기의 초깃값을 설정함으로써 동일한 난수가 생성되도록 하여, 코드를 작성하는 동안 수정하기 쉽게 하는 용도이며 반드시 필요한 코드는 아니다. 또 이 함수를 호출하기 위해 라인 #1이 필요하다.

구간 $[0, 1)$에서의 균등분포를 따르는 난수를 생성하는 함수 rand는 참고5.1에서 설명했듯이, rand(1)는 난수 1개를 요소로 갖는 벡터를 반환하고, rand( )는 난수를 반환한다는 차이가 있다. 따라서 라인 #3과 #4로 구분하여 구현하였다.

한편 sum 함수의 인자로 배열이 전달되면 모든 요소의 합을 반환하고, 수가 전달되면 그 수를 반환하므로 n의 값에 관계없이 처리할 수 있다.

이제, 함수 binX를 이용하면 이항분포를 따르는 난수를 생성할 수 있다. B(10, 0.3)을 따르는 난수 10^6개를 생성하고, 실제로 주어진 이항분포를 따르는 난수가 맞는지 확인해보자. 즉, 큰 수의 법칙에 따라, 생성된 난수 중에서 그 값이 k인 난수의 개수를 전체 난수의 개수 n으로 나눈 값이 이항분포를 따르는 확률변수 X에 대해 $\mathrm{P}[X=k]$와 같은지를 확인하면 된다.[6]

[6] 그 이유에 대해서는 다음 소절을 참고하라.

참고 9.2. 베르누이 분포, 이항분포를 따르는 난수 생성

```
# 이항분포의 확률질량함수(pmf)
bin_pmf(k; n=10, p=0.3) =
  factorial(n)/(factorial(k)*factorial(n-k)) * p^k * (1-p)^(n-k)

# 이항분포를 따르는 난수 생성
bin_rands = [binX(10, 0.3) for _ in 1:1000_000] #1
counts = Dict{Int64, Int64}()                    #2

# 생성된 난수 중 k의 개수 카운트
for k in 0:10
  counts[k] = sum(bin_rands .== k)               #3
end

# 생성된 난수가 이항분포를 따르는지 확인
errs = [counts[k]/10^6 - bin_pmf(k) for k in 0:10]
max(abs.(errs)...)
```

위 코드의 #1에서 내포를 이용하여 생성한 난수를 배열에 저장하고, #3에서 특정 값인지를 벡터화 연산을 통해 한 번에 확인한 다음 생성된 부울 요소 배열에 sum 함수를 적용하여 그 합을 구했다.[7]

위 코드를 실행시킨 결과, 확률의 최대 오차는 아래 그림에서 보듯이 0.0006 정도가 됨을 확인할 수 있다.[8]

[7] sum 함수를 적용할 때, 부울 값 true은 1, false는 0임을 기억하라.

[8] 최대오차는 실행시킬 때마다 차이가 있을 수 있지만, 다음 절에서 실습하는 중심극한정리를 이용하면 100번 실험할 때, 99번 정도는 오차가 $3\sqrt{p(1-p)/n} \approx 0.00137$보다 작아짐을 보장할 수 있다.

```
errs = [counts[k]/10^6 - bin_pmf(k) for k in 0:10]
max(abs.(errs)...)

[46]:

0.0006000680000001202
```

이 소절에서 균등분포를 따르는 난수로부터 이항분포를 따르는 난수를 생성한 방법은 좀 더 일반화시킬 수 있다. 실제로 이산확률변수의 경우에는 분위수 함수, 연속확률변수의 경우에는 누적분포함수의 역함수를 이용하면, 균등분포를 따르는 난수로부터

특정 확률분포를 따르는 난수를 생성할 수 있는데, 관심있는 독자는 참고문헌[9,10]을 참고하기 바란다.

또한, 실제로 특정 확률분포를 따르는 난수를 생성하거나 확률을 구할 때는 줄리아 패키지인 `Distributions.jl`의 매뉴얼[11]을 참고하여 사용하면 된다.

[9] Y. Nazarathy and H. Klok, *Statistics with Julia*. Springer, 2021.

[10] 하길찬, 머신러닝을 위한 수학 길잡이. 교우, 2024.

[11] JuliaStats, *Distributions Package Manual*, https://juliastats.org/Distributions.jl/stable/.

9.2.2 큰 수의 법칙과 중심극한정리의 의미를 시뮬레이션을 통해 확인

앞 소절에서 생성한 난수가 이항분포를 따르는지 확인하는 방법으로 생성된 난수 중 그 값이 k인 난수의 개수를 전체 난수의 개수로 나눈 값을 실제 확률과 비교했다. 그 이유를 살펴보자.

이항분포를 따르는 확률변수 X에 대해 $p := \mathrm{P}(X = k)$라 할 때, 참고9.2의 코드의 `#3`에서 `bin_rands .== k`의 역할은 베르누이 분포 $\mathrm{Ber}(p)$를 따르는 샘플로 이루어진 배열을 생성하는 것이고, `sum`함수를 이용하여 구한 `counts[k]`에 대해 `counts[k]/106`를 계산하는 것은 표본평균의 값을 구하는 것이다. 따라서 큰 수의 법칙에 의해 p의 근삿값이 되는지를 확인할 수 있다.

또 실제 확률값과 표본평균으로 구한 근삿값의 차이는 n이 충분히 큰 경우에 100번 중 99번 정도는 $3\sqrt{p(1-p)/n}$보다 작아짐을 기대할 수 있는데, 중심극한정리에 의해 $\overline{X}$의 확률분포를 평균이 $\mu = p$이고 표준편차가 $\sigma = \sqrt{p(1-p)/n}$인 정규분포로 볼 수 있고 $\mathrm{P}\big((\overline{X} - \mu)/\sigma \le 3\big) \ge 0.99$이 성립하기 때문이다.

좀 더 간단한 예로, 베르누이 분포 $\mathrm{Ber}(p)$를 따르는 n개의 확률변수 $X_1, \cdots, X_n$으로부터 정의되는 표본평균 $\overline{X}_n$의 값을 n이 충분히 큰 경우에는 p에 대한 근삿값으로 사용할 수 있는 이유를 큰 수의 법칙, 중심극한정리와 관련지어 알아보자.

우선 표본의 크기가 n인 표본평균의 확률 분포는 n이 커짐에 따라 정규분포에 가까워짐을 확인해보자. 이를 위해 표본의 크기가 $n = 100$인 경우와 $n = 1000$인 경우 각각에 대해 표본평균 $\overline{X}_n$을 `N=1000_000`개 생성하자. 또한 각각의 경우에 대해, $\overline{X}_n$이 속하는 구간 $[0,1]$을 100개의 같은 간격을 갖는 작은 구간(계급)으로 나눈 다음, 각 구간에 속하는 상대도수를 구하여 비교해보자.

줄리아에서 두 점 `[x1,y1]`과 `[x2,y2]`를 잇는 선분을 그리는 방법은 `plot([x1,x2],[y1,y2])`인데, 여기서 `x1`과 `x2`의 값이 같으면 y축에 수직인 선분이 그려진다. 각 계급의 중앙에 상대도수를 높이로 하는 선분을 그리기 위해, 참고 9.3의 코드에서 이 방법을 사용했고, 베르누이 분포를 따르는 확률변수로부터 정의되는 표본평균은 참고 9.1에서 정의한 함수 `barX`를 사용했다.

참고 9.3. 표본의 크기에 따른 표본평균의 분포 비교

```
# Ber(0.45)를 따르는 n1개, n2개의 샘플에 대한 표본평균의 분포 비교
N=1000_000      # 표본평균을 1000_000번 계산하여 분포 추정
n1, n2 = 100, 1000
samples1 = [barX(n1, 0.45) for i in 1:N]
samples2 = [barX(n2, 0.45) for i in 1:N]
bins = 0:0.01:1  # 0부터 1사이를 100등분
centers = [ (bins[i]+bins[i+1])/2 for i in 1:100 ]  # 계급의 중앙
freqs1, freqs2 = zeros(100), zeros(100)

for i in 1:100   # 계급에 속하는 표본평균값의 상대도수를 저장
  freqs1[i] = sum( bins[i] .<= samples1 .< bins[i+1]) / N
  freqs2[i] = sum( bins[i] .<= samples2 .< bins[i+1]) / N
end

# 계급의 중앙에 상대도수를 높이로 표시한 그림 그리기
fig = plot([centers[1], centers[1]], [0, freqs1[1]],
          color=:blue, legend=false)  # 플롯 객체를 fig에 저장
plot!([centers[1], centers[1]], [0, freqs2[1]], color=:red)
for i in 2:100
  plot!([centers[i], centers[i]], [0, freqs1[i]], color=:blue)
  plot!([centers[i], centers[i]], [0, freqs2[i]], color=:red)
end; fig
```

코드를 실행하여 생성한 다음 그림에서 보듯이, 두 분포 모두 정규분포와 유사한 종 모양 형태가 되고, 중심극한정리가 성립함을 유추할 수 있다.

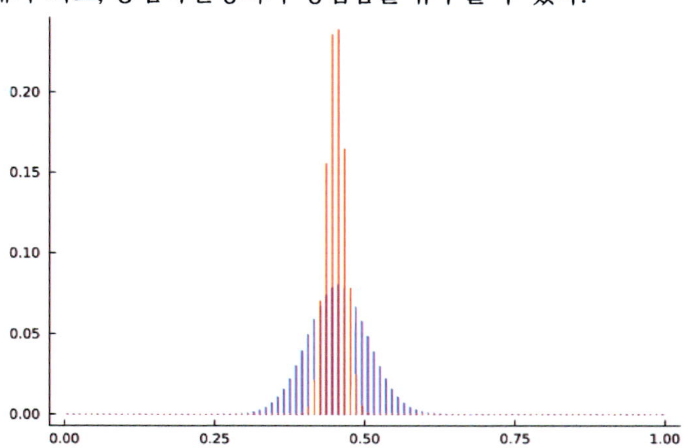

또한, n1=100인 경우보다 n2=1000인 경우에 좀 더 폭이 좁은 분포가 됨을 확인할 수 있는데, 이것은 큰 수의 법칙으로부터 나오는 결과이다.

다음 코드와 같이 계급 구간에서의 적분값이 계급 중앙에서의 상대도수와 같아지도록 연속확률밀도 함수로 근사시켜 보면 좀 더 명확하게 확인할 수 있다.

```
plot(centers, (freqs1 ./ 100), color=:blue, legend=false)
plot!(centers, (freqs2 ./ 100), color=:red)
plot!([0.45, 0.45], [0, 0.0025], color=:black, linestyle=:dash) # p값 점선으로 표시
```

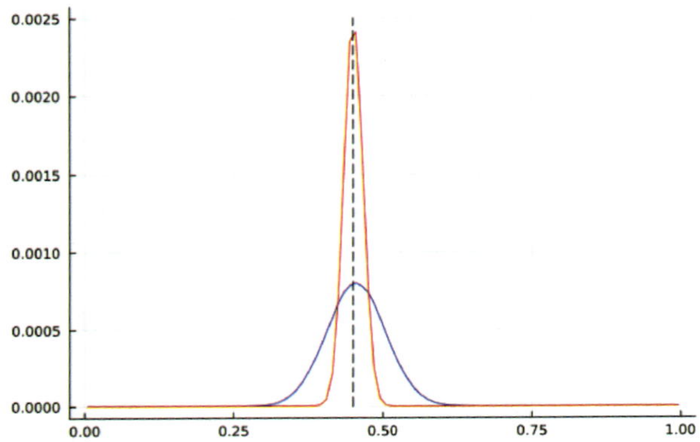

기본적으로 표본평균도 확률변수이므로 표본공간에서 정의된 함수이다. 따라서, n개의 샘플에 대해 표본평균의 값을 구할 때마다 다른 점에서의 함숫값을 구하는 것이므로, 큰 수의 법칙을 $\lim_{n\to\infty} \overline{X}_n = p$로 이해할 때는 주의를 기울여야 한다.[12,13]

다음 그림은 베르누이 분포를 따르는 확률변수로부터 만든 표본평균이 $p = 0.45$로 수렴하는 것을 관찰하기 위해, 참고 9.4와 같이 작성한 코드를 실행한 결과이다.

[12] 좀 더 엄밀하게는 함수열의 어떤 극한을 생각하는지에 따라 큰 수의 약법칙, 큰 수의 강법칙 등이 성립한다. 관심있는 독자는 참고도서를 읽어보기 바란다.

[13] 하길찬, 머신러닝을 위한 수학 길잡이. 교우, 2024.

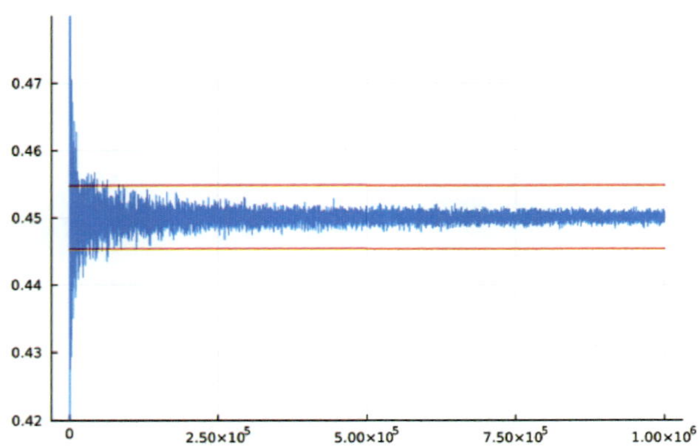

그림에서 p값 근처의 띠 $[p-3\sigma, p+3\sigma]$를 이루는 σ는 표본의 크기가 10^5인 표본평균의 표준편차이다.[14] 따라서, 표본의 크기가 10^5보다 큰 경우에, 어떤 표본에 대해 표본평균의 값을 구하더라도 99% 정도는 $[p-3\sigma, p+3\sigma]$에 속함을 보여주는 시뮬레이션 결과는 표본평균의 분포를 정규분포로 근사시킬 수 있다는 중심극한정리와 일치한다.

[14] 코드의 #1

참고 9.4. 큰 수의 법칙 실험

```
# 표본의 크기를 1부터 1000_001까지 100간격으로 변화시키면서
n = 1000_001
p = 0.45
ns = 1:100:n

# 베르누이 분포 B(0.45)를 따르는 샘플을 생성하여 표본평균을 계산
bar_xs = barX.(ns, 0.45)  # 인자가 두 개인 함수의 벡터화 연산 적용

# 계산된 표본평균값이 n이 커짐에 따라 p로 수렴
sigma = sqrt( p*(1-p)/10^5 )          #1
plot(ns, bar_xs)
plot!([1,1000_001], [p-3sigma, p-3sigma], color:=red,legend=false)
plot!([1,1000_001], [p-3sigma, p-3sigma],
       color:=red, yrange=[0.42, 0.48]) #2
```

9.3 큰 수의 법칙을 이용한 확률문제 해결

확률문제 풀 때, 때때로 자신이 구한 답이 맞는지 자신이 없는 경우가 있다. 이런 경우에 큰 수의 법칙에 기반한 시뮬레이션의 결과와 자신의 계산을 비교하는 것이 도움이 된다. 잘 알려진 생일문제와 몬티홀 문제를 시뮬레이션을 통해 해결해 보자.

9.3.1 생일문제

보통 "생일문제"로 알려진 여러 형태의 문제들이 있는데, 가장 기본적인 다음 문제를 해결해 보자.

> 임의로 생일을 제시할 때 제시된 생일과 생일이 같은 사람이 존재할 확률이 p이상이 되려면 최소 몇 명이 모여 있어야 하는가?

일년이 365일이라고 가정하고 여사건의 확률 계산을 이용하면, n명이 모여있을 때 임의로 제시한 생일과 생일이 같은 사람이 존재할 확률은 $1-(1-1/365)^n$이 된다. 따라서, 주어진 문제의 답은 $1-(1-1/365)^n \geq p$를 만족하는 n의 최솟값을 구하면 되고, `n=ceil(Int64, log(1-p)/log(1-1/365))`이다.

이제 이 문제를 시뮬레이션을 통해 해결해 보자.

먼저 n명이 모여있고, 임의로 생일을 제시될 때, 모인 사람 중 제시된 날이 생일인 사람이 있으면 1(true), 없으면 0(false)을 반환하는 확률변수를 함수 birthday_prob로 다음과 같이 작성하자.

```
function birthday_prob(n_students::Int64)
  predef_day = rand(1:365)                   #1
  gen_bdays = rand(1:365, n_students)        #2
  return predef_day in gen_bdays             #3
end
```

위 코드의 #1에서 임의로 제시되는 생일을 1:365 중에서 하나 생성하고, #2에서는 모인 사람들의 생일을 임의로 생성하여 배열 gen_bdays에 저장한다. 또 컬렉션에 주어진 요소가 있는지를 확인하는 in을 이용하여 #3에서 제시된 생일과 겹치는 사람이 있는지 여부를 판단한다.

이제 birthday_prob로 생성한 n개의 표본에 대해 표본평균의 값을 구하는 함수 simulator[15]를 작성하자.

[15] 즉, 표본의 크기가 n인 표본평균을 구현한 함수이다.

```
function simulator(rand_var::Function, n_students::Int; n_simulations = 1000)
  matches = 0.
  for i in 1:n_simulations
    if rand_var(n_students)
      matches += 1
    end
  end
  return matches / n_simulations
end
```

표본의 크기가 1000일 때 365명이 모였을 때 제시된 생일과 겹치는 사람이 있을 확률을 simulator 함수로 구하는데 걸리는 시간을 측정하면 대략 0.005초 정도 걸리는 것을 확인할 수 있다.[16]

[16] 이 결과는 이후 문제의 조건을 만족하는 사람 수를 일정한 범위 내에서 전수조사할 때, 범위 설정에 따른 시간을 예측하고 조절하는 판단 기준이 된다.

```
@time simulator(birthday_prob, 365)
  0.005457 seconds (1000 allocations: 2.930 MiB)
0.634
```

큰 수의 법칙에 따라 표본의 크기 n_simulations의 값이 충분히 크면 simulator의 값을 확률의 근삿값으로 생각할 수 있다. 따라서 주어진 문제의 조건을 만족하는 사람 수를 구하기 위해 다음 코드와 같이 주어진 범위를 모두 탐색하는 코드를 작성하여 이용하자.

```
function search_solution(n_start, n_end;
      p=0.5, n_simulations = 1000)
  n_students = n_start
  while simulator(birthday_prob, n_students, n_simulations) < p
    n_students +=1
    if n_students > n_end                          #1
      println("주어진 범위에서 답을 찾을 수 없습니다.")
      return nothing                               #2
    end
  end
  return n_students
end
```

위 코드를 실행하면 주어진 범위 내에서 답의 후보를 찾은 경우에는 그 값을 반환하고, 범위에 답이 없는 경우 #1의 조건식에 의해 아무 것도 반환하지 않고 while 문을 끝내게 된다.

이제 search_solution 함수를 이용하여 문제에서 확률이 $p = 0.5$이상일 사람수의 최솟값을 구해보자. 처음부터 오차가 작은 확률의 근삿값[17]을 이용하여 가능한 사람수의 범위를 모두 검색하면 많은 시간이 걸리므로, 집중적으로 탐색해야할 범위를 찾기 위해 표본의 크기를 기본값 n_simulations=1000하여 1부터 365까지 검색하자.[18]

[17] 큰 수의 법칙에 따라, 표본평균을 구현한 simulator에서 표본의 크기 n_simulations의 값을 크게 할 수록 정확한 확률의 근삿값을 얻게 된다.

[18] 한 번 확인하는데 걸리는 시간이 대략 0.005초 였으므로 최대 $0.005 \times 365 \approx 1.8$초 이내에 확인할 수 있다.

```
@time search_solution(1, 365, n_simulations = 1000)
```

```
  0.241965 seconds (228.00 k allocations: 220.963 MiB, 1.30% gc time)
228
```

검색 결과 228이 나왔으므로 좀 더 정확한 확률을 위해 simulations의 값은 더 크게 하고, 탐색 범위는 좁히면서 반복하면 다음 그림의 결과를 얻는다. 즉, 253명이 모여 있을 때, 임의의 제시한 날와 생일이 겹치는 사람이 존재할 확률은 0.5이상이 된다. 이론적으로 계산한 값에 $p = 0.5$를 대입한 값 n=ceil(Int64, log(0.5)/log(1-1/365))도 253이 되므로 옳게 문제를 푼 것임을 확인할 수 있다.

```
@time search_solution(220, 300, n_simulations = 100_000)
  7.362230 seconds (3.40 M allocations: 6.497 GiB, 3.49% gc time)
253
```

```
@time search_solution(250, 270, n_simulations = 10_000_000)
 87.720951 seconds (40.00 M allocations: 80.466 GiB, 6.56% gc time)
253
```

9.3.2 몬티홀 문제

이 소절에서는 몬티홀 문제를 풀어보자. 상황을 바꾸어 몬티홀 문제를 간단하게 기술하면 다음과 같다.

- 번호가 붙어 있는 세 상자 중 한 군데에만 상품이 들어있고, 나머지 두 상자는 빈 상자이다. 게임에 참여한 사람이 이 중 한 상자를 고르면, 게임 진행자는 빈 상자 중 한 상자의 두껑을 열어 빈 상자임을 확인시켜주고 게임 참여자에게 선택을 바꿀 기회를 준다. 이때, 항상 선택을 바꾸는 전략과 처음 선택을 유지하는 전략 중 상품에 당첨에 가능성이 높은 전략은?

이 문제도 조건부 확률을 이용하면 전략별로 당첨 확률을 쉽게 구할 수 있다.

항상 선택을 바꾸는 전략의 경우부터 구해보자. 처음에 선택한 상자가 상품이 있는 상자일 때 선택을 바꾸면 항상 빈 상자를 선택하게 되고, 처음 선택이 빈 상자일 때 선택을 바꾸면 반드시 상품이 있는 상자가 된다. 따라서 구하는 확률은 $\frac{1}{3} \times 0 + \frac{2}{3} \times 1 = \frac{2}{3}$ 이다.

처음 선택을 유지하는 경우에 당첨될 확률은 $\frac{1}{3}$이므로 항상 선택을 바꾸는 전략이 더 유리한 전략임을 알 수 있다.

이제 이 문제를 시뮬레이션으로 해결하기 위해 참고 9.5와 같이 `monty_hall` 함수부터 작성하자. 이 함수는 인자 `switch`를 통해 항상 선택을 바꾸는 전략(`switch=true`)인지, 처음 선택을 유지하는 전략(`switch=false`)인지에 따라 주어진 규칙대로 최종 당첨 여부를 부울값으로 반환하는 함수이다.

코드의 #5를 구현할 때, 게임 진행자가 열 수 있는 상자는 참여자가 선택한 상자가 빈 상자인지 아닌지에 따라 하나일 수도 있고 두 개일 수도 있다. 따라서 조건식이 있는 배열 내포식[19]을 이용하여 가능한 상자의 번호를 배열로 모은다. 또, 코드의 #5에서 조건식 `!(i in [win_index, choice])`은 유니코드 문자 `∉ [\notin+tab]`을 이용하여 #7의 조건식처럼 작성할 수도 있다.

[19] 72쪽을 참고하라.

이제 표본평균에 해당되는 success_rate를 이용하여 시뮬레이션하면 다음 결과 그림처럼 각 전략에 대한 확률의 근삿값이 제대로 구해짐을 확인할 수 있다.

```
success_rate(10_000_000, switch=true), success_rate(10_000_000, switch=false)
```

```
(0.6669872, 0.3333483)
```

참고 9.5. 몬티홀 게임 구현

```
function monty_hall(switch)
  #1 모든 상자를 빈 상자로 초기화
  boxes = [false, false, false]
  #2 상품이 들어갈 상자를 랜덤하게 설정
  win_index = rand([1,2,3])
  #3 정해진 상자에 상품 설정
  boxes[win_index] = true
  #4 게임 참여자의 선택을 랜덤하게 선택
  choice = rand[(1,2,3)]
  #5 게임 진행자가 열수 있는 상자를 계산
  openable_boxes =
        [i for i in 1:3 if !(i in [win_index, choice])]
  #6 게임 진행자가 열 상자 선택
  box_to_open = rand(openable_boxes)
  #7 선택을 바꾸는 전략일 때 최종 선택
  if switch
    choice = [i for i in [1,2,3] if i ∉ [choice, door_to_open]][1]
  end
  return boxes[choice]
end

function success_rate(n_iterations;  switch=true, f=monty_hall)
  wins = 0
  for _ in 1:n_iterations
    wins += f(switch)
  end
  return wins/n_iterations
end
```

9.4 간단한 동영상 작성하기

8.1.2 소절의 설명을 따르면 극곡선 $r = 5 - 9\cos(3\theta)$의 그래프를 다음 그림과 같이 그릴 수 있지만, 이 곡선이 어떤 순서로 그려지는지는 확인할 수 없다.

코드를 조금 수정하여 이 곡선이 어떻게 그려지는지를 관찰하고, 그려지는 과정을 mp4 형식의 동영상으로 만드는 방법에 대해 알아보자.

```
θs = 0:0.01:2pi
r(t) = 5 - 9*cos(3t)
x(t) = r(t)*cos(t)
y(t) = r(t)*sin(t)
xs, ys = x.(θs), y.(θs)

n = length(xs)

function myplot(k; start=1)
  fig = plot(xs, ys, aspectratio = true, alpha=0, legend=false) #1
  plot!(xs[start:k], ys[start:k], color=:blue, axis=false)      #2
  return fig
end
```

위 코드의 #1에서 aspectratio는 그림의 가로 세로 비율을 설정하는 속성으로 aspectratio=true 또는 aspectratio=1로 설정하면 원래 가로와 세로의 비율이 유지되어 그림이 왜곡되지 않는다.

또 속성 alpha는 선과 같은 그래픽 요소의 투명도를 설정하는 속성으로, alpha=0으로 설정하면 완전히 투명해서 보이지 않고, alpha=1은 투명하지 않게 설정한다. #1에서는 먼저 투명하게 전체 곡선을 그려둠으로써, 이후 일부만 불투명하게 그리더라도 그림의 크기가 일정하게 유지되도록 alpha=0으로 설정한다.

위 코드의 #2에서 사용한 속성 axis=false는 축을 그리지 않도록 설정하는 것이다.

이제 함수 myplot을 이용하면 다음과 같이 원하는 θ 범위에서만 극곡선을 그릴 수 있다.[20]

```
plot(myplot(400, start=230), myplot(400), layout=(1,2))
```

[20] 여러 개의 그림을 격자형태로 배열하는 방법은 8.1.1소절에 설명되어 있다.

실제로 Plots의 백엔드로 PlotlyJS.jl 패키지나 Makie.jl 패키지를 사용하면, 쥬피터 노트북이나 플루토 노트북 환경에서 슬라이더 등의 UI 요소를 이용하여 이 함수에 대해 θ 값을 인터렉티브한 방식으로 변화시키면서 실시간으로 그림을 업데이트시킬 수 있다. 자세한 방법은 각 패키지의 매뉴얼[21,22]을 참고하기 바란다.

[21] JuliaPlots, *PlotlyJS Package Manual*, https://juliaplots.org/PlotlyJS.jl/stable/.

[22] Makie Org, *Makie Package Manual*, https://docs.makie.org/stable/.

9.4.1 동영상 만들기

이 소절에서는 θ 값을 0부터 2pi까지 0.01 간격으로 변화시키면서 그린 png 형식의 그림 파일들을 이용하여 동영상 파일을 만드는 방법을 소개한다.

우선 FFmpeg 공식 사이트[23]의 다운로드 페이지에서 자신의 시스템에 맞는 ffmpeg 설치파일을 다운로드받아 설치한다. 윈도우즈 환경에서는 해당파일을 다운로드받아 압축을 풀고, 폴더이름을 ffmpeg로 바꾼 후 이 폴더 내의 bin 폴더에 대한 경로명을 시스템 환경변수의 Path에 등록하면 된다.

[23] FFmpeg Project, *FFmpeg Manual*, https://ffmpeg.org/.

이제 다음 코드와 같이 θ 값을 변화시키면서 myplot 함수를 이용하여 극곡선을 그리고, savefig 함수를 이용하여 png형식으로 저장한다. 이때, 전체 θ의 개수는 629개이므로 그림 파일명은 mycurve에 001부터 629까지 붙여 저장한다.

위 코드를 실행하면 현재 작업 폴더에 지정한 파일명을 갖는 파일들이 만들어진다. 이때, Windows PowerShell[24]을 실행시키고 터미널에 다음과 같이 입력하여 실행시키면 output.mp4란 이름의 동영상 파일이 만들어진다.

[24] Microsoft Store 사이트 또는 윈도우즈의 Microsoft Store 애플리케이션에서 찾아 설치할 수 있다.

위 실행에서 -framerate 20은 초당 20 frame(그림)을 사용하라는 의미이고, -i mycurve%03d.png는 입력 파일명이 mycurve001.png와 같이 mycurve뒤에 세 개의 숫자가 붙은 png 형식의 파일이란 뜻이다. 이때, 파일명 뿐만 아니라 확장자까지 함께 전달해야 한다.

```
for i in 1:n    # n=length(xs)
  myplot(i)
  # 파일명을 mycurve001부터 mycureve692까지 i에 따라 생성
  if i < 10
    savefig("mycurve00$(i).png")
  elseif i < 100
    savefig("mycurve0$(i).png")
  else
    savefig("mycurve$(i).png")
  end
end
```

```
ffmpeg -framerate 20 -i mycurve%03d.png -c:v libx264 -pix_fmt yuv420p
output.mp4
```

`-c:v libx264`는 비디오 코덱을 고효율 비디오 압축 표준이면서 높은 호환성을 제공하는 H.264로 설정하는 옵션이고, `-pix_fmt yuv420p`는 출력 영상의 픽셀 포맷을 지정하는 옵션으로 H.264로 인코딩할 때 호환성 확보를 위해 많이 사용하는 설정이다.

그 외 옵션의 의미와 자세한 사용법은 FFmpeg 공식 사이트의 매뉴얼을 참고하기 바란다.

이제 생성된 `output.mp4`를 실행시키면 극곡선이 어떤 순서로 그려지는지 쉽게 확인할 수 있다. 이런 방식을 응용하면 다양한 동영상을 생성할 수 있으니, 잘 활용하기 바란다.

PART II:

줄리아를 좀 더 깊게 이해하기

10 타입 시스템

파이썬이나 R 사용자가 해당 언어의 타입 시스템에 대해 전혀 신경쓰지 않고 사용하듯이, 줄리아 사용자도 타입의 명시적인 사용 없이도 줄리아를 충분히 사용할 수 있다. 또 줄리아의 타입 추론 기능 덕분에, 대부분의 경우에 빠른 성능도 얻을 수 있다.

하지만, 사용자 정의 타입을 포함한 다양한 타입의 데이터에 대해 줄리아가 최적의 기계어 코드를 생성하게 하려면 타입 시스템에 대해 이해하는 것이 좋다. 실제로, 줄리아가 다른 동적 언어들에 비해 JIT(Just In Time) 컴파일[1]을 더 잘할 수 있는 이유는 (표현력이 좋은 줄리아 타입 시스템 덕분에) 실행 직전에 타입에 대한 풍부한 정보를 가지기 때문이다.

이 장에서는 줄리아의 타입 특성과 타입들 간의 계층적 관계, 추상 타입과 구체 타입, 복합 타입, 매개변수 타입 등에 대해 살펴보고, JIT 컴파일에 대해서는 뒤에 11.2절에서 살펴보기로 한다.

[1] 프로그램 실행 중에 코드의 일부를 기계어 코드로 컴파일하는 기술이다. JIT 컴파일은 프로그램 실행 전에 전체를 기계어 코드로 컴파일하는 컴파일러 언어(정적 언어)와 인터프리터 언어(대부분의 동적 언어)의 장점을 결합하여 성능 최적화를 목표로 한다.

10.1 줄리아의 타입 특성

줄리아는 실행 시에 변수에 할당되는 값에 따라 타입이 바뀔 수 있는 동적 타입 언어이다. 정적 타입 언어는 변수에 실제로 값이 할당되기 전인 컴파일 당시에 변수나 표현식, 함수의 반환값 등의 타입이 모두 결정되어야 하므로, 다음 예와 같이 인자에 따라 반환값의 타입이 달라지는 함수는 동적 타입 언어에서만 가능하다.

```
julia> mysign(x) = x > 0 ? 1 : -1.0
mysign (generic function with 1 method)
julia> typeof(mysign(3.2))
Int64
julia> typeof(mysign(-1))
Float64
```

인자에 따라 반환값의 타입이 바뀌는 함수는 성능 측면에서 좋지 않지만[2], 반복해서 호출하는 것이 아니라면 상황에 따라 유용하게 사용할 수 있다.

[2] 11장에서 설명한다.

동적 타입 언어가 유용한 또 다른 이유는 동일한 논리로 구성할 수 있는 함수를 여러 타입에 대해 반복하지 않고 하나의 함수(제네릭 함수)로 처리할 수 있다는 것이다.

예를 들어, 함수 dist2를 다음과 같이 정의하면, x와 y가 정수, 부동소수점, 유리수 타입이든지 또는 벡터(1차원 배열), 튜플 타입으로 표현된 n차원의 벡터공간의 벡터이든지, 심지어는 사용자 정의 타입이든지에 관계없이[3] x와 y 사이의 유클리드 거리의 제곱을 반환한다.[4]

```
julia> dist2(x, y) = sum( (x .- y).^2)
dist2 (generic function with 1 method)
julia> dist2(1, 3)
4
julia> dist2([0,0,0], [1,1,1])
3
julia> dist2((0,0), (1,1))
2
```

[3] 물론, 사용자 정의 타입의 경우에는 10.3.4절에서 설명하는 것처럼 사용된 연산자에 대한 적절한 정의를 해주어야 런타임 에러가 발생하지 않는다.

[4] 물론 정적 타입 언어의 경우에도 타입 매개변수를 이용하여 제네릭 프로그래밍을 할 수 있지만, 유지 관리 측면에서 동적 타입 언어가 훨씬 편리하다.

타입을 명시하지 않은 함수도 잘 동작하지만, 필요에 따라 타입 선언을 추가하면 다중 디스패치[5]의 장점도 누리고 실수로 인해 잘못된 결과를 얻는 것을 미리 막을 수 있다.[6]

예를 들어, 다음 예제 코드에서 함수 typed의 인자로 정수를 표현하는 타입이 아닌 값을 입력하면 오류가 발생한다.[7]

```
julia> typed(x :: Integer, y :: Integer) = 2x * y
typed (generic function with 1 method)
julia> typed(Int32(2), Int32(3)), typed(2, 3)
(12, 12)
julia> typed(2.0, 3.0)
Error: MethodError: no method matching typed(::Float64, ::Float64)
```

[5] 11.1절에서 자세히 설명한다.

[6] 파이썬과 같은 다른 동적 언어에서는 함수를 정의할 때 타입 힌트를 줄 수는 있지만, 의도하지 않은 타입으로 호출하는 것을 막지는 못한다.

[7] Integer 타입은 사용되는 비트 수와 부호 표현 여부에 따른 여러 정수 타입을 포괄하는 추상 타입인데, 다음 절에서 배운다.

10.2 타입의 계층 구조

줄리아에서 타입은 내부적으로 다루는 대상에 붙인 일종의 태그라고 생각할 수 있다. 어떤 대상의 줄리아의 타입 중에서 실체적인 값을 가질 수 있는 타입을 구체 타입(concrete type)이라 하고, 실체적인 값을 가질 수는 없지만 구체 타입 사이의 개념적 체계를 나타내기 위해 만들어진 타입을 추상 타입(abstract type)이라고 한다.

어떤 타입이 구체 타입인지를 확인하려면 부울 함수 isconcretetype를 이용하면 되고, 추상 타입인지를 확인하려면 부울 함수 isabstracttype를 이용하면 된다.

```
julia> isconcretetype(Int) # Int는 Int64의 별칭
true
julia> isabstracttype(Integer)
true
```

예를 들어, 2.2.1절에서 다룬 Int32, Int64 등의 타입은 부호가 있는 정수들을 표현하는 구체 타입이고, Signed 타입은 이들 타입을 포괄하는 추상 타입이다. 비슷하게 UInt8,UInt32 등은 음이 아닌 정수를 표현하는 구체 타입이고, 이들 타입을 포괄하는 추상 타입으로 Unsigned 타입이 정의되어 있다. 또, Signed 타입과 Unsigned 타입, Bool 타입을 포괄하는 추상 타입으로 Integer 타입이 있다.

줄리아에서 실체가 있는 것의 구체 타입을 구하려면 typeof 함수를 이용하면 된다. 이때 typeof(x)의 결과가 구체 타입 T이면, x를 구체 타입 T의 인스턴스(instance)라고 말한다.

```
julia> typeof(3), typeof(3.0), typeof('a'), typeof("a")
(Int64, Float64, Char, String)
```

수치나 문자, 문자열 외에 특정 타입(예를 들어 Int64)이나 특정 함수도 모두 어떤 구체 타입의 인스턴스이다.

```
julia> typeof(Int64), typeof(Real), typeof(+)
(DataType, DataType, typeof(+))
julia> isconcretetype(DataType), isconcretetype(typeof(+))
(true, true)
```

줄리아의 모든 타입들은 개념적 체계에 따라 Any 타입을 최상위 타입으로 하는 계층 구조를 이루고 있는데, 어떤 타입의 바로 아래 (하위) 타입은 여러 개일 수 있지만, 바로 위 (상위) 타입은 하나 밖에는 트리 구조(수형도)로 생각할 수 있다. 타입의 계층 구조에서 어떤 타입의 바로 위 (상위) 타입은 supertype 함수를 이용하여 구할 수 있다.(여기서 트리 구조란 가지가 아래로 뻗는 형태를 말한다.)

이 계층 구조에서 구체 타입은 최하위 타입이 된다.[8] 즉, 구체 타입은 트리 구조에서 어떤 가지의 잎(맨 끝, 말단)에 위치한다.

[8] 즉, 트리 구조에서 어떤 구체 타입이 다른 구체 타입의 아래에 위치하는 (하위) 타입이 될 수 없다.
한 가지 주의해야 할 점은, 계층 구조에서 바로 아래에 (하위) 타입을 갖지 않는다고 해서 구체 타입인 것은 아니라는 점이다. 10.2.1절을 참고하라.

주어진 타입 T로부터 Any 타입까지의 바로 위 상위 타입을 반복해서 프린트하는 함수를 작성하고, 이 함수를 이용하여 구체 타입 Float64로부터 Any까지 트리 상의 경로를 알아보자.

```
julia> function print_supertypes(T)
           print(T," ")
           T == Any || print_supertypes( supertype(T) )
           return
       end
print_supertypes (generic function with 1 method)
julia> print_supertypes(Float64)
Float64 AbstractFloat Real Number Any
```

계층 구조는 아주 깊고 복잡하게 구성되어 있는데, 어떤 구체 타입 T의 인스턴스는 T로부터 Any까지의 경로에 위치하는 모든 타입의 인스턴스로 간주된다.

이를 판단하는 부울 함수로 isa가 있는데, 어떤 구체 타입의 인스턴스 x와 어떤 타입 S에 대해 isa(x, S)가 true를 반환하면, x를 타입 S의 인스턴스로 볼 수 있다는 뜻이다. isa(x,S)를 x isa S로 쓸 수도 있다.

예를 들어, 앞 예제에의 결과로부터 Float64의 인스턴스 1.2를 추상 타입 AbstractFloat 의 인스턴스로 볼 수 있고, Real, Number, Any의 인스턴스로 볼 수도 있다.

```
julia> typeof(1.2)
Float64
julia> isa(1.2, Float64), isa(1.2, AbstractFloat)
(true, true)
julia> 1.2 isa Real, 1.2 isa Number, 1.2 isa Any
(true, true, true)
```

하위타입 연산자라 부르는 <:는 연산자 왼쪽 타입의 인스턴스로 볼 수 있는 모든 것을 오른쪽 타입의 인스턴스로 볼 수 있을 때 true를 반환한다.[9]. 또, T <: S가 true가 될 때, T를 S의 하위 타입, S를 T의 상위 타입이라고 한다.

```
julia> Float64 <: Float64, Float64 <: AbstractFloat, Float64 <: Real
(true, true, true)
julia> Float64 <: Float64 <: AbstractFloat <: Real <: Number
true
```

위 예제의 두 번째 코드가 참이 되는 경우는 나열된 순서에서 어떤 타입은 자신보다 왼쪽에 위치한 타입의 상위 타입이면서 자신보다 오른쪽에 위치한 타입의 하위 타입이 되는 경우이다.

수 체계를 다루기 위해 정의되어 있는 여러 타입 중, 부동 소수점의 구체 타입을 기준으로 계층 구조의 일부를 트리 구조로 나타내면 다음과 같다.[10]

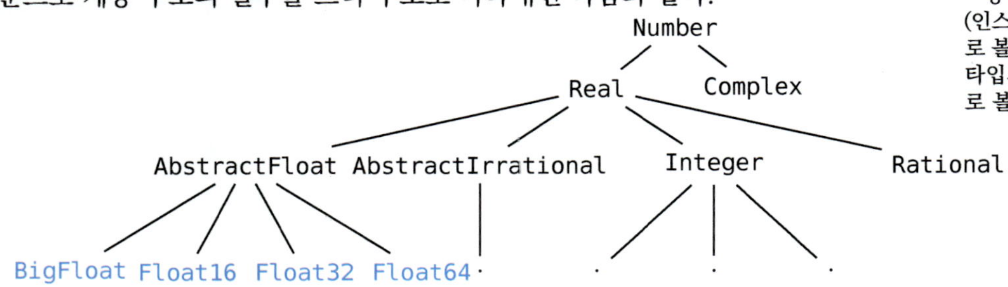

위 수형도에서 색이 있는 문자로 표시된 가장 하위 타입이 부동 소수점을 표현하는 구체 타입들이고, 이를 포괄하는 추상 타입이 AbstractFloat 타입이다. 또, 정수에 대한 구체 타입들을 포괄하는 추상 타입 Integer과 AbstractFloat 타입 등을 포괄하는 추상 타입으로 Real 타입이 실제 수체계와 유사하게 계층 구조를 이루고 있음을 알 수 있다.

[9] T <: S는 상위타입 연산자 >:를 이용한 S >: T와 같다.

[10] 정수에 대한 모든 구체 타입의 값(인스턴스)은 추상 타입 Real의 값으로 볼 수 있고, 모든 부동소수점 구체 타입의 값(인스턴스)도 Real의 값으로 볼 수 있다.

줄리아의 계층 구조(최하위 타입이 맨 밑에 위치하는 트리 구조)에서 어떤 타입들을 포괄하는 타입 중에서 가장 아래 쪽에 위치하는 타입은 가변 인자 함수 typejoin을 이용하여 구할 수 있다.

```
julia> typejoin( Int8, Int32, Bool )
Integer
julia> typejoin( typeof([1, 2]), typeof(1:3) )
AbstractVector{Int64} (alias for AbstractArray{Int64, 1})
```

참고 10.1. 상호작용이 가능한 환경에서 사용 가능한 함수

만약, 하위 타입들 또는 계층 상의 상위 타입들을 모두 구하려면 InteractiveUtils 패키지의 함수 subtypes, supertypes를 각각 이용하면 된다. 단, REPL, 쥬피터 노트북, VS code 등의 상호작용이 가능한 환경에서는 모듈명 없이 사용할 수 있지만, 파일에서 사용하기 위해서는 아래 코드와 같이 사용해야 한다.

```
julia> using InteractiveUtils
# REPL에서는 패키지를 로딩하는 윗 줄 필요 없음
# REPL에서는 모듈명이 필요 없음
julia> InteractiveUtils.subtypes(AbstractFloat)
4-element Vector{Any}:
 BigFloat
 Float16
 Float32
 Float64
julia> InteractiveUtils.supertypes(AbstractFloat)
(AbstractFloat, Real, Number, Any)
```

또, 주어진 상위 타입들의 계층 관계를 명시적으로 확인하고 싶으면 Base.show_supertypes 함수를 사용할 수 있다.(단, Base 모듈에서 export되지 않은 함수이므로 모듈명을 붙여 사용해야 한다.)

```
julia> Base.show_supertypes(Float64)
Float64 <: AbstractFloat <: Real <: Number <: Any
```

10.2.1 추상 타입도 아니고 구체 타입도 아닌 타입

타입의 계층 구조를 설명할 때, 트리 구조에서 어떤 가지의 가장 끝에 위치한다고 해도 구체 타입이 아닐 수도 있다고 언급했는데, 그 이유를 살펴보자.[11] 이 과정에서 줄리아의 타입 시스템이 풍부한 표현력을 갖는다는 것의 의미를 조금 이해할 수 있을 것이다.

[11] 구체 타입이 아니면서 추상 타입도 아닌 타입이 있다는 것과도 관련이 있다.

줄리아의 타입 시스템의 목적 중 하나는 10.1쪽에서 예로 든 함수에서 보듯이, 타입의 계층 구조를 이용하여 다중 디스패치의 장점도 누리고 실수로 원하지 않는 결과를 얻는 것을 미리 막는 것이다. 하지만, 고정된 계층 구조는 이런 목적을 충족시키는 것에 한계가 있다.

예를 들어, 줄리아의 계층 구조에서는 정수를 표현하는 추상 타입 Integer는 논리값을 표현하는 Bool 타입까지 포함하고 있으므로, 실제 정수에만 작용하는 함수를 정의하려면 Signed와 Unsigned 만을 포괄하는 새로운 타입이 필요하게 된다.[12]

[12] 즉, 앞서 공부한 추상 타입과 개념적으로는 유사한 목적의 타입이 필요하다는 뜻이다.

줄리아에서는 필요에 따라 주어진 타입 만을 포괄하는 새로운 형태의 타입을 다음과 같이 선언할 수 있다.[13]

[13] 10.5절을 참고하라.

```
julia> MyInt = Union{Signed, Unsigned}
Union{Signed, Unsigned}
julia> Signed <: MyInt <: Integer, Unsigned <: MyInt <: Integer
(true, true)
julia> Bool <: MyInt
false
```

이때, Signed 타입의 인스턴스와 Unsigned 타입의 인스턴스만을 MyInt의 인스턴스로 볼 수 있다.

또, 이렇게 만들어진 타입 MyInt과 줄리아의 다른 타입들과 구분하기 위한 계층 구조도 갖고 있다. 즉, 다른 타입들은 구체 타입 DataType의 인스턴스이지만, 새로 만든 MyInt는 구체 타입 Union의 인스턴스가 된다.

```
julia> typeof(Signed), typeof(Unsigned), typeof(Integer)
(DataType, DataType, DataType)
julia> typeof(MyInt)
Union
```

또, MyInt 타입은 직접 인스턴스를 만드는 것이 아니므로 구체 타입이 아니고, 추상 타입도 아닌 타입이 됨을 확인할 수 있고, 사용자가 만든 타입이므로 타입의 계층 체계에서 상위 타입이 정의되어 있지 않음을 확인할 수 있다.[14]

[14] 다른 타입 인스턴스들의 합집합에 대한 타입이라고 이해하면 된다.

```
julia> isconcretetype(MyInt), isabstracttype(MyInt)
(false, false)
julia> supertype(MyInt)
Error: MethodError: no method matching supertype(::Type{Union{Signed, Unsigned}})
Closest candidates are:
  supertype(!Matched::UnionAll)
   @ Base operators.jl:44
  supertype(!Matched::DataType)
   @ Base operators.jl:43
```

앞에서 예로 든 경우는 여러 타입의 인스턴스들의 합집합에 대응되는 타입을 사용자가 직접 만든 경우이지만, 처음부터 줄리아에서 이런 형태의 타입을 인스턴스로 갖는 구체 타입 `UnionAll`가 있다. [15]

[15] 10.4.2절을 참고하라.

예를 들어, 줄리아에서 유리수를 나타내는 타입은 분모, 분자의 정수 타입에 따라 `Rational{Int32}`, `Rational{UInt64}` 등 여러 가지 구체 타입이 있다. 줄리아에서 이들은 개별적으로 선언된 타입이 아니라 10.4절에서 소개할 타입 매개변수를 이용하여 한꺼번에 선언된 타입들이고, 이들 개별 구체 타입의 인스턴스를 모두 포함하는 다른 형태의 타입 `Rational`이 만들어져 있다. 이 `Rational` 타입은 구체 타입 `UnionAll`의 인스턴스가 된다.

`Rational` 타입은 구체 타입이 아니고 추상 타입도 아니다. `Union` 타입의 인스턴스로 만든 `MyInt` 타입과 달리, `supertype`을 이용해 계층 구조 상의 상위 타입도 확인할 수 있다.

```
julia> Rational{Int64} <: Rational <: Real <: Number <: Any
true
julia> Rational{UInt32} <: Rational <: Real <: Number <: Any
true
julia> typeof(Rational{Int64}), typeof(Rational)
(DataType, UnionAll)
julia> isconcretetype( Rational{Int64} )
true
julia> isconcretetype( Rational ), isabstracttype( Rational )
(false, false)
julia> supertype(Rational)
Real
```

또 `UnionAll` 타입의 인스턴스의 다른 예로는 배열을 생성하는 타입 `Array` 등이 있는데, 10.4.1절에서 자세히 다룬다.

10.3 추상 타입과 구체 타입의 선언 및 활용

10.3.1 추상 타입

추상 타입은 실제 값으로는 사용할 수 없지만, 개념적인 체계를 만들어서 특정 구체 타입에 의존하지 않고 최대한 일반적인 코드를 작성할 수 있게 한다. 예를 들어, `Int32`나 `Int64` 등의 특정 타입에 상관없이 부호를 갖는 정수에 적용되는 함수를 작성하고 싶다면, 추상 타입 `Signed`를 함수의 인자 타입으로 지정하면 된다.

예를 들어, 함수 `checkint`를 다음과 같이 정의하면, `Signed` 타입이 아닌 인자에 대해서만 인자의 타입을 반환하고, 그렇지 않은 경우 메소드가 정의되지 않았다는 오류가 발생하므로, 예기치 않은 결과를 방지할 수 있다.

```
julia> function checkint(x::Signed)
           return typeof(x)
       end
checkint (generic function with 1 method)
julia> checkint(Int8(15))
Int8
julia> checkint(15)
Int64
julia> checkint(UInt32(15))
Error: MethodError: no method matching checkint(::UInt32)
Closest candidates are:
  checkint(!Matched::Signed)
```

함수의 인자를 추상 타입으로 하더라도, 실행 시에는 함수가 호출될 때 넘겨받은 인자의 구체 타입에 따라 효율적인 기계어 코드가 생성되기 때문에, 구체 타입으로 함수를 정의한 경우와 성능상의 차이는 없다.

10.3.2 추상 타입의 정의

추상 타입은 `abstract type 타입명 end`와 같이 선언하는데, 타입명 뒤에 `<:`를 이용하여 상위 타입을 명시할 수 있다. 만약 상위 타입을 명시하지 않으면 `Any` 타입이 상위 타입이 된다.

수 체계와 관련하여 줄리아에 선언되어 있는 정수와 관련된 추상 타입의 선언을 예로 들면 다음과 같다.

```
abstract type Number end
abstract type Real <: Number end
abstract type Integer <: Real end
abstract type Signed <: Integer end
abstract type Unsigned >: Integer end
```

위와 같은 방법으로 자신만의 논리 구조에 맞는 추상 타입의 계층을 정의하고, 최하위 계층으로 복합 타입이라고 부르는 사용자 정의 타입을 만들 수 있는데, 10.3.4 절에서 다룬다.

10.3.3 구체 타입

구체 타입은 실제 값을 가질 수 있는 최하위 타입으로 다시 원시 타입(primitive type)과 복합 타입(composite type)으로 나뉜다.

원시 타입은 `Bool`[16], `Int64`, `Float64`, `Char` 등과 같이 기본적인 데이터 타입으로, 더 복잡한 복합 타입을 구성하는 구성 요소이다.

[16] `Bool`타입의 바로 위 상위 타입은 추상 타입 `Integer`이다.

줄리아에 선언되어 있는 타입이 원시 타입인지를 확인하려면 부울 함수 isprimitivetype을 이용하면 된다.

```
julia> isprimitivetype(Char)
true
julia> isprimitivetype(String)
false
julia> isprimitivetype(Array)
false
```

원시 타입은 키워드 primitive type으로 시작해서 저장에 필요한 비트 수를 명시하는 방식으로 선언하는데, 사용자가 새로운 원시 타입을 선언하는 것보다는 복합 타입으로 쓰는 것이 낫다. 여기서는 줄리아의 원시 타입 Bool이 어떻게 선언되어 있는지가 살펴본다.

```
primitive type Bool <: Integer 8 end
```

10.3.4 복합 타입의 선언

2.6절에서 소개했듯이, 복합 타입은 명명된 필드로 구성된 사용자 정의 타입이다. 복합 타입이 객체지향언어에서 말하는 클래스/객체와 다른 점은, 멤버 함수를 가질 수 없고 멤버 변수(필드)도 모두 외부에서 접근 가능하다는 것이다. 이런 점에서 C 언어의 구조체와 닮은 면이 있다.

복합 타입 선언의 예로 복소수의 크기 r과 편각 θ를 표현하는 Polar 타입을 만들어 보자.[17] REPL 환경에서는 (종료 후 재실행을 하지 않으면) 동일한 타입명의 복합 타입을 다시 정의할 수 없으므로, 우선 Polar1이란 이름으로 시작하자. (단, θ는 유니코드 문자 [\theta+tab])

```
julia> struct Polar1 <: Number
           r::Float64
           θ::Float64
       end
```

위 예제 코드에서 보듯이, 복합 타입의 선언은 struct로 시작하고, 이름 뒤에 <:를 이용하여 상위 타입을 명시할 수 있다.[18] r과 θ는 필드 이름이고 :: 다음에 해당 필드의 타입을 선언할 수 있다. 만약 필드의 타입을 선언하지 않으면 Any 타입으로 아무 값이나 할당될 수 있다.

[17] 대한수학회에서 제공하는 네이버 수학백과'의 '복소수' 항목에서 극형식을 참고하라.

[18] Polar1을 Number의 하위 타입으로 선언한 이유는 10.6.1절에서 설명한다.

이처럼 복합 타입을 선언하면, 타입명과 동일한 이름을 갖는 두 개의 메소드가 자동으로 만들어져서 해당 타입의 객체[19]를 생성할 수 있게 되는데, 이 메소드를 타입의 생성자라고 부른다. 이 중 한 메소드는 필드의 타입에 맞는 인자가 전달될 때 객체를 생성하는 메소드이고, 다른 하나는 가능한 조건 하에서 전달된 인자를 제한된 인자 타입으로 바꾸어 생성하는 메소드이다.

[19] 여기서 객체는 객체지향언어에서 말하는 객체가 아니라, 타입 생성자를 통해 생성된 인스턴스라는 의미이다.

```
julia> a = Polar1(1.0, pi/2)
Polar1(1.0, 1.5707963267948966)
julia> a.r, a.θ
(1.0, 1.5707963267948966)
julia> @which Polar1(1.0, pi/2)
Polar1(r::Float64, θ::Float64)
     @ Main REPL[100]:2
julia> Polar1(1, pi/2)
Polar1(1.0, 1.5707963267948966)
julia> @which Polar1(1, pi/2)
Polar1(r, θ)
     @ Main REPL[100]:2
```

위 예제 코드에서 `@which` 매크로는 뒤에 나오는 함수 호출이 어떤 메소드를 실행하는지 확인하는데 사용하는 매크로이다.[20]

[20] 이 결과에서는 줄리아 터미널의 REPL 환경에서 100번째 줄에 정의되는 있는 `Polar1` 타입의 생성자임을 알려준다.

`struct`로 선언한 복합 타입은 기본적으로 변경 불가능한(immutable) 타입이다.[21] 예를 들어, 앞에서 정의한 `Polar1` 타입의 객체 `a`에서 필드 `r`의 값을 변경하려고 하면 다음과 같이 오류가 발생한다.

[21] 타입의 변경 가능성에 대해서 201쪽 참고 10.2을 확인하기 바란다.

```
julia> a.r = 4
Error: setfield!: immutable struct of type Polar1 cannot be changed
```

변경 가능한 복합 타입을 만들려면 타입을 선언할 때 앞에 `mutable`을 붙여주면 된다. `Polar2`라는 이름으로 변경 가능한 복합 타입을 선언해보자.

```
julia> mutable struct Polar2 <: Number # 변경 가능한 복합 타입
           r::Float64
           θ::Float64
       end
julia> z = Polar2(2,pi)
Polar2(2.0, 3.141592653589793)
julia> z.r = 4  # 필드값을 바꿀 수 있음
4
```

한 가지 주의할 점은 “변경 불가능 타입이라 할지라도 배열과 같은 변경 가능한 타입의 필드를 가질 수 있다”는 것이다. 이 경우, 필드가 가리키는 값 자체는 내부적으로 변경될 수 있더라도, 필드가 다른 값을 가리키도록 변경될 수는 없다. 다음 예를 통해 그 의미를 확인해보자.

```
julia> struct Test1
         a::Array
       end
julia> tt = Test1(zeros(5)); tt.a[2] = 3 # 필드가 가리키는 값은 변경 가능
3
julia> tt.a = ones(5) # 필드을 다른 값으로는 변경 불가능
Error: setfield!: immutable struct of type Test1 cannot be changed
```

10.3.5 복합 타입의 내부 생성자/외부 생성자

실제로는 극형식을 선언할 때 Polar 타입의 필드 r을 음이 아닌 실수로 정의해야 하는데, 이처럼 필드에 제한 조건이 필요한 경우에는 struct 구문 내에서 내부 생성자라고 부르는 함수를 타입명과 동일하게 정의하면 된다. 한 가지 주의해야 할 점은 반환값을 반드시 특별한 함수 new로 정의해야 한다는 점이다. 다음 예를 살펴보자.

```
julia> struct Polar3 <: Number
         r::Float64
         θ::Float64
         function Polar3(r, θ)
           r >=0 || throw(ArgumentError("negative r"))
         return new(r, θ)  # new 함수를 이용하여 반환함에 주의
         end
       end
julia> Polar3(1.0, pi).r, Polar3(1, 2).r
(1.0, 1.0)
julia> Polar3(-1.0, pi)
Error: ArgumentError: negative r
```

위 예제에서 확인할 수 있듯이 인자의 가능한 타입 변환은 new 함수에서 이루어지고, 내부 생성자를 정의한 경우 만들어지는 생성자 메소드는 1가지이다.[22]

[22] methods 함수를 이용하여 각자 확인해 보기 바란다.

내부 생성자를 정의했는지와 관계없이 복합 타입 선언 외부에서 생성자를 추가할 수 있는데, 이를 외부 생성자라고 부른다. 외부 생성자는 이름이 타입명과 같아야 한다는 것을 제외하면, 일반 함수(메소드)와 동일한 방법으로 정의한다.

앞서 선언한 복합 타입 Polar3은 복소수 $z = |z|(\cos\theta + i\sin\theta)$를 크기 $r = |z|$와 편각 θ로 표현하는 것이다. 따라서 다음과 같이 외부 생성자를 정의하면, 실수 r만 주어질 때도 복합 타입 Polar3의 인스턴스를 적절하게 생성할 수 있다.[23]

[23] 양의 실수는 편각이 0인 복소수, 음의 실수는 편각이 π인 복소수임을 반영한다.

```
julia> Polar3(r) = (r >= 0) ? Polar3(r, 0) : Polar3(-r, pi)
Polar3
julia> z1=Polar3(-2);  z1.r, z1.θ
(2.0, 3.141592653589793)
```

10.3.6 추상 타입의 활용 방법

줄리아의 추상 타입은 필드를 가질 수 없고, 모든 타입은 객체지향언어의 클래스와 다르게 멤버 함수를 가질 수 없다. 하지만 다음 예제와 같이 사용자 정의 타입에 대한 공통 행위를 함수로 정의하는 것에는 아무런 문제가 없다.[24]

[24] 이 책을 만들면서 전체 예제 코드를 동일한 REPL 환경에서 실행시켜 LuaLaTeX에 자동으로 포함시키고 있으므로, 2.6절에서 정의했던 복합 타입 Cat과 구분하기 위해 뒤에 숫자를 붙였다.

```
julia> abstract type Pet end
julia> struct Dog1 <: Pet
         name::String
       end
julia> struct Cat1 <: Pet
         name::String
       end
julia> printname(x::Pet) = println(x.name)
printname (generic function with 1 method)
julia> p1 = Cat1("키티")
Cat1("키티")
julia> p2 = Dog1("플루토")
Dog1("플루토")
julia> printname(p1)
키티
julia> printname(p2)
플루토
```

위 예에서 보듯이, `Cat1` 타입과 `Dog1` 타입을 포괄하는 추상 타입 `Pet`을 이용하여 두 타입에 공통으로 사용할 수 있는 함수 `printname`를 정의할 수 있다.[25]

[25] 즉, 객체지향언어의 상속 기능을 다른 방식으로 해결할 수 있다.

10.4 매개변수 타입

줄리아에서 유리수를 표현하는 구체 타입은 분모와 분자의 정수 타입에 따라 `Rational{Int64}`, `Rational{Int32}` 등이 있다. 실제로는 이들 각각이 선언되어 있는 것이 아니라, 타입 매개변수라고 부르는 `T`를 이용하여 다음 형태로 선언되어 있다.

```
struct Rational{T <: Integer} <: Real
    num::T #분자
    den::T #분모
    생략
end
```

즉, 분자, 분모의 실제 타입 `S <: Integer` (예를 들어, `Int64`, `UInt32` 등)에 대해 구체 타입 `Rational{S}`이 한꺼번에 선언되는 것으로 이해하면 된다.

예를 들어, 좌표평면의 점을 나타내는 복합 타입 `Coord`을 선언한다고 하자. 이때, x 좌표와 y 좌표에 대응되는 두 개의 필드를 설정하면 되는데, 만들어진 `Coord` 타입을 모든 좌표가 정수인 경우, 모든 좌표가 유리수인 경우 등을 구별해서 사용하고 싶다면 타입 매개변수 `T`를 사용하여 다음과 같이 선언하면 된다.[26]

[26] 타입 매개변수를 사용하지 않는다면, 필드의 타입에 따라 서로 다른 이름을 갖는 복합 타입을 만들어야 할 것이다.

```
julia> struct Coord{T <: Real}
           x::T
           y::T
       end
julia> Coord(1, 2)
Coord{Int64}(1, 2)
julia> Coord(1//3, 2//2)
Coord{Rational{Int64}}(1//3, 1//1)
julia> Coord(1.0, 2.0)
Float64}(1.0, 2.0)
julia> Coord(1//2, 2)
Error: MethodError: no method matching Coord(::Rational{Int64}, ::Int64)
Closest candidates are:
  Coord(::T, !Matched::T) where T<:Real
```

위 예에서 볼 수 있듯이, 실제 타입 생성자에 전달된 필드 값의 타입이 `Int64`이면 `Coord{Int64}` 타입의 인스턴스가 만들어지고, 전달된 필드 값의 타입이 `Float64`이면 `Coord{Float64}` 타입의 인스턴스가 만들어진다.

타입 매개변수를 이용한 복합 타입 선언에서 `T <: Real`의 의미는 추상 타입 `Real`의 하위 타입이기만 하면 어떤 구체 타입도 사용할 수 있다는 의미이다.

만약 생성자로 전달되는 두 필드 값의 타입이 다르면, 위 코드의 마지막 실행과 같이 해당 생성자가 정의되어 있지 않아 오류가 발생하는데, 다음 예제 코드와 같이 타입 매개변수 `T`의 타입을 명시하여 생성하면 된다.

```
julia> Coord{Rational{Int64}}(1//2, 2)
Coord{Rational{Int64}}(1//2, 2//1)
```

10.4.1 타입 시스템 관점에서의 배열

2.4.2절에서 배열을 다룰 때, 1 차원 배열에 초점을 두고 설명했었는데, 이 소절에서는 다차원 배열을 타입 시스템 관점에서 설명한다.[27]

[27] 다차원 배열의 사용법에 대해서는 12 장에서 자세히 다룬다.

다차원 배열은 두 개의 타입 매개변수 `T`와 `N`을 이용하여 `Array{T, N}`으로 선언되어 있다. 이때, 타입 매개변수 `T`는 원소의 타입이고, `N`은 차원의 수이다. 다소 혼란스러울 수도 있지만, 줄리아에서는 차원의 수와 같이 값 자체도 타입 매개변수로 사용할 수 있다.

따라서 `Array{Float64, 1}` 타입과 `Array{Float64, 2}`는 서로 다른 타입이다.

줄리아에서 매개변수 타입으로 선언되어 있는 배열의 생성자는 좀 더 복잡하게 정의되어 있고, 배열 리터럴 규칙[28]에 따라 값을 나열하면 배열이 생성하도록 되어 있다. 배열 리터럴을 이용한 다차원 배열의 생성은 12장에서 다루기로 하고, 여기서는 생성자를 이용하여 초기화되지 않은 값을 갖는 배열을 생성하는 방법을 알아보자.

예를 들어, Float32 타입의 요소를 갖는 $2 \times 3 \times 2$ 차원 배열을 생성하려면 다음과 같이 첫 번째 인자로 undef을 넘겨주면 된다.[29]

[28] [ ] 사이에 값을 나열하는 규칙

[29] Float32 타입의 요소를 갖는 1차원 배열은 빈 배열을 Array{Float32,1}( )과 같이 생성하고 push! 함수를 이용해 요소를 채워 넣을 수 있지만, 비어있는 다차원 배열은 생성하지 못한다.

```
julia> Array{Float32}(undef, 2, 3, 2)
2×3×2 Array{Float32, 3}:
[:, :, 1] =
 9.184f-41  9.0f-44  1.04657f34
 9.184f-41  7.0f-45  9.5f-44
[:, :, 2] =
 9.1845f-41  9.7f-44    1.04657f34
 1.0f-44     9.184f-41  9.8f-44
```

위 예제에서 첫 번째 인자 undef[30]은 초기화되지 않은(즉, 쓰레기 값을 갖는) 배열을 생성하라는 의미이고, 두 번째부터는 배열의 차원을 나타내는 가변 인자들이다. 호출 시 사용된 타입 생성자는 Array{Float32}이지만, 실제 생성된 배열의 타입은 Array{Float32, 3}인데, 이 두 타입의 계층 관계는 다음과 같다.

[30] undef은 다음 소절에서 다룰 싱글턴 타입 UndefInitializer의 생성자에 대한 별칭이다.

```
julia> Array{Float32,3} <: Array{Float32} <: Array
true
julia> typeof(Array{Float32, 3}), typeof(Array{Float32}), typeof(Array)
(DataType, UnionAll, UnionAll)
```

10.3절에서 설명했던 Rational 타입 처럼, Array{Float32} 타입은 UnionAll 타입의 인스턴스이다. 즉, Array{Float32}는 Array{T, N}에서 요소 타입 T만 Float32로 고정되고, 모든 차원에 대해 Array{Float32, 1}, Array{Float32, 2}, ··· 등을 모두 포함하는 타입으로 생각하면 된다.

실제로 Array 타입도 매개변수를 명시하면 Array{T, N} where T where N으로 나타낼 수 있다.

Array{T, N}에서 다차원 배열의 차원만 고정한 매개변수 타입은 다음과 같이 키워드 where를 이용하여 만들 수 있다.

```
julia> Array{T, 1} where T
Vector (alias for Array{T, 1} where T)
julia> Array{T, 2} where T
Matrix (alias for Array{T, 2} where T)
julia> Array{Int64, 1} <: Array{T, 1} where T
true
julia> Array{Float64, 1} <: Array{T, 1} where T
```

```
true
julia> typeof(Array{T, 1} where T), typeof(Array{T, 2} where T)
(UnionAll, UnionAll)
```

위 예제 코드의 결과에서 알 수 있듯이, Array{T, 1} where T 타입은 임의의 타입 S에 대해 Array{S, 1}을 모두 포함하는 타입이다.[31] 1차원 배열에는 Vector, 2차원 배열에는 Matrix라는 별칭이 주어져 있다.

[31] 명시되지 않은 타입 매개변수를 가지므로 Array{T, 1} where T의 타입을 구하면 UnionAll이 된다.

만약, Array{T} where T에서 타입 매개변수 T에 제한 조건이 있는 타입을 만들려면 키워드 where 뒤에 하위 타입 연산자와 상위 타입 연산자를 적절히 이용하여 제한 조건을 주면 된다. 예를 들어, 타입 매개변수가 가능한 모든 타입이 아니라 Int32와 Int64로만 제한한 타입 MyArray를 작성하고 확인해 보자.

```
julia> MyArray = Array{T} where T <: Union{Int32, Int64}
Array{T} where T<:Union{Int32, Int64}
julia> Array{Int32, 4} <: MyArray, Array{Int64, 5} <: MyArray, Array{Int16, 2} <: MyArray
(true, true, false)
julia> Array{Int32} <: MyArray, Array{Int64} <: MyArray, Array{Int16} <: MyArray
(true, true, false)
julia> MyArray <: Array{<:Signed}
true
```

위 코드의 마지막 줄에서 Array{<:Signed}는 Array{T} where T<:Signed를 다르게 쓰는 방법이다.[32]

[32] 190쪽을 참고하라.

10.4.2 *UnionAll* 타입

Rational, Array, Array{Float32}, Array{T, 1} where T 타입들의 공통된 특성은 고정되지 않은 타입 매개변수로 나타낼 수 있는 모든 타입들을 합쳐 놓은 타입이라는 것이다. 이런 특성을 나타내는 타입은 모두 UnionAll 타입의 인스턴스이다. 다시 말해, typeof 함수를 이용하여 이들 타입의 타입을 확인하면 모두 UnionAll 타입이 된다.

앞 절에서 살펴보았듯이 UnionAll 타입의 인스턴스가 되는 타입은 매개변수 타입에서 키워드 where를 이용하여 만들 수 있다.[33]

[33] 물론 사용자가 직접 자신 만의 UnionAll을 타입으로 갖는 타입을 만들 수도 있지만, 이 책의 수준을 벗어난다.

추상 타입의 경우처럼, UnionAll 타입의 인스턴스가 되는 타입들은 자신이 합쳐 놓은 타입에 대해 공통의 행위를 정의할 때 유용하다.[34] 예를 들어, 다음 형태로 함수를 정의하면, 요소의 타입과 차원에 관계없이 다차원 배열에 작용하는 함수가 된다.

[34] 10.2.1절을 참고하라.

```
함수명(a::Array)
```

10.4.3 매개변수 타입에 대한 무공변성

줄리아에서 Real은 값을 가질 수 없는 추상 타입이지만, Vector{Real}은 아래 예제 코드에서 보듯이 Real의 하위 타입인 어떤 값도 요소로 가질 수 있는 구체 타입이다. 단, 요소의 타입이 고정되어 있지 않으므로, Vector{Real}의 배열 메모리에는 값이 아니라 요소 값들에 대한 포인터가 저장된다.

```
julia> isconcretetype(Vector{Real})
true
julia> a = Vector{Real}( )
Real[]
julia> push!(a, 1)
1-element Vector{Real}:
 1
julia> push!(a, pi)
2-element Vector{Real}:
 1
 π = 3.1415926535897...
julia> typeof(a[1]), typeof(a[2])
(Int64, Irrational{:π})
```

따라서, Int64는 Real의 하위 타입이지만, Vector{Int64}는 Vector{Real}의 하위 타입이 아니다.[35]

[35] 앞서 설명했듯이, 구체 타입들은 타입 계층 구조에서 최하위 타입이다.

```
julia> Int64 <: Real, Vector{Int64} <: Vector{Real}
(true, false)
```

일반적으로 줄리아에서는 어떤 매개변수 타입 타입명{T}에 대해서, 타입 A와 B 사이에 A <: B가 성립한다고 해서, 타입명{A} <: 타입명{B}가 성립하지 않는데, 이를 매개변수 타입의 무공변성(invariant)이라고 한다.

개념적으로는 모든 요소가 정수인 벡터는 모든 요소가 실수인 벡터의 부분집합이 되는 것이 당연하다. 줄리아에서는 이를 반영하기 위해 Vector{Int64}, Vector{Float64} 등의 타입을 하위 타입으로 갖는 타입을 UnionAll 타입의 Vector{<:Real}로 해결한다. 실제로 Vector{<:Real}는 Vector{T} where T<:Real과 같은 타입이다.[36]

[36] 10.4.1쪽에서 설명을 참고하라.

```
julia> Vector{Int64} <: Vector{<:Real}
true
julia> (Vector{T} where T <: Real) <: Vector{<:Real}
true
julia> Vector{<:Real} <: (Vector{T} where T <: Real)
true
julia> Vector{<:Real} == (Vector{T} where T <: Real)
true
```

10.4.4 매개변수 추상 타입

추상 타입도 매개변수를 가질 수 있다. 예를 들어, `Vector{Int32}`의 상위 타입을 구해보면 추상 타입 `DenseVector{Int32}`인데, 매개변수 추상 타입임을 알 수 있다.

```
julia> supertype(Vector{Int32})
DenseVector{Int32} (alias for DenseArray{Int32, 1})
julia> isabstracttype(DenseVector{T} where T)
true
```

예를 들어, `1:0.1:3`과 같은 범위 객체와 1차원 배열은 다른 타입이지만 공통의 상위 타입으로 추상 타입 `AbstractVector`를 갖는다. 이를 이용하여 `Real`의 하위 타입을 요소 타입으로 갖는 다양한 자료구조를 입력으로 하는 함수를 작성한다면, 인자 타입을 `AbstractVector{<:Real}`로 하면 된다.[37]

[37] 매개변수 타입의 무공변성 때문에 `AbstractVector{Real}`을 쓰면 안 된다.

```
julia> typejoin( typeof(1:0.1:3), Vector{Int64} )
AbstractVector (alias for AbstractArray{T, 1} where T)
julia> Vector{Float32} <: AbstractVector{<:Real}
true
julia> typeof(1:0.1:3) <: AbstractVector{<:Real}
true
julia> typeof( range(start=1, stop=5, length=100) ) <: AbstractVector{<:Real}
true
```

10.5 그 외 타입들

10.5.1 싱글턴 타입

필드가 없고 변경 불가능한 복합 타입을 싱글턴 타입(singleton type)이라고 부른다. 싱글턴 타입은 생성자를 여러 번 호출해도 완전히 동일한 객체가 반환된다.[38]

[38] 완전히 동일한 객체란 의미는 줄리아에서 두 객체를 구분할 수 없다는 뜻이다. 변경 가능한 객체의 경우에는 두 객체의 메모리 주소가 같다는 뜻이고, 변경 불가능한 객체의 경우에는 비트 차원에서까지 동일하다는 뜻으로 `===`를 통해 판단한다. 반면에 `==`는 값이 같은지만 판단한다.

다음 예제를 통해 싱글턴 타입은 최초 생성된 객체가 반복 호출에도 계속 반환되는 것을 확인할 수 있다.

```
julia> struct NoFields end
julia> a1 = NoFields( ); a2 = NoFields( )
NoFields()
julia> a1 == a2, a1 === a2
(true, true)
julia> b1 = [1, 2]; b2 = [1, 2]
2-element Vector{Int64}:
 1
 2
julia> b1 == b2, b1 === b2
(true, false)
```

싱글턴 타입을 확인하는 함수 issingletortype는 Base 모듈에서 export되지 않으므로 Base.issingletontype으로 사용해야 한다. 예를 들어, 앞서 배열의 초기화에 사용했던 undef은 싱글턴 타입 UndefInitializer의 인스턴스이다.

```
julia> Base.issingletontype( NoFields )
true
julia> Base.issingletontype( typeof(undef) )
true
```

10.5.2 *Nothing* 타입

다음 예제의 함수 myprint는 함수 내부에서 입력 인자로 전달 받은 것을 화면에 출력만 하고 아무 것도 반환하지 않는다.[39] 줄리아에서는 아무 것도 없는 것을 나타내는 인스턴스로 nothing을 사용한다. 또 어떤 객체가 nothing인지를 확인하는 함수는 isnothing이다.

[39] 함수에서 return을 명시하지 않으면 마지막 줄의 값이 반환된다고 했는데, println 함수는 nothing을 반환한다.

```
julia> function myprint(x)
           println(x)
       end
myprint (generic function with 1 method)
julia> a = myprint(3)
3
julia> typeof(a), isnothing(a)
(Nothing, true)
julia> a === nothing === Nothing( )
true
```

실제로 nothing은 싱글턴 타입인 Nothing 타입의 인스턴스이다.

10.5.3 함수 타입

줄리아에서 함수명을 갖는 함수는 제각각 자신만의 고유한 싱글턴 타입을 갖고, 함수 이름이 인스턴스가 된다. Function을 상위 타입으로 갖는다. 단, 익명 함수의 타입은 싱글턴 타입이 아닐 수 있다. 다음 예제를 통해 확인해 보자.

```
julia> Base.issingletontype( typeof(myprint) )
true
julia> supertype( typeof(myprint) )
Function
julia> Base.issingletontype( typeof(x->x^2) )
true
julia> supertype( typeof(x->x^2) )
Function
```

어떤 함수의 반환값으로 함수가 주어지는 경우, 이 함수에 이름을 붙이지 않으면 (익명 함수로 처리하면) 고유한 타입은 갖지만 싱글턴 타입은 아니다.

```
julia> function genfunc(x)
           g(y) = x +y
           return g
       end
genfunc (generic function with 1 method)
julia> Base.issingletontype( typeof(genfunc) )
true
julia> Base.issingletontype( typeof(genfunc(1)) )
false
julia> h(x) = genfunc(1)
h (generic function with 1 method)
julia> Base.issingletontype( typeof(h) )
true
```

10.5.4 튜플 타입

자료 구조 타입에서 공부했던 튜플 타입은 다양한 타입의 순서 있는 나열로 생각하면 되고, 변경 불가능한 타입이다.

```
julia> typeof( (1, 1.0, "1") )
Tuple{Int64, Float64, String}
```

한 가지 강조할 점은 배열과 달리 튜플 타입에 대해 다음과 같은 공변성[40](covaiant)이 있다.

T1 <: S1, T2 <: S2, · · · , Tn <: Sn이면 Tuple{T1,..., Tn} <: Tuple{S1,...,Sn}
이 성립한다.

[40] 10.4.3절에서 배열 타입은 무공변성이라는 것을 배웠다.

```
julia> Tuple{Int64, Float32} <: Tuple{Signed, Real} <: Tuple{Real, Real}
true
```

함수의 인자들도 튜플 타입으로 나타내어지기 때문에, 공변성에 따른 튜플 타입 사이의 상하위 관계는 함수를 선언할 때 인자 타입과 함수 호출 시에 넘기는 인자 타입들의 관계에도 그대로 적용된다.[41]

[41] 11.1절에서 함수의 다중 디스패치를 다룰 때 자세히 설명한다.

10.5.5 유니언 타입

10.2.1쪽에서 소개했던 유니언 타입(Union type)을 이용하여, 함수의 인자로 전달되는 것이 없을 때도 오류없이 처리하는 함수를 작성해 보자.

```
julia> function nullable(x :: Union{Real, Nothing}=nothing)
         isnothing(x) ? 0 : x+1
       end
nullable (generic function with 2 methods)
julia> nullable( ), nullable(nothing), nullable(0)
(0, 0, 1)
```

위 예제 코드에서 함수 인자에 기본값을 지정하는 방법으로 인자를 전달하지 않아도 오류가 발생하지 않게 작성하였다.

또, 줄리아의 함수 isnothing( )는 입력 인자를 전달할 때만 판단하는 함수인데, 위의 예제와 동일한 방법으로 입력이 없는 것도 nothing이 전달된 것으로 다음과 같이 작성할 수 있다.

```
julia> myisnothing(a = nothing) = a==nothing
myisnothing (generic function with 2 methods)
julia> myisnothing( )
true
julia> myisnothing( ) == myisnothing(nothing)
true
```

10.5.6 타입 실렉터

줄리아에서 임의의 타입 T에 대해 매개변수 추상 타입 Type{T}는 T 만을 인스턴스로 갖는 특별한 타입이다. 다시 말해, 어떤 타입 S에 대해 S isa Type{T}가 true가 성립하는 경우는 S === T인 경우 뿐이라는 의미이다.

조금 어렵게 느껴질 수 있지만, 경우에 따라 타입 T 자체를 값으로 함수의 인자에 전달해야 하는 경우가 생기는데[42], 특정 타입 T만을 인자의 값으로 받을 수 있게 함수를 선언하려면, 이 인자를 특정 타입 T만을 인스턴스로 갖는 타입으로 제한해야 한다.[43] 이 목적을 위해 만들어진 타입이 Type{T}이고, 이런 의미로 **타입 실렉터**(type selector)라고 부른다.

줄리아에 선언되는 타입 뿐만 아니라 사용자가 정의하는 모든 타입에 대해서도 타입 셀렉터를 사용할 수 있다.[44]

```
julia> isa(Int64, Type{Int64}), isa(Rational, Type{Rational})
(true, true)
julia> struct Mytype end
julia> isa(Mytype, Type{Mytype})
true
```

이와 관련하여, 모든 타입을 인스턴스로 갖는 추상 타입으로 Type이 있다.

[42] 198쪽 convert 함수의 코드에 대한 설명을 참고하라.

[43] 예를 들어, 함수 f의 인자 x가 정수 값만을 함수의 인자로 받도록 함수를 선언하려면 x::Integer와 같이 인자가 받을 값의 타입을 명시하여 함수를 선언하는 것과 같은 논리이다.

[44] isa(2, Int64)는 true이지만, 2는 타입이 아니므로 isa(2,Type{Int64})은 false이다.

10.5.7 *IO* 타입과 하위 구체 타입들

스트림(stream)은 시간에 따라 순차적으로 생성되거나 처리될 수 있는 데이터의 흐름을 나타내는 추상적인 개념인데, 줄리아에서는 이를 추상 타입 `IO`로 정의하고, 파일, 네트워크, 콘솔 등 다양한 입출력 장치에 대해 `IO`의 하위 구체 타입을 적절하게 정의한다. 이때, `IO` 타입의 하위 타입들은 `IO`의 동일한 인터페이스에 대해 구체 타입별 메소드를 특성에 맞게 구현함으로써 다양한 입출력 장치를 일관된 방식으로 다룰 수 있다. 즉, 입출력 장치에 무관하게 데이터에 일정한 작업을 하는 함수를 `process(io::IO)`와 같이 정의하고, `IO`의 구체 타입별로 함수 `process`의 구체적인 구현을 메소드로 작성하면, 입출력 장치에 무관하게 데이터에 대해 동일한 작업을 일관되게 할 수 있다는 의미이다.

추상 타입 `IO`의 주요 구체 타입은 다음과 같다.

- `Base.TTY` 타입 : 터미널(Teletypewriter) 장치를 나타내는 타입으로, 터미널로부터 입력을 받거나 터미널로 출력을 보낼 때 사용하는 타입으로 `Base.TTY`의 객체 `stdin`, `stdout`, `stderr`는 각각 표준 입력, 표준 출력, 표준 에러 스트림에 연결된 객체이다. 기본적으로 `stdin`은 키보드에 연결되어 있고, `stdout`은 컴퓨터 화면에 연결되어 있지만, 줄리아 1.7부터는 리다이렉션을 통해 `IO`의 하위 타입 객체들을 연결시킬 수도 있다.[45]
- `IOStream` 타입 : 파일이나 네트워크 연결을 다룰 때 사용하는 타입으로, 예를 들어 `f = open("파일명")`과 같이 파일을 열면, `f`는 `IOStream`의 객체가 된다.
- `IOBuffer` 타입 : 메모리 내의 바이트 배열을 마치 파일처럼 취급하여 입출력 작업을 수행하는데 사용되는 객체로, 문자열이나 바이너리 데이터를 임시로 저장하고 읽는데 유용하다. 특히, 데이터의 형식을 변환하거나 버퍼링하는데 많이 활용된다.

이들 `IO` 타입의 하위 구체 타입에 대해 공통으로 수행할 수 있는 주요 작업을 정리하면 다음과 같다.

- 열기와 닫기: `open` 함수를 사용하여 파일을 열거나 네트워크 연결을 설정하고, `close` 함수를 사용하여 스트림을 닫는다.[46]
- 읽기: `read`, `readline`, `readlines`, `readuntil`, `eachline` 등의 함수를 사용하여 스트림으로부터 데이터를 읽어온다. 이때, 읽는 데이터의 형식을 지정할 수 있다.
- 쓰기: `write`, `println`, `print` 등의 함수를 사용하여 스트림으로 데이터를 쓴다.
- 탐색: 파일과 같은 일부 스트림에서는 `seekstart`, `seekend`, `seek` 함수를 사용하여 읽기/쓰기 위치를 이동할 수 있다.

[45] 줄리아 공식 문서에서 `redirect_stdio` 함수를 참고하라.

[46] 일부 `IO` 타입은 명시적인 열기/닫기 과정이 없을 수도 있다.

- 플러시: flush 함수를 사용하여 버퍼링된 데이터를 즉시 해당 장치로 보내도록 강제한다.
- 상태 확인: eof 함수를 사용하여 스트림의 끝에 도달했는지 확인할 수 있고, position 함수를 사용하여 스트림의 위치를 확인할 수 있다. 또, 스트림이 열려 있는지 확인하려면 isopen를 사용하면 된다.

위 함수들의 사용법은 줄리아 공식 문서를 참고하고, 여기서는 IOBuffer 객체를 생성하고, 데이터를 쓰고 읽는 것을 연습해 보자.

```
julia> buffer = IOBuffer( ); typeof(buffer)
IOBuffer (alias for Base.GenericIOBuffer{Array{UInt8, 1}})
julia> write(buffer, "In-memory data.");
15
julia> seekstart(buffer);  position(buffer)
0
julia> data = read(buffer, String); println(data)# 문자열로 읽어들임
In-memory data.
julia> seek(buffer, 3); position(buffer)
3
julia> read(buffer, Char)
'm': ASCII/Unicode U+006D (category Ll: Letter, lowercase)
julia> seekstart(buffer); read(buffer, Char)
'I': ASCII/Unicode U+0049 (category Lu: Letter, uppercase)
julia> close(buffer)
```

위 예제 코드에서 IOBuffer는 복합 타입의 생성자이고, 생성된 객체는 저장한 바이트의 위치에 대한 필드를 갖고 있는데, seekstart와 seek함수는 바이트 단위로 이 필드의 값을 바꾸는 함수이고, position 함수는 이 위치를 반환하는 함수이다. [47]

[47] 줄리아 v1.11.5 현재 기준으로 이 함수들의 반환값은 필드가 수정된 객체 자신이다.

예를 들어, seekstart 함수는 메모리에 저장된 바이트의 가장 앞 위치로 이동시켜야 하므로 위치가 0이 되고, read(buffer, Char)로 읽으면, 1바이트를 읽고 위치가 1로 바뀐다.

비슷하게 seek(buffer, 3)을 실행하면, 메모리에서 위치가 3바이트로 이동하므로 read 함수로 읽으면 4바이트 위치의 값부터 읽게 된다. 위 코드의 결과를 통해 이를 확인할 수 있다.

10.6 타입 변환과 승격

C나 파이썬 등 많은 프로그래밍 언어들은 타입이 다른 두 수에 대해 덧셈, 곱셈 등의 연산을 할 때 자동 타입 변환(conversion)을 통해 타입을 일치시킨다.

이때, 피 연산자들의 표현 가능한 범위를 포괄할 수 있는 특정 타입으로 바꾸는 것을 승격(promotion)이라고 한다. 이처럼 타입 변환과 승격을 자동으로 하기 위해서, 해당 언어들은 각 규칙을 언어 명세와 컴파일러/인터프리터 구현에 포함하고 있다.

하지만, 줄리아는 타입 변환과 승격을 자동으로 하지 않고, `convert`와 `promote` 함수를 이용하여 처리한다. 타입 변환과 승격에 대한 줄리아의 이런 방식은 사용자가 정의한 타입이 쉽게 기존 타입들과 연산이 이루어지는 것을 가능하게 한다. 예를 들어 그 의미를 살펴보자.

`Number` 타입을 상위 타입으로 갖는 서로 다른 두 타입 조합에 대한 덧셈 메소드가 정의되어 있지 않을 경우를 대비하여, 줄리아에서는 다음과 같이 폴백 메소드(fallback method)를 정의한다. 즉, 폴백 메소드란 피연산자들을 승격하여 공통의

```
+(x::Number, y::Number) = +(promote(x,y)...)
```

타입으로 만든 다음, 동일 타입에 대해 정의되어 있는 메소드를 사용하여 연산하도록 하는 메소드를 뜻한다. 예를 들어, `1 + 0.5`의 경우, 사전에 구현해 둔 승격 규칙에 따라 `promote(1, 0.5)`의 값이 `(1.0, 0.5)`로 변환되고, 스플래팅(`...`)을 거친 후, `Float64` 타입에 대해 정의되어 있는 메소드 `+(x::Float64, y::Float)` 가 실제 덧셈을 수행하게 된다.

따라서 사용자가 `Number`의 하위 타입으로 새로운 수 타입을 정의하는 경우에, 새로운 타입의 수와 다른 타입의 수에 대한 덧셈을 수행하려면 새로운 타입에 대한 승격 규칙 및 타입 변환만 정의하면 승격 후의 연산이 문제없이 이루어진다.[48]

[48] 앞에서 설명한 폴백 메소드가 먼저 적용되기 때문이다.

줄리아의 타입 변환과 승격을 이용한 폴백 메소드는 다중 디스패치 방식과 함께 함수의 유지 관리를 아주 쉽게 한다.

예를 들어, `+`을 이용한 어떤 함수 `f`(예를 들어, `sum`)를 작성하여 사용하는 도중에 새로운 수 타입을 정의하고, 이 타입의 수에 대해서도 `f`를 사용하길 원하는 경우를 생각해보자. 이런 경우 처음부터 함수 `f`에 대해 폴백 메소드만 정의해 두었다면, 줄리아에서는 함수 `f`를 수정할 필요 없이 새로운 타입에 대한 타입 변환과 승격만 잘 처리하면 아무 문제없이 `f`를 사용할 수 있다.

이 절에서는 줄리아의 타입 변환과 승격 방식을 알아보고, 연산이 가능한 새로운 수 타입을 추가하는 방법에 대해 설명한다.

10.6.1 타입 변환

`convert` 함수는 타입 `T`와 값 `x`를 인자로 받아, `x`를 `T` 타입으로 변환한다.

```
julia> convert(Int64, 3.0)
3
julia> Int64(3.0)
3
```

위 결과에서 알 수 있듯이, convert 함수를 이용하여 타입 변환을 하는 것은 해당 타입의 생성자를 호출하는 것과 같다. 실제로 Base 모듈에 정의된 convert 함수의 코드는 다음과 같이 타입 생성자를 호출하는 것임을 확인할 수 있다. 위 함수의 정의에서 첫

```
convert(::Type{T}, x::Number) where {T<:Number} = T(x)::T
```

번째 인자는 타입을 값으로 받기 위해 타입 실렉터를 사용하고 있음을 볼 수 있다. 즉, convert(Int64, 3.0)을 실행하면, Type{T}의 인스턴스가 Int64가 되는 타입 T가 Int64로 결정되고, 결과적으로 Int64의 생성자를 호출하게 되는 것이다.

따라서 새로운 사용자 타입을 정의할 때, 내부 생성자 또는 외부 생성자가 적절하게 정의되어야 타입 변환이 가능하다.

예를 들어, 실수 -1을 복합 타입 Polar1[49]과 복합 타입 Polar3[50]으로 각각 타입 변환할 수 있는지 확인해 보자. convert(Polar1, -1)에 대해서는 MethodError가 발생하지만, 185쪽에서 외부 생성자를 정의해 둔 Polar3 타입의 경우에는 타입 변환이 이루어지는 것을 확인할 수 있다.

[49] 복소수의 극형식을 표현하기 위해서 183쪽에서 선언한 사용자 타입이다.

[50] 185쪽에서 선언한 사용자 타입이다.

```
julia> a = convert(Polar3, -1); typeof(a)
Polar3
julia> a.r, a.θ
(1.0, 3.141592653589793)
```

10.6.2 승격 (사용자 정의 타입과 기존 타입의 간의 연산)

다음 예제에서 볼 수 있듯이, promote 함수는 가변 인자를 받아서 각 인자를 공통의 타입으로 변환한다.

```
julia> promote(1, Float32(1.2), 1.3)
(1.0, 1.2000000476837158, 1.3)
```

만약 타입들의 승격 결과를 알고 싶다면, 타입들을 가변 인자를 받는 promote_type 함수를 이용하면 된다.

```
julia> promote_type(Int16, Int8, Int32), promote_type(Int32, Float32)
(Int32, Float32)
```

promote나 promote_type 함수에서 사용되는 승격 규칙은 promote_rule 함수로 정의되어 있어야 한다. promote_rule 함수는 두 타입을 입력받아서 공통 타입을 반환하는 규칙을 정의한다. 예를 들어, 줄리아에서 Int8과 Int16 사이의 승격 규칙은 다음과 같이 정의되어 있다.

```
promote_rule(::Type{Int16}, ::Union{Type{Int8}, Type{UInt8}}) = Int16
```

promote_rule 함수는 인자를 타입으로 받아야 하므로 타입 실렉터 Type{T}로 인자를 제한하고 있고, 두 타입을 포함하는 타입을 명시하기 위해 유니언 타입을 이용한다.

사용자 정의 타입에 대해 promote_rule 메서드를 정의해야 하는 경우를 앞서 다룬 바 있는 Polar 타입을 예로 살펴보자.[51]

[51] 필드 r과 θ를 Float64로 제한하지 않고, Real의 모든 하위 타입이 가능하도록 수정할 수 있지만, promote_rule에 집중하기 위해 Float64로 제한했다.

```
julia> struct Polar <: Number
         r::Float64
         θ::Float64
         function Polar(r, θ)
           r >=0 || throw(ArgumentError("negative r"))
           return new(r, θ)
         end # 내부 생성자
       end
julia> Polar(r::Real) = (r >= 0) ? Polar(r, 0) : Polar(-r, pi)
# 외부 생성자
Polar
```

앞서 설명하였듯이, Polar(r,θ)는 복소수를 크기와 편각으로 표현하는 것이고, 외부 생성자를 통해 실수 Real도 포함하는 타입이다. 한 가지 눈여겨 볼 점은 185쪽에서 정의했던 외부 생성자와 달리 인자를 실수 타입의 인스턴스로 제한한다는 것이다.[52]

[52] 그 이유를 생각해보라.

두 복소수 $z_1 = r_1(\cos\theta_1 + i\sin\theta_1)$, $z_2 = r_2(\cos\theta_2 + i\sin\theta_2)$의 곱은

$$z_1z_2 = r_1r_2(\cos(\theta_1+\theta_2) + i\sin(\theta_1+\theta_2))$$

로 정의되는데, 이를 반영하여 Polar 타입의 인스턴스 사이의 곱셈을 정의해 보자.

줄리아의 곱셈에 대한 풀백 메소드가 적용되고, Real 타입의 어떤 인스턴스와도 곱셈이 되도록 정의하는 것이 목적이므로, 줄리아 Base 모듈의 *에 메소드를 추가하기 위해, 79쪽에서 설명한 대로 import Base: *를 먼저 실행해야 한다.

```
julia> import Base: *
julia> z::Polar * w::Polar = Polar(z.r*w.r, z.θ+w.θ)
* (generic function with 234 methods)
```

이제 Polar 타입의 두 인스턴스에 대해 곱셈은 다음과 같이 잘 동작함을 알 수 있다.

```
julia> Polar(1, pi/2) * Polar(2, pi/2)
Polar(2.0, 3.141592653589793)
```

하지만, Real의 인스턴스로 볼 수 있는 수와 곱셈을 시도하면 다음과 같은 에러를 얻는다.

```
julia> Polar(1, pi/2) * 3
Error: promotion of types Polar and Int64 failed to change any arguments
```

위와 같은 에러는 다른 두 수를 곱할 때 적용되는 곱셈의 폴백 메소드에서, Polar와 Real의 공통 타입으로 승격하려는 과정에서 발생한 것이다. 따라서 Real의 하위 타입과 Polar 타입 간의 승격 규칙을 추가하면 이를 해결할 수 있다.

단, promote_rule에 메소드를 추가해야 하므로 모듈명 Base를 붙여야 한다. 또, 타입을 인자로 전달하기 위해서 타입 실렉트를 사용할 때, Real의 모든 하위 타입은 매개변수 타입에서 배운 내용을 활용한다.

```
julia> Base.promote_rule(::Type{Polar}, ::Type{T}) where {T<:Real} = Polar
```

이제 아래와 같이, Polar 타입과 Real의 하위 타입 사이에 곱셈이 가능함을 확인할 수 있다.

```
julia> Polar(1, pi) * Int8(-3)
Polar(3.0, 6.283185307179586)
julia> Polar(1, pi) * 3
Polar(3.0, 3.141592653589793)
julia> Polar(1, pi) * Float32(-1.2)
Polar(1.2000000476837158, 6.283185307179586)
julia> Polar(1, pi) * 1.2
Polar(1.2, 3.141592653589793)
```

사용자 정의 타입을 활용한 예제로는 참고도서[53]에서 로켓을 구현하는 예를 찾아보길 권한다.

[53] E. Engheim, *Julia as a Second Language*. Manning, 2023.

참고 10.2. 타입의 변경 가능성과 성능의 관계

주어진 타입의 변경 가능성은 부울 함수 ismutabletype을 통해 알 수 있다.

```
julia> ismutabletype(Int64), ismutabletype(Float64)
(false, false)
julia> ismutabletype(Char), ismutabletype(String)
(false, true)
julia> ismutabletype(Array{Int64, 1}), ismutable(Tuple{Int64, Float64})
(true, true)
julia> ismutabletype(Polar2), ismutabletype(Polar3)
(true, false)
```

위 결과에서 알 수 있듯이, Int64, Float64 등 원시 타입은 변경 불가능한 타입이다. 어떤 정수가 할당된 변수에 다른 값을 다시 할당하는 경우, 그 변수가 가리키는 목적지가 변경되는 것이지 원래 가리키던 정수 자체가 바뀌는 것은 아니다.

문자 타입과 문자열 타입도 모두 변경 불가능한 타입이지만, ismutabletype (String)의 결과가 true인 것은 기술적인 이유로 예외를 둔 것이라고 줄리아 공식 문서는 밝히고 있다. 또, 배열은 변경 가능한 타입이고, 튜플은 변경 불가능한 타입이다.

타입의 변경 가능성과 관련하여 기억할 점은, 배열 요소의 타입에 따라 배열이 메모리에 저장되는 방식이 달라지고 줄리아의 성능에 큰 영향을 미친다는 점이다.

줄리아에서 배열의 모든 요소 값들의 타입이 비트 수준에서 일정한 크기를 갖는 변경 불가능한 타입이면, 그 값들을 메모리의 연속된 영역에 나란히 저장할 수 있고 빠르게 많은 요소 값들을 읽을 수 있으므로 처리 속도가 빨라진다. 요소의 타입이 이런 조건을 만족하는 타입인지는 부울 함수 isbitstype을 이용하면 확인할 수 있고, 어떤 요소의 값에 대해서는 부울 함수 isbits를 이용하면 확인할 수 있다.

```
julia> isbits(34), isbits(3.14), isbits('a'), isbits("a")
(true, true, true, false)
julia> isbitstype(Int32), isbitstype(Char), isbitstype(String)
(true, true, false)
julia> isbitstype(Polar2), isbitstype(Polar3)
(false, true)
```

하지만, 함수 isbitstype의 값이 false인 타입을 요소로 갖는 배열의 경우에는 요소의 값들이 메모리에 흩어져서 저장되고, 배열은 각 값이 저장된 메모리를 가리키는 포인터가 저장되므로 처리 속도가 느려진다.

따라서 배열에 담을 타입을 정의할 때는 isbits 여부를 체크하는 것이 좋다.

11 다중 디스패치와 메소드 특화

5.2절에서 설명했듯이 개념적으로 같은 역할을 하는 함수들은 인자 타입에 따라 구현 방식이 다르더라도 함수명을 동일하게 쓰는 것이 일반적이다. 예를 들어, 파일에 저장하거나 데이터베이스에 저장하는 것 모두 동일한 함수명 save로 처리하고, 각각의 파일 포맷 형식이나 데이터베이스 유형별로 적절하게 저장하도록 구현하는 방식이다. 이처럼 하나의 함수명에 대한 각각의 구현 방식을 줄리아에서는 메소드(method)라고 부른다.

줄리아는 다중 디스패치를 통해서, 함수 호출 시 어떤 메소드를 실행할지 결정한다. 이로 인해 하나의 인터페이스로 여러 타입을 처리할 수 있는 다형성(polymorthism) 뿐만 아니라, 인자 타입별로 최적화된 코드를 작성하는 것이 가능하다.

일단 실행할 메소드가 결정되고 나면, 인자들의 실제 타입별로 해당 메소드의 중간 표현(IR: Intermediate Representation) 및 기계어 코드가 생성되는데, 그 과정에서 다양한 최적화가 일어난다. 이를 메소드 특화라고 부른다.

이 장에서는 10장에서 설명한 타입 시스템에 대한 이해를 바탕으로, 줄리아의 주요 특징이라 할 수 있는 다중 디스패치와 메소드 특화에 대해 살펴본다.

11.1 다중 디스패치

함수 호출 시 어떤 메소드를 실행할 것인지 결정하는 과정을 디스패치(dispatch)라고 한다. 만약 컴파일 시점에 이루어지면 정적 디스패치, 실행 시점에 이루어지면 동적 디스패치라고 부른다. 또, 동적 디스패치에서, 하나의 인자 타입만으로 메소드를 결정하는 것을 단일 디스패치(single dispatch)라 하고, 복수의 인자 타입을 고려하는 것을 다중 디스패치(multiple dispatch)라고 한다.

정적 디스패치의 예로는 정적 타입 언어에서 많이 쓰이는 오버로딩(overloading)이 있다. 오버로딩은 메소드 이름은 같지만 인자의 개수나 타입이 다른 메소드들로 구성되고, 디스패치는 함수 호출시 넘기는 인자들의 선언된 타입에 맞게 컴파일 시점에 결정된다.

동적 디스패치에서 단일 디스패치의 예로는 객체지향언어의 오버라이딩(overring)을 들 수 있다. 오버라이딩은 부모 클래스로부터 상속받은 메소드를 자식 클래스가 재정의할 때 사용된다.

줄리아는 런타임 시점(실행 시점)에 함수로 넘겨진 모든 인자들의 실제 타입을 고려하는 다중 디스패치를 한다. 따라서 함수는 특정 데이터 타입 하나에 속할 수 없이 독립적으로 존재해야 하며, 관련 메소드들은 데이터 타입이 아닌 함수 타입의 메소드 테이블에 저장된다.[1] 즉, 파이썬과 같은 객체지향언어와 다르게 줄리아의 복합 타입이 멤버 함수를 가지지 않는 이유도 함수가 하나의 특정 데이터 타입에 묶일 수 없기 때문이다.

[1] 파이썬과 같이 단일 디스패치를 하는 경우 데이터 타입(클래스)의 멤버 함수로 메소드가 저장되는 것과 차이가 있다는 의미이다.

11.1.1 다중 디스패치의 작동 방식

같은 이름으로 인자들의 수와 타입만 다르게 하여 함수를 반복적으로 정의하면, 첫 번째 정의에서 함수 객체[2]와 메소드 하나를 만들고, 두 번째 정의부터는 기존 함수 객체에 메소드를 추가하게 된다.

[2] 10.5.3절에서 설명했듯이, 추상 타입 Function의 하위 타입으로 자신만을 인스턴스로 갖는 고유의 타입을 가진다.

함수를 호출할 때에는, 인자들로 이루어진 튜플의 타입에 가장 가까운 상위 타입의 인자 튜플 타입을 가진 메소드가 선택된다. [3]

[3] 193쪽에서 설명했듯이, 함수의 인자들로 이루어진 튜플의 공변성에 따라 가장 가까운 메소드를 선택한다는 뜻이다.

가위바위보 게임 규칙을 구현하는 whowin 함수의 작성을 통해 다중 디스패치의 작동 방식을 살펴보자. 먼저 추상 타입 RockPaperScissors를 상위 타입으로 하는 가위 Scissors, 바위 Rock, 보 Paer를 싱글턴 타입으로 정의하고, 유일한 객체를 생성하자.[4]

[4] 10.5.1절 싱글턴 타입을 복습하라.

```
julia> abstract type RockPaperScissors end
julia> struct Rock <: RockPaperScissors end
julia> struct Paper <: RockPaperScissors end
julia> struct Scissors <: RockPaperScissors end
julia> 가위 = Scissors( )
Scissors()
julia> 바위 = Rock( )
Rock()
julia> 보 = Paper( )
Paper()
```

이제 두 사람이 가위바위보를 할 때 비기면 0, 첫 번째 사람이 이기면 1, 두 번째 사람이 이기면 2를 반환하는 함수 whowin을 작성해 보자. 먼저 첫 번째 사람이 이기는 경우는 다음과 같이 정의할 수 있다.

```
julia> whowin(::Scissors, ::Paper) = 1 # 메소드 1
whowin (generic function with 1 method)
julia> whowin(::Rock, ::Scissors) = 1  # 메소드 2
whowin (generic function with 2 methods)
julia> whowin(::Paper, ::Rock) = 1     # 메소드 3
whowin (generic function with 3 methods)
julia> whowin(가위, 보), whowin(바위, 가위), whowin(보, 바위)
(1, 1, 1)
```

위 코드에서 보듯이, 메소드의 본문에서 인자를 참조하지 않을 때는 인자명을 생략하고 제한하는 타입만 명시할 수 있다. whowin 함수의 인자로 전달될 수 있는 $3 \times 3 = 9$ 가지 경우 중에서, 위의 메소드로 매칭할 수 없는 6 가지 경우는 다음과 같이 2개의 메소드를 추가함으로써 해결할 수 있다.

```
julia> whowin(::T, ::T) where {T <: RockPaperScissors} = 0    #메소드 4
whowin (generic function with 4 methods)
julia> whowin(::T, ::S) where {T, S <: RockPaperScissors} = 2 #메소드 5
whowin (generic function with 5 methods)
julia> whowin(가위, 가위), whowin(바위, 바위), whowin(보, 보)
(0, 0, 0)
julia> whowin(가위, 바위), whowin(바위, 보), whowin(보, 가위)
(2, 2, 2)
```

10.4절에서 소개했던 타입 매개변수를 매소드를 정의할 때도 사용할 수 있다. 위 코드에서 메소드 4는 두 인자의 타입이 같아야만 선택되는 메소드이고, 메소드 5는 전달된 인자의 타입이 메소드 1부터 메소드 4까지의 인자 타입과 맞지 않을 때 선택되는 메소드이다.[5]

[5] 즉, 첫 번째 사람이 이기는 인자의 조합에 대해서는 메소드 1,2,3번으로 디스패치되고, 두 사람이 비기는 조합에 대해서는 4번으로 디스패치된다. 나머지 경우는 5번 메소드로 디스패치된다.

이제 whowin 함수를 이용하여 랜덤하게 가위, 바위, 보를 내는 컴퓨터와 가위바위보 게임을 하는 함수 play를 만들어 보자. 랜덤하게 가위, 바위, 보를 내는 것은 92쪽의 참고 5.1의 내용을 복습하기 바란다.

```
julia> function play(mychoice::RockPaperScissors)
           comchoice = rand([가위, 바위, 보])
           outcome = whowin(mychoice, comchoice)
           if outcome == 0
             println("You:$mychoice, Comp:$comchoice=>It's tie!")
           elseif outcome == 1
             println("You:$mychoice, Comp:$comchoice=>You win!")
           else
             println("You:$mychoice, Comp:$comchoice=>You lost!")
           end
       end
play (generic function with 1 method)
julia> play(가위)
```

```
You:Scissors(), Comp:Paper()=>You win!
julia> play(가위)
You:Scissors(), Comp:Rock()=>You lost!
julia> play(가위)
You:Scissors(), Comp:Paper()=>You win!
```

함수명에 등록된 메소드들을 확인하려면 `methods` 함수를 이용하면 된다.

```
julia> methods(whowin)
# 5 methods for generic function "whowin" from Main:
 [1] whowin(::Paper, ::Rock)
     @ REPL[384]:1
 [2] whowin(::Rock, ::Scissors)
     @ REPL[383]:1
 [3] whowin(::Scissors, ::Paper)
     @ REPL[382]:1
 [4] whowin(::T, ::T) where T<:RockPaperScissors
     @ REPL[385]:1
 [5] whowin(::T, ::S) where {T, S<:RockPaperScissors}
     @ REPL[386]:1
```

참고 11.1. 다중 디스패치와 오버로딩, 오버라이딩 비교

`whowin` 함수의 구현에 대해, 줄리아의 다중 디스패치가 다른 언어들의 오버로딩, 오버라이딩과 비교하여 어떤 차이가 있는지 살펴보자.

정적 타입 언어의 오버로딩은 컴파일 시점에 디스패치가 결정된다. 따라서 `platy` 함수 내부에서 `whowin` 함수에 인자를 넘길 때 랜덤하게 결정된 실제 타입을 넘길 수 없고, 컴파일 시의 선언 타입인 `RockPaperScissors` 타입에 해당하는 메소드를 찾게 된다. 결과적으로 `whowin(::T, ::T) where {T}` 메소드로 디스패치되어 항상 비기는 결과가 나오게 된다.

객체지향언어 오버라이딩 경우에는 각 객체에 대한 멤버함수, 즉, `mychoice.whowin(comchoice)`에서 `mychoice`의 런타임에 맞게 `play` 함수 내부에서 `whowin`이 디스패치될 것이다. 또한 `whowin`을 구현할 때도 `comchoice`의 런타임 타입을 확인한 후 조건문 등을 이용한 분기문을 작성해야 했을 것이다.

줄리아의 다중 디스패치는 하나의 인터페이스로 여러 타입을 처리할 수 있는 다형성 뿐만, 성능 최적화에도 도움을 준다. 줄리아의 기본 라이브러리들은 저수준에서 고수준에 이르기까지 다양한 레벨에서 다중 디스패치를 이용하여, 인자 타입별로 (컴파일러가 어셈블리 명령어로 즉시 바꾸는 등) 최적화된 메소드들을 정의하고 있다.

11.2 메소드 특화

인자들로 이루어진 튜플의 타입에 맞게 선택된 메소드는 처음 호출될 때, 해당 타입용으로 JIT(Just In time) 컴파일[6]되고 그 결과 생성된 기계어 코드(machine code)는 캐시에 저장된다. 이후 같은 인자들 타입으로 메소드가 다시 호출되면, 캐시에 저장된 기계어 코드가 재사용된다. 이를 줄리아의 메소드 특화(method specialization)라고 하는데, 줄리아가 C에 크게 뒤지지 않는 실행 속도를 갖는 이유 중 하나이다. 이 절에서는 컴파일 단계를 통해서 줄리아의 메소드 특화 및 최적화에 대해 간단히 소개한다.

[6] 해당 코드 실행 직전에 컴파일한다는 의미에서 Just In time 컴파일이라고 한다.

11.2.1 컴파일 단계

줄리아 JIT 컴파일러가 메소드를 컴파일하는 단계를 그림으로 나타내면 다음과 같다.

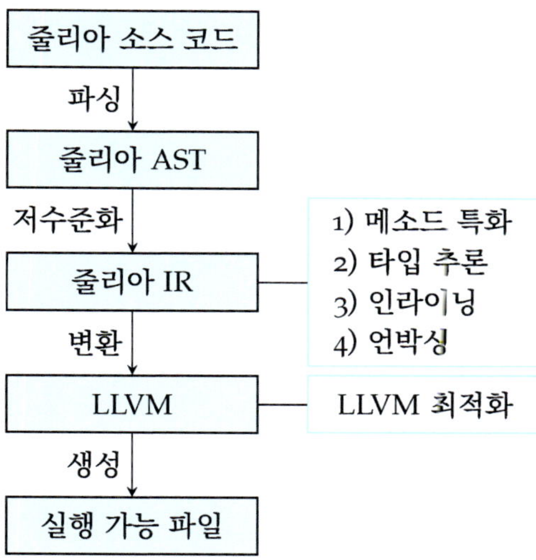

그림 11.1. JIT 컴파일러가 메소드를 컴파일하는 과정

다음 예제 메소드를 기준으로 위 그림의 각 단계를 대략적으로 이해해 보자.

```
julia> compiletest(x, y) = x + 2y
compiletest (generic function with 1 method)
```

- 파싱

일반적으로 컴퓨터 프로그램이 문자열 데이터를 가져와서 특정한 형식으로 변환하거나 구조화된 데이터로 만드는 과정을 파싱(parsing)이라고 한다. 줄리아는 소스 코드를 파싱하여, 코드가 작성된 방식 그대로 구조화한 추상 구문 트리(AST:Abstract Syntax Tree)를 생성한다.

줄리아의 AST는 `Meta.parse` 함수로 확인할 수 있는데, 위 예제에 대한 파싱 결과는 다음과 같다.

```
julia> Meta.parse("compiletest(x,y)=x+2y")
:(compiletest(x, y) = begin
          #= none:1 =#
          x + 2y
      end)
```

파싱 결과는 `:( )`로 둘러싸인 `Expr` 객체가 생성된다.[7] `Expr` 객체에 대해서는 14장에서 좀 더 살펴볼 것이다.

[7] 줄리아에서는 소스 코드 자체를 `Expr` 타입의 데이터로 취급하여 코드를 변환하고 생성하는 메타프로그래밍(metaprogramming)이 가능하다.

- 저수준화

다음 단계로 줄리아는 AST를 컴파일러가 최적화하기 좋은 형태로 저수준화한 중간 표현(IR)을 생성하고, 이 IR을 이용하여 메소드 특화, 타입 추론 등 줄리아만의 최적화가 이루어진다.

`@code_lowered` 매크로를 이용하여 다음과 같이 줄리아의 중간 표현을 확인할 수 있다.

```
julia> @code_lowered compiletest(3, 4)
CodeInfo(
1 ─ %1 = 2 * y
│   %2 = x + %1
└──      return %2
)
julia> @code_lowered compiletest(3.0, 4.0)
CodeInfo(
1 ─ %1 = 2 * y
│   %2 = x + %1
└──      return %2
)
```

위 중간 표현을 보면, 아직 각 변수들에 대한 타입 정보가 없음을 볼 수 있다. 인수 타입별 메소드 특화가 일어나기 전 단계이기 때문에, `compiletest(3, 4)`와 `compiletest(3.0, 4.0)`에 대한 중간 표현이 동일함을 확인할 수 있다.

이 중간 표현이 인수 타입별 특화 및 타입 추론, 인라이닝(inlining)[8] 등을 거치면 다음과 같이 타입 추론된 IR이 생성되는데, @code_typed 매크로를 이용하여 확인할 수 있다.

[8] 줄리아에서 인라이닝은 특정 함수의 호출을 그대로 함수 본문으로 대체하여 성능을 최적화하는 과정으로, 컴파일러가 함수 호출에 소용되는 부가적인 시간이나 메모리를 제거하여 실행 속도를 높이는 것을 말한다. 기본적으로 컴파일러가 자동으로 인라이닝 여부를 결정하지만, @inline 매크로를 이용하여 특정 함수에 대한 인라이닝을 강제하거나 제안할 수도 있다.

```
julia> @code_typed compiletest(3, 4)
CodeInfo(
1 ─ %1 = Base.mul_int(2, y)::Int64
│   %2 = Base.add_int(x, %1)::Int64
└──      return %2
) => Int64
julia> @code_typed compiletest(3.0, 4.0)
CodeInfo(
1 ─ %1 = Base.mul_float(2.0, y)::Float64
│   %2 = Base.add_float(x, %1)::Float64
└──      return %2
) => Float64
```

위 결과를 보면, 최적화 전 IR과는 다르게 함수의 인자 타입별로 특화된 IR이 생성된 것을 볼 수 있다. 즉, 메소드 본문의 변수들과 함수의 반환값도 타입이 추론되었고, 곱셈 및 덧셈도 인자 타입별로 다른 내장 함수(정수 타입의 경우에는 Base.mul_int와 Base.add_int, 부동소수점 타입의 경우에는 Base.mul_float와 Base.add_float)로 디스패치되었다.

일단 한 번 타입 추론이 되고 디스패치된 결과는 최종 컴파일이 된 다음 캐시에 저장되어 재사용되므로, 동일 인자 타입으로 이 메소드를 반복하여 호출할 때, 곱셈과 덧셈 함수에 대한 디스패치 비용은 더 이상 발생하지 않는다. 이것이 줄리아가 JIT 컴파일을 하지 않는 다른 동적 타입 언어에 비해 실행 속도가 빠를 수 있는 이유이다.
이 단계에서 타입 추론에 실패하게 되면, 함수 호출 때마다 전달된 인자의 실제 타입에 맞는 덧셈과 곱셈 디스패치를 매번 시행해야 하는데, 이 경우에 대해서는 11.2.2절에서 살펴볼 것이다.

- 변환

줄리아 단계의 최적화가 끝나고 나면, LLVM[9]을 생성하게 된다. LLVM IR에서 최적화된 기계어 코드를 생성하는 과정은 LLVM 컴파일러가 담당한다. 이때, 최적화된 기계어 코드는 CPU 등 실행 환경에 따라 다를 수 있다.

[9] LLVM은 프로그램 코드를 다양한 아키텍처에 중립적인 LLVM IR로 바꿔주고, 기계어 코드로 바꿔주는 것을 포함하는 컴파일러 프로젝트이다. 줄리아에서는 LLVM IR만 생성하고 나면, LLVM을 이용하여 아키텍처별로 최적화된 기계어 코드를 생성할 수 있다.

자신의 실행 환경에서 생성되는 LLVM IR 및 기계어 코드(어셈블리 코드)는 각각 @code_llvm과 @code_native로 살펴볼 수 있다.[10]

[10] 해당 매크로의 옵션 키워드에 대해서는 줄리아의 공식 문서를 참고하면 된다.

```
julia> @code_llvm debuginfo=:none dump_module=false compiletest(3, 4)
; Function Attrs: uwtable
define i64 @julia_compiletest_5214(i64 signext %0, i64 signext %1) #0 {
top:
  %2 = shl i64 %1, 1
  %3 = add i64 %2, %0
  ret i64 %3
}
julia> @code_native debuginfo=:none dump_module=false compiletest(3, 4)
        .text
        push        rbp
        mov        rbp, rsp
        mov        rax, qword ptr [r13 + 16]
        mov        rax, qword ptr [rax + 16]
        mov        rax, qword ptr [rax]
        lea        rax, [rcx + 2*rdx]
        pop        rbp
        ret
        nop        word ptr cs:[rax + rax]
```

11.2.2 복합 타입 인자 메소드의 특화

필드 타입이 추상 타입인 복합 타입에 대해서는 메소드 특화가 일어나지 않으므로 실행 성능이 떨어짐에 유의해야 한다.

우선 $\mathbb{R}^2$의 벡터를 구체 타입 필드, 추상 타입 필드, 매개변수를 이용한 필드를 각각 가지는 세 가지 형태의 복합 타입으로 정의하고[11], 벡터에 대해 노름(원점으로부터 거리)을 구하는 함수 mynorm를 통해 이를 확인해 보자.

[11] 줄리아의 1차원 배열 자체가 벡터로써의 역할을 하지만, 복합 타입의 필드 타입이 추상 타입이면 실행 성능에 악영향을 미친다는 것을 확인하기 위해 복합 타입으로 정의하고 있는 것이다.

```
julia> struct Vec2Float64
           x::Float64
           y::Float64
       end
julia> struct Vec2Real
           x::Real
           y::Real
       end
julia> struct Vec2{T}
           x::T
           y::T
       end
julia> mynorm(v) = sqrt(v.x^2+v.y^2)
```

```
mynorm (generic function with 1 method)
```

이제 메소드 mynorm에 대해, 각 타입별로 타입 추론된 중간 표현을 확인하면 다음과 같다.

```
julia> @code_typed mynorm( Vec2Float64(1.0, 2.0) )
CodeInfo(
1 ─ %1  = Base.getfield(v, :x)::Float64
│   %2  = Base.mul_float(%1, %1)::Float64
│   %3  = Base.getfield(v, :y)::Float64
│   %4  = Base.mul_float(%3, %3)::Float64
│   %5  = Base.add_float(%2, %4)::Float64
│   %6  = Base.lt_float(%5, 0.0)::Bool
└──       goto #3 if not %6
2 ─       invoke Base.Math.throw_complex_domainerror(:sqrt::Symbol, %5::Float64)::Union{}
└──       unreachable
3 ─ %10 = Base.Math.sqrt_llvm(%5)::Float64
└──       goto #4
4 ─       return %10
) => Float64

julia> @code_typed mynorm( Vec2Real(1.0, 2.0) )
CodeInfo(
1 ─ %1 = Base.getfield(v, :x)::Real
│   %2 = Base.literal_pow(Main.var"##WeaveSandBox#225".:^, %1, $(QuoteNode(Val{2}())))::Any
│   %3 = Base.getfield(v, :y)::Real
│   %4 = Base.literal_pow(Main.var"##WeaveSandBox#225".:^, %3, $(QuoteNode(Val{2}())))::Any
│   %5 = (%2 + %4)::Any
│   %6 = Main.var"##WeaveSandBox#225".sqrt(%5)::Any
└──      return %6
) => Any

julia> @code_typed mynorm( Vec2(1.0, 2.0) )
CodeInfo(
1 ─ %1  = Base.getfield(v, :x)::Float64
│   %2  = Base.mul_float(%1, %1)::Float64
│   %3  = Base.getfield(v, :y)::Float64
│   %4  = Base.mul_float(%3, %3)::Float64
│   %5  = Base.add_float(%2, %4)::Float64
│   %6  = Base.lt_float(%5, 0.0)::Bool
└──       goto #3 if not %6
2 ─       invoke Base.Math.throw_complex_domainerror(:sqrt::Symbol, %5::Float64)::Union{}
└──       unreachable
3 ─ %10 = Base.Math.sqrt_llvm(%5)::Float64
└──       goto #4
4 ─       return %10
) => Float64
```

Vec2Real 타입의 경우에는 JIT 컴파일 시에 필드 x와 y의 타입이 확정적이지 않아서[12] 곱셈 및 덧셈 함수가 디스패치되지 못했다.[13] 이처럼 필드 x와 y의 타입이 확정되지 못한 이유는 필드 타입이 추상 타입 Real이기 때문에 실젯값의 타입은 Real의 하위 타입인 어떤 구체 타입도 가능하기 때문이다. 결국 런타임 시에 실제 필드값의 타입에 따라서 매번 디스패치를 해야 하므로 실행 성능이 떨어지게 된다.

[12] 앞의 중간 표현에서 %1과 %3에 해당된다.

[13] 앞의 중간 표현에서 %5와 %6에 해당된다.

반면에 Vec2Float64와 Vec2 인자 타입에 대해서는 타입 추론 및 디스패치가 잘 이루어진 것을 볼 수 있다.

아래와 같이 실제 실행 성능을 비교해 보면, 매서드 특화가 잘 일어난 Vec2 타입의 경우가 Vec2Real 타입의 경우보다 100배 이상 빠른 것을 확인할 수 있다.[14]

[14] 아래 코드에서 컴파일 후 실행 성능을 비교하기 위해 두 번 실행하였다. 또, 이 책을 만드는 환경적 요인으로 생기는 불필요한 출력을 삭제하기 위해 각 코드 끝에 print()을 추가했는데,실제 REPL 환경에서는 불필요한 코드이다.

또, Vec2Real타입 인자의 경우에는 동적인 곱셈과 덧셈 연산을 위해 메소드 호출 시마다 4번의 메모리 할당[15]이 일어나고 가비지 컬렉션도 작동하지만, Vec2 타입 인자의 경우에는 1000000개의 인자에 대해 총 3번의 메모리 할당이 일어나고 가비지 컬렉션이 작동하지 않음을 알 수 있다.

[15] 컴파일 후에도 1000000개의 인자 각각에 대해서 4번씩 총 4M의 메모리 할당이 일어난다.

```
julia> VecsReal = [Vec2Real(rand(), rand()) for _ = 1:1000000];print()
julia> Vecs = [Vec2(rand(), rand()) for _ = 1:1000000];print()
julia> @time map(mynorm, VecsReal);@time map(mynorm, VecsReal);print()
  0.317379 seconds (4.09 M allocations: 74.740 MiB, 26.11% gc time, 22.85% compilation time)
  0.344972 seconds (4.00 M allocations: 68.665 MiB, 52.94% gc time)
julia> @time map(mynorm, Vecs);@time map(mynorm, Vecs);print()
  0.038440 seconds (51.29 k allocations: 11.064 MiB, 93.57% compilation time)
  0.002720 seconds (3 allocations: 7.629 MiB)
```

11.3 성능 좋은 코드를 작성하는 법

줄리아에서 성능 좋은 코드를 작성하는 방법의 핵심은 JIT 컴파일러에 구체적인 타입 정보를 알려주는 것이다. 이 절에서는 이와 관련하여 몇 가지 중요한 점을 살펴본다.[16,17]

[16] 보다 자세한 내용은 줄리아의 공식 문서 매뉴얼에서 'Performance Tips' 을 읽어보기 바란다.

[17] The Julia Project, *Julia Documentation:Manual:Performance Tips*, https://docs.julialang.org/en/v1/manual/performance-tips/.

11.3.1 스크립트 대신 함수 작성

줄리아의 JIT 컴파일은 메소드 단위로 이루어지기 때문에, 실행 성능이 중요한 코드는 함수 내부에 작성하는 것이 좋다. 또, 전역 변수는 언제 타입이 바뀔지 모르기 때문에, 전역 변수에 직접 접근하는 함수는 타입 추론을 통한 최적화가 어렵다. 따라서 전역 변수는 함수의 인수로 넘기는 것이 성능 향상에 도움이 된다.

다음 예를 살펴보자. (코드에서 print()는 불필요한 코드이다.)

```
julia> x = rand(1000000); print( )
julia> function mysum1( )
         s = 0.0
         for i in x
           s+= i
         end
         return s
       end
mysum1 (generic function with 1 method)
julia> function mysum2(t)
         s = 0.0
         for i in t
           s+= i
         end
         return s
       end
mysum2 (generic function with 1 method)
julia> @time mysum1( ); @time mysum1( )
  0.293413 seconds (4.00 M allocations: 76.294 MiB, 51.15% gc time, 3.62% compilation time)
  0.139033 seconds (4.00 M allocations: 76.286 MiB, 2.22% gc time)
500144.21638145525
julia> @time mysum2(x); @time mysum2(x)
  0.011475 seconds (2.10 k allocations: 136.516 KiB, 89.48% compilation time)
  0.001174 seconds (1 allocation: 16 bytes)
500144.21638145525
```

위 실행 결과에서 확인할 수 있듯이, 전역 변수를 인자로 받는 mysum2 메소드가 전역 변수를 직접 읽는 mysum1 메소드보다 훨씬 빠르고, 메모리 할당(힙 할당)도 일어나지 않는다.

만약 함수 내에서 전역 변수를 직접 읽어야 하고, 전역 변수의 타입이 바뀔 일이 없다면, 전역 변수의 타입을 명시하면 메소드 특화가 가능하다. 단, 타입이 명시된 전역 변수에는 해당 타입으로 변환될 수 없는 타입의 값은 할당할 수 없다. 다음 예를 살펴보자.

```
julia> xx::Vector{Float64} = rand(1000000); print()
julia> function mysum3( )
         s = 0.0
         for i in xx
           s+= i
         end
         return s
       end
mysum3 (generic function with 1 method)
julia> @time mysum3( ); @time mysum3( )
```

```
  0.001146 seconds
  0.001148 seconds
499918.1205630424
julia> xx = rand(1000000); print()
julia> @time mysum3( )
  0.001211 seconds
500042.2032374532
```

위 결과에서 알 수 있듯이 전역 변수의 타입을 명시하면 메소드 특화가 일어나서 `mysum3` 메소드의 성능도 `mysum2`의 성능과 거의 같아진다. 특히, 전역 변수의 타입이 유지되기만 하면, 위의 예제에서 보듯이 중간에 그 값을 바꾸어도 그 성능은 유지된다.

11.3.2 복합 타입의 필드 타입과 배열의 요소 타입은 구체 타입으로

11.2.2절에서 살펴보았듯이, 추상 타입의 필드를 가진 복합 타입은 JIT 컴파일 시 필드의 타입이 확정적이지 않아 효율적인 기계어 코드가 생성되지 않는다. 필드 타입은 구체 타입으로 하거나 매개변수화해야 한다.

또, 201쪽의 참고 10.2에서 언급하였듯이, 추상 타입의 매개변수를 갖는 배열은 다양한 타입의 값들을 담기 위해 요소들에 대한 포인터를 저장한다. 이때, 실젯값들은 메모리의 여러 공간에 흩어져 있어서, 한 번에 연속된 범위를 읽을 때 직접 값을 담고 있는 배열보다 많이 느리다.

다음 예를 통해 구체 타입의 요소를 갖는 배열을 사용하는 것이 성능 측면에서 중요함을 확인해 보자. 이 경우에도 메소드를 처음 실행시킬 때는 인자 타입별로 컴파일에 소요되는 시간이 포함되므로, 성능 비교를 위해서는 각 타입별로 두 번째 실행의 시간을 비교한다.

```
julia> abstract_array::Vector{Real} = rand(1000000); typeof(abstract_array)
Vector{Real} (alias for Array{Real, 1})
julia> concrete_array = rand(1000000); typeof(concrete_array)
Vector{Float64} (alias for Array{Float64, 1})
julia> @time sum(abstract_array); abstract_array = rand(1000000); print()
  0.046796 seconds (1.00 M allocations: 15.301 MiB, 9.36% compilation time)
julia> @time sum(abstract_array)
  0.036520 seconds (1000.00 k allocations: 15.259 MiB)
499803.66228553676
julia> @time sum(concrete_array); concrete_array = rand(1000000); print()
  0.052517 seconds (31.87 k allocations: 2.107 MiB, 98.89% compilation time)
julia> @time sum(concrete_array)
  0.000650 seconds (1 allocation: 16 bytes)
499475.6074133663
```

11.3.3 함수 반환값 타입의 안정성 유지

인공 신경망의 활성화 함수로 많이 사용되는 ReLU(Rectified Linear Unit) 함수는 입력 x가 음수일 때는 0, 그 외의 경우에는 x를 반환하는 함수이다. 이 함수를 다음과 같이 두 가지 방법으로 구현하고 그 성능을 비교해 보자.[18]

```
julia> relu_unstable(x) = x < 0 ? 0 : x
relu_unstable (generic function with 1 method)
julia> relu_stable(x) = x < 0 ? zero(x) : x
relu_stable (generic function with 1 method)
julia> a = 2 * rand(1000000) .- 1; sum(-1 .<= a .<= 1)
1000000
julia> @time sum(map(relu_unstable, a)); @time sum(map(relu_unstable, a))
  0.195646 seconds (1.67 M allocations: 49.800 MiB, 63.71% compilation time)
  0.080194 seconds (1.50 M allocations: 38.147 MiB, 16.32% gc time)
250316.20309893397
julia> @time sum(map(relu_stable, a)); @time sum(map(relu_stable, a))
  0.033326 seconds (27.00 k allocations: 9.416 MiB, 93.21% compilation time)
  0.002296 seconds (4 allocations: 7.629 MiB)
250316.20309893397
```

위 결과에서 relu_stable 메소드의 성능이 10배 이상 좋은 것을 확인할 수 있다. 그 이유는 함수가 반환하는 값의 타입이 확정적이지 않으면, 그 함수의 반환값을 이용하는 코드들은 더 이상 타입 추론이 불가능하게 되어 최적화를 할 수 없기 때문이다.[19] 즉, relu_stable의 경우에는 반환값의 타입이 입력값의 타입과 항상 같지만[20], relu_unstable의 경우에는 입력값의 타입이 Float64이라도 입력값이 음수인지 아닌지에 따라 반환값의 타입이 Int64와 Float64 모두 가능하기 때문이다.

따라서, 성능이 중요한 함수를 작성할 때는 반환값의 타입이 하나로 확정될 수 있도록 해야 하는데, 이런 경우에 **타입 안정성**이 있다고 한다. 인자의 타입에 따른 함수 반환값의 타입은 다음과 같이 Base.return_types함수를 이용하여 확인할 수 있다.

```
julia> Base.return_types(relu_unstable, (Float64, ))
1-element Vector{Any}:
 Union{Float64, Int64}
julia> Base.return_types(relu_stable, (Float64, ))
1-element Vector{Any}:
 Float64
```

[18] 코드에서 2*rand(1000000) .- 1 은 5.4절에서 설명한 벡터화용 . 연산자를 이용하여 -1과 1 사이의 난수를 생성하는 것이다.

[19] 줄리아 1.0 부터는 반환값의 타입이 두세 가지 정도로 한정된 경우에는 반환값 타입의 집합을 추론하고, 타입별 분기문을 이용하여 타입 추론 및 최적화를 계속하는 기법이 적용되어 있다.

[20] zero(x)는 x와 같은 타입의 0이 된다.

또, 타입 안정성을 지키면서 코드를 작성할 때, x와 동일한 타입의 y 값이 필요한 경우에는 oftype(x,y)를 이용하면 된다.

```
julia> x = 1.2
1.2
julia> oftype(x, 3)
3.0
```

실제로 oftype(x,y)는 convert(typeof(x), x)를 실행하는 것과 동일하다.

줄리아의 성능을 높이는 코드를 작성하는 방법과 유의점에 대해 좀 더 자세히 알고 싶은 독자는 참고도서[21]를 읽어보길 권한다.

[21] A. Sengupta, *Julia High Performance*. Packt Publishing, 2019.

12 다차원 배열의 사용

앞서 2.4.2절에서 배열을 다룰 때는 1차원 배열에 초점을 두어 설명했었고, 10.4.1절에서는 타입시스템을 설명하면서 배열의 타입 체계에 대해 살펴보았다.

우선 사용자 편의성 측면에서 줄리아와 유사한 파이썬의 1차원 배열을 비교해 보면, 파이썬의 리스트는 임의의 타입에 대한 포인트를 담으므로 줄리아의 `Vector{Any}`와 비슷하고, 동일한 타입(`dtype=np.float64`)의 값을 배열에 직접 저장하는 1차원 넘파이(numpy) 배열은 줄리아의 `Vector{Float64}`와 유사했다.

또, 파이썬의 경우에는 배열의 인덱스가 `0`부터 시작하지만, 줄리아의 경우에는 `1`부터 시작한다는 차이점이 있었다.

다차원 배열의 경우를 비교하면, 파이썬의 넘파이는 기본 설정으로 행 우선 방식으로 배열을 저장하는 반면에, 줄리아는 열 우선 방식으로 배열을 저장한다는 차이가 있다. 이번 장에서는 이런 줄리아의 배열의 특징을 먼저 살펴보고, 다차원 배열(multi-dimensional array)의 사용법을 설명한다.

12.1 다차원 배열의 특징

12.1.1 줄리아의 배열은 열 우선 배열

줄리아에서 배열을 다룰 때는 인덱스가 `1`부터 시작한다는 점과 다차원 배열이 메모리에 저장될 때 열 우선이라는 점에 유의하여야 한다. C, C++, C#, 파이썬 넘파이, 자바, 자바스크립트와 같은 대부분의 범용 프로그래밍 언어들은 `0`기반 인덱스[1]에 행 우선 저장 방식을 따르고, 포트란, 매트랩, R, 줄리아와 같은 수학/계산 과학에 많이 이용되는 프로그래밍 언어들은 `1`기반 인덱스[2]에 열 우선 저장 방식을 따른다.[3]

`0`기반 인덱스와 `1`기반 인덱스의 차이는 어떤 기준이든 익숙해지면 큰 문제 없다. 하지만, 행 우선 방식과 열 우선 방식은 배열 조작이나 연산 시 실행 성능에도 큰 영향을 미치므로 각별한 주의를 기울여야 한다.

[1] 저장되는 첫 번째 요소로부터의 거리 개념(offset)이다.

[2] 첫 번째, 두 번째 요소 등 자연스러운 카운팅 개념이다.

[3] 행 우선 방식은 C언어 방식이므로 `C order`방식이라 부르고, 열 우선은 포트란 방식이므로 `F order`라고 부르기도 한다.

1차원 배열의 경우에, 행 우선 방식에서는 요소가 가로로 나열된 행벡터를 나타내지만, 열 우선 방식에서는 요소가 세로로 나열된 열벡터를 나타낸다.

2차원 배열의 경우에도, 행 우선 방식에서는 1행부터 마지막 행까지의 요소들이 메모리에 연속적으로 저장되지만, 열 우선 방식에서는 1열부터 마지막 열까지의 요소들이 순차적으로 저장된다.

예를 들어, 열 우선 방식의 배열과 행 우선 방식의 배열이 아래 그림과 같은 형태로 생성되었다면, 메모리에 저장되는 연속된 값의 나열은 동일하다.

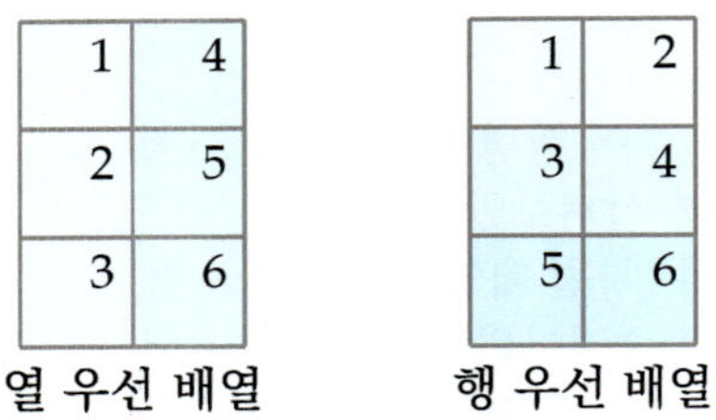

그림 12.1. 행 우선 배열과 열 우선 배열

따라서, 줄리아에서는 1차원 배열(열벡터)을 수평방향으로 연결해서 2차원 배열로 만들 수 있는데, 이때 사용하는 함수가 `hcat`이다.[4] 반면에 1차원 배열들을 수직 방향으로 연결하면 1차원 배열이 된다.[5]

[4] horizontal concatenation에서 나온 이름이다.

[5] `vcat` 함수에 가변 인자로 전달하면 된다.

```
julia> hcat([1,1], [2,2], [3,3])
2×3 Matrix{Int64}:
 1  2  3
 1  2  3
julia> vcat([1,1], [2,3])
4-element Vector{Int64}:
 1
 1
 2
 3
```

열 우선 방식인 줄리아에서 배열의 차원은 각 요소를 나열하는 축이다. 예를 들어, 첫 번째 축은 위에서 아래를 가리키는 수직 방향, 두 번째 축은 왼쪽에서 오른쪽으르 가리키는 수평방향, 세 번째 축은 앞에서 뒤를 가리키는 방향 등으로 생각하면 된다.

즉, 크기가 n_1인 1차원 배열이란 첫 번째 축 방향으로 n_1개의 요소를 나열하는 것이고, 크기가 (n_1, n_2)인 2차원 배열이란 첫 번째 축 방향으로 n_1개, 두 번째 축 방향으로 n_2개씩 나열된 사각형 모양을 연상하면 된다.

3차원 배열은 열 우선으로 만들어진 2차원 배열이 앞에서 뒤로 나열된 직육면체를 연상하면 된다. 예를 들어 크기가 (2,4,3)인 3차원 배열을 도식화하면 아래 그림과 같다.

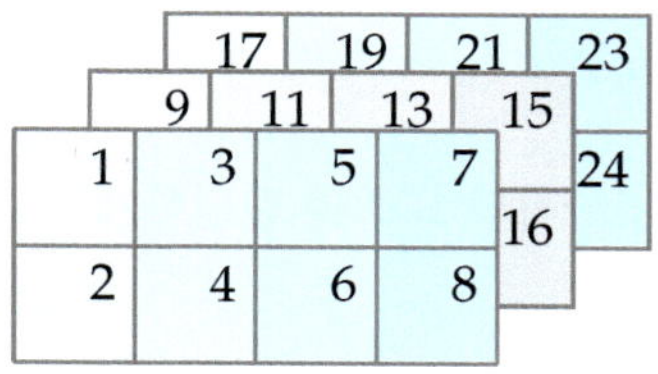

그림 12.2. 크기가 (2,4,3)인 3차원 배열

요소의 개수가 $n_1 \times n_2 \cdots \times n_k$인 배열을 크기가 $(n_1, n_2, \cdots, n_k)$인 배열로 바꾸어주는 함수 reshape 함수를 이용한 다음 코드와 위 그림을 비교해 보자.

```
julia> arr3 = reshape(1:24, 2, 4, 3) # 크기가 (2,4,3)인 배열로 변환
2×4×3 reshape(::UnitRange{Int64}, 2, 4, 3) with eltype Int64:
[:, :, 1] =
 1  3  5  7
 2  4  6  8
[:, :, 2] =
  9  11  13  15
 10  12  14  16
[:, :, 3] =
 17  19  21  23
 18  20  22  24
```

줄리아에서는 다차원 배열 A의 차원(축의 개수)은 ndims(A), n번째 축에 나열되는 요소의 수는 size(A,n)로 구한다. 또, 배열의 크기 size(A)는 각 축에 나열되는 요소의 개수를 튜플 형태로 반환한다. 따라서 튜플 size(A)의 각 성분을 곱한 수는 배열의 전체 요소의 개수인 length(A)가 된다. 한편, 배열의 요소의 타입은 eltype(A)로 구할 수 있다.

앞서 생성한 배열 arr3에 대해 이 함수들을 확인해 보자.

```
julia> eltype(arr3)
Int64
julia> ndims(arr3)
3
julia> size(arr3, 2)
4
julia> size(arr3)
(2, 4, 3)
julia> length(arr3) == size(arr3, 1)*size(arr3, 2)*size(arr3,3)
true
```

다차원 배열 A의 n번째 축에 대해 가능한 인덱스는 범위 객체를 반환하는 함수 axes(A,n)으로 구할 수 있고, 각 축에 대한 범위 객체의 튜플은 axes(A)로 구할 수 있다. 또, eachindex(A)는 열 우선 방식으로 메모리에 저장되는 순서에 대한 인덱스 정보를 갖는 범위 객체이다. 이 인덱스를 **선형 인덱스**라고 한다. 따라서 앞에서 생성한 배열 arr3에 대해 arr3[1]은 arr3[1,1,1]과 같고, arr3[6]은 arr3[2,2,1]과 같다.

92쪽의 참고 5.1에서 설명한 rand 함수를 이용하여 1부터 6까지의 요소를 랜덤하게 갖는 다차원 배열을 생성하고, 소개한 함수들을 사용해 보자.

```
julia> A = rand( 1:6, 2, 3, 2)
2×3×2 Array{Int64, 3}:
[:, :, 1] =
 1  1  3
 2  3  1
[:, :, 2] =
 5  6  2
 4  1  5
julia> axes(A, 2)
Base.OneTo(3)
julia> collect(axes(A,2))
3-element Vector{Int64}:
 1
 2
 3
julia> axes(A)
(Base.OneTo(2), Base.OneTo(3), Base.OneTo(2))
julia> for i in eachindex(A)
        print( (i, A[i]), " ")
end
(1, 1) (2, 2) (3, 1) (4, 3) (5, 3) (6, 1) (7, 5) (8, 4) (9, 6) (10, 1) (11, 2) (12, 5)
```

3차원 배열 A에서 첫 번째 축을 따라 인접한 요소들의 선형 인덱스의 차이는 1이지만, 두 번째 축을 따라 인접한 요소의 선형 인덱스 차이는 2(size(A,1))이고, 세 번째 축을 따라 인접한 두 요소의 선형 인덱스 차이는 6(size(A,1)*size(A,2))임을 알 수 있다.

열 우선과 행 우선의 차이는 딥러닝 모델에 들어가는 입력 데이터의 형상에도 차이를 가져옴에 유의해야 한다. 2차원 합성곱 모델의 입력 배열을 예로 들면, 파이썬 기반의 파이토치 등에서는 배열의 형상이 (N,C,H,W)이지만, 줄리아의 플럭스(Flux)에서는 배열의 형상이 (W,H,C,N)이 된다.

12.1.2 다차원 배열에 대한 중첩 반복문 처리

앞 소절에서 설명했듯이, 줄리아의 배열은 열 우선이기 때문에 중첩된 반복문을 처리할 때, 메모리 공간상에 인접해 있는 첫 번째 차원(축)의 인덱스를 가장 안쪽의 반복문에서 돌려야 한다.[6]

다음 예제 코드를 통해 이를 확인해 보자.

```
julia> function sum_col(a)
         s = zero(a[1])
         for i in axes(a,2)
           for k in axes(a,1)
             s += a[k, i]
           end
         end
         return s
       end
sum_col (generic function with 1 method)
julia> function sum_row(a)
         s = zero(a[1])
         for i in axes(a,1)
           for k in axes(a,2)
             s += a[i, k]
           end
         end
         return s
       end
sum_row (generic function with 1 method)
julia> a = rand(1000, 1000); @time sum_col(a)
  0.017159 seconds (5.91 k allocations: 403.781 KiB, 93.02% compilation time)
500024.435202214
julia> @time sum_row(a)
  0.017708 seconds (5.52 k allocations: 376.922 KiB, 89.26% compilation time)
500024.43520221364
julia> b = rand(10000, 10000); @time sum_col(b)
  0.126974 seconds (1 allocation: 16 bytes)
4.999994504736114e7
julia> @time sum_row(b)
  2.053801 seconds (1 allocation: 16 bytes)
4.999994504737972e7
```

실제로 크기가 $(10^4, 10^4)$인 배열의 모든 성분을 더할 때, 열 기반 배열의 특성을 고려하여 중첩된 반복문을 사용한 함수 sum_col의 실행 성능이 sum_row의 경우보다 10배 이상 빠름을 확인할 수 있다.

[6] 파이썬과 같이 행 우선 배열의 경우에는 배열의 가장 마지막 차원의 인덱스를 가장 안쪽의 반복문에서 돌려야 한다.

12.1.3 줄리아에서는 배열에 대한 연산에서 벡터화가 불필요

파이썬, 매트랩, R 등의 동적 타입 언어에서는 배열에 대한 연산 시, 반복문을 이용한 요소별 연산은 너무 느리기 때문에 성능을 위해서 연산을 벡터화해야 한다. 동적 타입 언어에서 반복문이 느린 이유는 매 반복마다 요소의 타입을 확인하고, 그에 맞는 연산 메소드로 디스패치해야 하기 때문이다.

벡터화된 연산은 모든 원소의 타입이 동일하다는 조건을 전제로 한 번의 타입 체크와 디스패치가 배열의 모든 요소별 연산에 적용되기 때문에 정적 언어의 반복문에 가까운 성능을 가질 수 있게 된다.

하지만, 줄리아는 11장에서 살펴본 타입 추론 등의 메소드 최적화 덕분에 굳이 성능을 위해 벡터화된 코드를 작성할 필요는 없다. 실제로 벡터화한 코드는 임시 배열 생성을 해야 하는 경우도 있어서, 반복문을 사용하는 것이 더 빠른 경우도 있다.

다음 예제 코드를 통해 이를 확인해 보자.

```
julia> a, b = rand(1000000), rand(1000000); length(a) == length(b)
true
julia> function no_vec(a, b)
           sum = 0.0
           for i in 1:1000000
             sum += a[i] * b[i]
           end
           return sum
       end;
no_vec (generic function with 1 method)
julia> @time no_vec(a,b); @time no_vec(a,b)
  0.017687 seconds (2.31 k allocations: 145.797 KiB, 92.25% compilation time)
  0.001261 seconds (1 allocation: 16 bytes)
250322.81004444885
julia> @time sum(a .* b); @time sum(a .* b)
  0.082163 seconds (74.58 k allocations: 12.705 MiB, 96.29% compilation time)
  0.002590 seconds (4 allocations: 7.629 MiB)
250322.81004444422
```

위 결과에서 알 수 있듯이, 이 경우에는 반복문을 이용한 연산이 벡터화 연산보다 2배 가까이 더 빠름을 알 수 있다. 또, 벡터화 연산의 경우에 사용된 메모리의 할당의 크기를 보면 임시 배열이 생성되었음을 유추할 수 있다.

12.2 다차원 배열의 사용법

12.2.1 배열 리터럴 및 연결 방법

앞서 2.4.2절에서 설명했듯이, 1차원 배열은 대괄호와 쉼표를 이용하여 만들 수 있다. 이때, 요소들의 타입이 다른 경우에, 각 타입의 표현 가능한 범위를 포괄할 수 있는 특정 타입으로 승격이 가능하면 승격한 타입의 배열이 생성되고, 그렇지 않은 경우에는 `Any` 타입의 배열이 생성된다.

```
julia> [1, 2.8, Float32(3)] # 승격이 가능한 경우
3-element Vector{Float64}:
 1.0
 2.8
 3.0
julia> [1, "2.8", 3.0] # 승격이 불가능한 경우
3-element Vector{Any}:
 1
  "2.8"
 3.0
```

만약 대괄호 안에서 쉼표 대신에 세미콜론(;)이나 줄바꿈이 있으면 요소들을 1차원 방향(수직 방향)으로 연결한다.

```
julia> [1:2, 3:4]  # 요소가 쉼표롤 구분되었으므로 범위 객체 자체가 요소
2-element Vector{UnitRange{Int64}}:
 1:2
 3:4
julia> [1:2         # 세미 콜론의 경우와 같음
 3:4]
4-element Vector{Int64}:
 1
 2
 3
 4
```

비슷하게 2차원 방향(수평 방향)으로 연결하려면 공백(또는 탭)나 이중 세미콜론 (;;)을 이용하면 된다.

```
julia> [1 2 3]
1×3 Matrix{Int64}:
 1  2  3
julia> [1;;2;;3] #[1;; 2;; 3]도 같은 결과
1×3 Matrix{Int64}:
 1  2  3
```

공백이나 이중 세미콜론를 이용하여 1차원 방향으로 요소의 개수가 같은 배열들도 수평방향으로 연결할 수 있다.

```
julia> [1:2 3:4]
2×2 Matrix{Int64}:
 1  3
 2  4
julia> [1:2;;3:4]
2×2 Matrix{Int64}:
 1  3
 2  4
julia> [[1,2] [3,4]]
2×2 Matrix{Int64}:
 1  3
 2  4
julia> [[1,2];;[3,4]]
2×2 Matrix{Int64}:
 1  3
 2  4
```

세미콜론(또는 줄바꿈), 이중 세미콜론(또는 공백)을 결합하면 수직 방향과 수평 방향으로의 연결을 동시에 할 수 있다. 단, 기억해야 할 점은 공백을 이용한 수평 연결은 1차원 연결보다 우선되고, 이중 세미콜론을 이용한 수평 연결은 1차원 연결보다 나중에 이루어진다는 점이다. 다음 예를 이 규칙을 확인해 보자.

```
julia> [1 2 3; 4 5 6]
2×3 Matrix{Int64}:
 1  2  3
 4  5  6
julia> [zeros(Int, 2,2) ; [3 4] ;; [1; 2] ; 5]
3×3 Matrix{Int64}:
 0  0  1
 0  0  2
 3  4  5
```

첫 번째 예제 코드에서는 공백으로 인한 2차원 방향의 연결이 각각 이루어져서 크기가 (1,3)이 두 배열이 먼저 만들어지고 세미콜론으로 인해 이 두 배열이 1차원 방향으로 연결되어 크기가 (2,3)인 배열이 생성된다.

반면에 두 번째 예제 코드에서는 세미콜론에 따라 1차원 방향의 연결이 먼저 이루어져서 크기가 (3,2)인 배열과 (3,1)인 배열이 먼저 만들어지고, 이 두 배열이 이중 세미콜론에 의해 2차원 방향으로 연결되어 (3,3)배열이 생성된다.

세미콜론과 이중 세미콜론이 각각 1차원 방향, 2차원 방향으로 연결하는 것처럼 세미콜론을 k개 반복하면 k차원 방향으로 연결한다. 예를 들어, ;;;는 3차원 방향, ;;;;는 4차원 방향으로 연결한다. 이때, 중복된 세미콜론의 개수가 적을수록 먼저 연결된다.

예를 들어, 다음 코드는 크기가 $(2,3,2)$인 배열을 생성한다.

```
julia> [1; 2;; 3; 4;; 5; 6;;; 7; 8;; 9; 10;; 11; 12]
2×3×2 Array{Int64, 3}:
[:, :, 1] =
 1  3  5
 2  4  6
[:, :, 2] =
 7   9  11
 8  10  12
```

2차원 배열을 생성할 때와 마찬가지로 공백을 이용한 연결은 다른 차원에 대한 연결보다 우선하므로 위의 예제는 다음과 같이 행을 기준으로 생성할 수도 있다.

```
julia> [1 3 5; 2 4 6;;; 7 9 11; 8 10 12]
2×3×2 Array{Int64, 3}:
[:, :, 1] =
 1  3  5
 2  4  6
[:, :, 2] =
 7   9  11
 8  10  12
```

4차원 이상의 배열도 위 규칙에 따라 다음과 같이 생성할 수 있다.

```
julia> [1 2;;; 3 4;;;; 5 6;;; 7 8]
1×2×2×2 Array{Int64, 4}:
[:, :, 1, 1] =
 1  2
[:, :, 2, 1] =
 3  4
[:, :, 1, 2] =
 5  6
[:, :, 2, 2] =
 7  8
julia> [[1 2;;; 3 4];;;; [5 6];;; [7 8]]
1×2×2×2 Array{Int64, 4}:
[:, :, 1, 1] =
 1  2
[:, :, 2, 1] =
 3  4
[:, :, 1, 2] =
 5  6
```

```
[:, :, 2, 2] =
 7  8
```

다음 코드의 결과를 살펴보자.

```
julia> [1]
1-element Vector{Int64}:
 1
julia> [1;;]
1×1 Matrix{Int64}:
 1
julia> [2; 3;;]
2×1 Matrix{Int64}:
 2
 3
julia> [2; 3;;;]
2×1×1 Array{Int64, 3}:
[:, :, 1] =
 2
 3
```

위 결과로부터 알 수 있듯이, 배열을 생성할 때 마지막에 세미콜론을 붙여서 배열의 차원을 추가할 수 있다.

앞에서 공백(또는 이중 세미콜론)과 줄바꿈(또는 세미콜론)을 이용한 배열의 연결은 `cat` 함수를 이용하여 생성할 수도 있다.
예를 들어, 2차원 배열 `A`, `B`, `C`에 대해 다음이 성립한다.

- 각 배열의 1차원 요소의 개수가 모두 같을 때, 다음은 `[A B C]`와 동일하고, 간단히 `hcat(A, B, C)` 로 쓸 수 있다.

```
cat(A, B, C; dims=2)
```

- 각 배열의 2차원 요소의 개수가 모두 같을 때, 다음은 `[A; B; C]`와 동일하고, 간단히 `vcat(A, B, C)` 로 쓸 수 있다.

```
cat(A, B, C; dims=1)
```

- 배열의 크기와 관계없이 다음은 `A`, `B`, `C`를 대각블록으로 하고 나머지 요소는 모두 `0`인 2차원 배열을 생성한다.

실제로는 `cat` 함수[7]를 이용하여 k 차원 방향으로 연결도 할 수 있는데, 자세한 사용법은 줄리아 공식 문서에서 'Concatenation and permutation'를 참고하면 된다.

[7] The Julia Project, *Julia Documentation:Base.cat*, https://docs.julialang.org/en/v1/base/arrays/#Concatenation-and-permutation.

```
cat(A, B, C; dims=(1,2) )
```

```
julia> A1, A2, A3, A4 = fill(1, 2,1), fill(2, 2,2), fill(3, 1,2), fill(4, 2,3)
([1; 1;;], [2 2; 2 2], [3 3], [4 4 4; 4 4 4])
julia> hcat(A1, A2, A4)
2×6 Matrix{Int64}:
 1  2  2  4  4  4
 1  2  2  4  4  4
julia> [A1 A2 A4] == hcat(A1, A2, A4) == cat(A1, A2, A4; dims=2)
true
julia> vcat(A2, A3)
3×2 Matrix{Int64}:
 2  2
 2  2
 3  3
julia> [A2; A3] == vcat(A2, A3) == cat(A2, A3; dims=1)
true
julia> cat(A1, A3, A4; dims=(1,2))
5×6 Matrix{Int64}:
 1  0  0  0  0  0
 1  0  0  0  0  0
 0  3  3  0  0  0
 0  0  0  4  4  4
 0  0  0  4  4  4
julia> cat([A1 A2;;;], [A4;;;]; dims=3)
2×3×2 Array{Int64, 3}:
[:, :, 1] =
 1  2  2
 1  2  2
[:, :, 2] =
 4  4  4
 4  4  4
```

12.2.2 배열 내포 표현식

배열의 요소를 함수 꼴로 표현 가능한 경우에는 내포 표현식(comprehension)을 이용하여 배열을 생성할 수 있다.

내포 표현식을 이용한 배열의 생성은 반복 가능한 객체 `rx, ry,...`의 범위 값을 갖는 `x, y,...`에 대해 다음 형태로 이루어진다.

```
[ F(x, y, ...) for x = rx, y = ry, ...]
```

이때, 생성되는 배열의 크기는 (`length(rx), length(ry),...`)가 된다.

```
julia> cph_a = [x+y for x=2:4, y=1:2:7]
3×4 Matrix{Int64}:
 3  5  7   9
 4  6  8  10
 5  7  9  11
```

위 코드에서 `length(2:4)`는 3이고, `length(1:2:7)`은 4이므로 크기가 (3,4)인 2차원 배열 `cph_a`가 생성된다. 또 `cph_a[2,3]`은 `x`의 두 번째 값이 `3`이고 `y`의 세 번째 값이 `5`이므로 `8`이 됨을 확인할 수 있다.

만약 배열 내포 표현식에서 다음 예제 코드와 같이 키워드 `for`를 반복하여 사용하면, 먼저 나온 범위에 따라 뒤의 범위가 결정되는 1차원 배열을 생성할 수 있다.

```
julia> println( [ (x,y) for x =1:3 for y = 1:x] )
[(1, 1), (2, 1), (2, 2), (3, 1), (3, 2), (3, 3)]
julia> println( [ (x,y) for x =1:3 for y = 1:3] )
[(1, 1), (1, 2), (1, 3), (2, 1), (2, 2), (2, 3), (3, 1), (3, 2), (3, 3)]
```

덧붙여서 배열 내포 표현식의 마지막에 키워드 `if`를 이용하면 조건에 맞는 요소로 이루어진 배열을 생성할 수 있다.

```
julia> println( [ (x,y) for x = 1:3 for y = 1:3 if x+y==4] )
[(1, 3), (2, 2), (3, 1)]
```

이 밖에 `zeros, ones, fill` 등의 함수를 이용하여 다차원 배열을 생성하는 방법은 36쪽에서 설명한 것과 동일하다.

12.2.3 인덱싱

다차원 배열의 인덱싱은 34쪽에서 설명한 1차원 배열에 대한 인덱싱을 각 차원에 대해 실행하면 된다. 즉, 각 차원별로 인덱스, 인덱스로 이루어진 벡터, 범위 객체 등을 이용하여 인덱싱 할 수 있다.

단, 아래 사항들은 반드시 기억해야 한다.

- 배열의 인덱싱 결과는 새로운 배열이나 값으로 복사된다
- 특정 차원을 범위 객체나 벡터가 아닌 값으로 인덱싱하면 해당 차원은 사라진다.
- 특정 차원을 벡터로 인덱싱하면 해당 차원은 유지된다.

위의 첫 번째 사항은 12.2.6 소절에서 뷰를 설명할 때 확인하기로 하고, 예제 코드를 통해 나머지 두 사항을 확인해 보자.

```
julia> A = reshape(1:16, 2, 4, 2)
2×4×2 reshape(::UnitRange{Int64}, 2, 4, 2) with eltype Int64:
[:, :, 1] =
 1  3  5  7
 2  4  6  8
[:, :, 2] =
  9  11  13  15
 10  12  14  16
julia> A[1, 2, 1]          # 스칼라 값 (모든 차원이 사라짐)
3
julia> A[1:1, 2:2, 1:1]    # 3차원 배열
1×1×1 Array{Int64, 3}:
[:, :, 1] =
 3
julia> A[:, [1,3,4], 1]    # 2차원 배열 (차원 3이 사라짐)
2×3 Matrix{Int64}:
 1  5  7
 2  6  8
```

각 차원 별로 논리 인덱싱도 가능하다. 즉, 해당 차원의 요소 수만큼 부울 값 true 또는 false를 나열한 벡터(1차원 배열)로 인덱싱하는 것은, true에 해당하는 인덱스로만 이루어진 벡터로 인덱싱하는 것과 같다. 앞의 예에서 생성한 배열 A에 대해 논리 인덱싱을 연습해 보자.

```
julia> A[ [1], [true, false, false, true], :]
1×2×2 Array{Int64, 3}:
[:, :, 1] =
 1  7
[:, :, 2] =
 9  15
julia> A[ 1, [true, false, false, true], : ]
2×2 Matrix{Int64}:
 1   9
 7  15
```

위의 두 번째 예제를 첫 번째 예제와 비교해 보면, 벡터가 아닌 값으로 인덱싱한 차원 1이 사라지므로 차원 2가 차원 1로, 차원 3이 차원 2로 바뀐 2차원 배열이 얻어지는 것을 확인할 수 있다.

각 차원별로 논리 인덱싱을 하는 대신, 주어진 배열과 같은 형상을 갖는 부울 값 배열로 인덱싱을 할 수 있다. 다음 예를 확인하라.

```
julia> mask = map( ispow2, A) # 2의 거듭제곱이 요소
2×4×2 Array{Bool, 3}:
[:, :, 1] =
```

```
 1  0  0  0
 1  1  0  1
[:, :, 2] =
 0  0  0  0
 0  0  0  1
julia> A[mask]
5-element Vector{Int64}:
  1
  2
  4
  8
 16
```

다차원 배열을 인덱싱하는 또 다른 방법으로, N차원 배열에 대해 각 차원의 인덱스를 N-튜플처럼 모은 단위를 다루는 데카르트 인덱스 CartesionIndex{N} 객체를 다음 예제처럼 이용할 수 있다. 이때, 데카르트 인덱스들의 배열로 인덱싱하는 것도 가능하다.

```
julia> A = reshape(1:18, 3, 3, 2)
3×3×2 reshape(::UnitRange{Int64}, 3, 3, 2) with eltype Int64:
[:, :, 1] =
 1  4  7
 2  5  8
 3  6  9
[:, :, 2] =
 10  13  16
 11  14  17
 12  15  18
julia> A[1,2,2] == A[CartesianIndex(1,2,2)]
true
julia> diag1 = A[[CartesianIndex(1,1,1), CartesianIndex(2,2,1), CartesianIndex(3,3,1)]]
3-element Vector{Int64}:
 1
 5
 9
julia> diag2 = A[CartesianIndex.(axes(A,1), axes(A,2),1)]
3-element Vector{Int64}:
 1
 5
 9
```

위 예제에서 볼 수 있듯이, 생성자 CartesianIndex에 벡터화 연산자 .를 이용하면 diag1과 동일한 배열을 보다 간단하게 생성할 수 있다.

12.1.1소절의 220쪽에서 설명했던 열 우선 방식의 선형 인덱스는 주어진 다차원 배열을 메모리에 저장되는 방식대로 인덱스를 정하는 것이다. 다차원 배열을 선형 인덱스의 순서에 따라 1차원 벡터를 구하는 함수 vec을 이용하면 쉽게 확인할 수 있다.

```
julia> A = [2 6 4; 7 3 1]
2×3 Matrix{Int64}:
 2  6  4
 7  3  1
julia> vec(A); typeof(vec(A))
Vector{Int64} (alias for Array{Int64, 1})
julia> println(vec(A))
[2, 7, 6, 3, 4, 1]
julia> println([A[i] for i in 1:6])
[2, 7, 6, 3, 4, 1]
julia> println([A[i] for i in eachindex(A)])
[2, 7, 6, 3, 4, 1]
```

다차원 배열에 대한 선형 인덱스와 데카르트 인덱스 사이의 변환 방식에 대해 알아보자. CartesianIndices(A)[i]는 배열 A에 대한 선형 인덱스 i를 데카르트 인덱스로 변환해 준다. 또, 선형 인덱스로 이루어진 벡터 [i1, i2,...,ik]에 대해, 대응되는 데카르트 인덱스의 벡터는 CartesianIndices(A)[[i1,i2,...,ik]]와 같이 변환할 수 있다.

반면에 LinearIndices(A)는 데카르트 인덱스에 대응하는 선형 인덱스들의 배열을 생성한다. 따라서, 예를 들어 3차원 배열의 데카르트 인덱스 CartesianIndex(1,2,1)에 대응되는 선형 인덱스는 LinearIndices(A)[1,2,1]과 같이 구할 수 있다.

```
julia> B = rand(2,3,2); size(B)
(2, 3, 2)
julia> CartesianIndices(B)[8]
CartesianIndex(2, 1, 2)
julia> LinearIndices(B)[2,1,2]
8
julia> CartesianIndices(B)[[1, 2, 7]]
3-element Vector{CartesianIndex{3}}:
 CartesianIndex(1, 1, 1)
 CartesianIndex(2, 1, 1)
 CartesianIndex(1, 1, 2)
julia> LinearIndices(B)
2×3×2 LinearIndices{3, Tuple{Base.OneTo{Int64}, Base.OneTo{Int64}, Base.OneTo{Int64}}}:
[:, :, 1] =
 1  3  5
 2  4  6
```

```
[:, :, 2] =
 7   9  11
 8  10  12
```

12.2.4 할당

다차원 배열에 값을 할당하는 방법은 인덱싱등을 통해 선택한 영역과 같은 형상의 값 또는 배열을 할당할 때는 =를 이용하면 되고, 선택한 영역의 모든 요소에 동일한 스칼라값을 할당할 때는 .=을 이용하여 브로드캐스팅하면 된다.

```
julia> B
2×3×2 Array{Float64, 3}:
[:, :, 1] =
 0.00343236  0.881873  0.989536
 0.823795    0.378622  0.553235
[:, :, 2] =
 0.224125  0.676348  0.763776
 0.143315  0.14899   0.354132
julia> B[1, 1:2, 1] = [-2,-1] # 선택한 영역은 크기가 (2,)인 $1$차원 배열
2-element Vector{Int64}:
 -2
 -1
julia> B[:, 1:2:end, 2] .= 0
2×2 view(::Array{Float64, 3}, :, 1:2:3, 2) with eltype Float64:
 0.0  0.0
 0.0  0.0
julia> B
2×3×2 Array{Float64, 3}:
[:, :, 1] =
 -2.0       -1.0       0.989536
  0.823795   0.378622  0.553235
[:, :, 2] =
 0.0  0.676348  0.0
 0.0  0.14899   0.0
```

앞서 공부한 배열의 인덱싱과 할당을 이용하면, 예제 코드의 3차원 배열 B의 요소 중 그 값이 0.5보다 큰 요소는 그 값을 2로 바꾸고, 그렇지 않은 요소의 값은 −2로 바꾸는 코드를 다음과 같이 간단하게 작성할 수 있다.

```
julia> idx = B .> 0.5
2×3×2 BitArray{3}:
[:, :, 1] =
 0  0  1
 1  0  1
[:, :, 2] =
```

```
 0  1  0
 0  0  0
julia> B[idx] .= 2
4-element view(::Vector{Float64}, [2, 5, 6, 9]) with eltype Float64:
 2.0
 2.0
 2.0
 2.0
julia> B[.!idx] .= -2
8-element view(::Vector{Float64}, [1, 3, 4, 7, 8, 10, 11, 12]) with eltype Float64:
 -2.0
 -2.0
 -2.0
 -2.0
 -2.0
 -2.0
 -2.0
 -2.0
julia> B
2×3×2 Array{Float64, 3}:
[:, :, 1] =
 -2.0  -2.0  2.0
  2.0  -2.0  2.0
[:, :, 2] =
 -2.0   2.0  -2.0
 -2.0  -2.0  -2.0
```

위 예제 코드에서 `.!idx`는 논리 연산자 `!` 앞에 도트 연산자 `.`를 붙임으로써 배열의 각 요소에 NOT 연산을 적용시킨 배열이 된다.

12.2.5 브로드캐스팅

함수의 벡터화 연산(`.`)을 이용하여[8] 차원이 일치하지 않는 배열 간에(또는 배열과 스칼라 간에) 요소별 연산을 할 수 있는데, 이를 브로드캐스팅(broadcasting)이라고 한다.

[8] 5.4절을 다시 읽어 보기 바란다.

두 배열의 각 차원별 요소의 개수가 모두 일치하는 경우가 아닐 때는, 한 배열의 어떤 차원의 요소 수가 1이거나 0인 경우에만 브로드캐스팅이 가능하다. 예를 들어, 크기가 $(3,1,2)$인 3차원 배열 `A`와 크기가 $(1,3)$인 2차원 배열 `B`에 대해 `A .+ B`는 크기가 $(3,3,2)$인 배열이 된다.

```
julia> A = [1;2;3;;; 4;5;6]; size(A)
(3, 1, 2)
julia> B = [1 1 1]; size(B)
```

```
(1, 3)
julia> A .+ B
3×3×2 Array{Int64, 3}:
[:, :, 1] =
 2  2  2
 3  3  3
 4  4  4
[:, :, 2] =
 5  5  5
 6  6  6
 7  7  7
```

위 과정을 도식화하면, 아래 그림과 같이 (3,3,2) 배열이 되도록 각 배열이 필요한 축 방향으로 확장되어 요소별 연산이 이루어지는 것으로 이해할 수 있다.

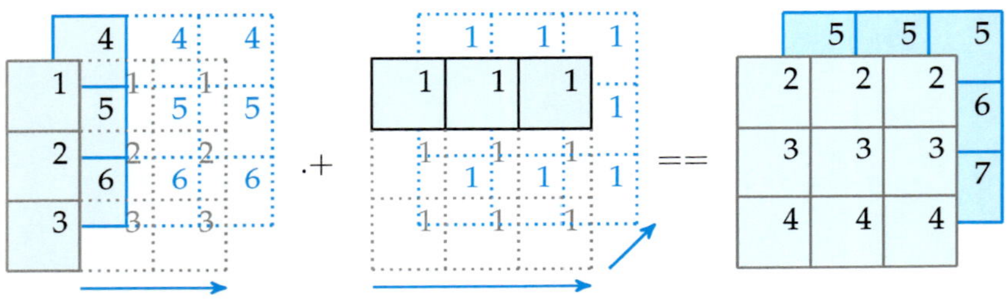

그림 12.3. 차원이 다른 두 배열의 브로드캐스팅

실행 성능과 관련하여 한 가지 언급할 점은 브로드캐스팅의 결과가 저장될 배열을 미리 준비한 경우, 브로드캐스팅 연산은 임시 배열 생성 없이 한 번의 반복문으로 빠르게 연산된다는 점이다.

위의 예제 코드에 대해 이를 확인해 보자.

```
julia> result = zeros(Int64, 3, 3, 2); size(result)
(3, 3, 2)
julia> @time A .+ B; @time A .+ B; println()
  0.000012 seconds (2 allocations: 240 bytes)
  0.000008 seconds (2 allocations: 240 bytes)
julia> @time result .= A .+ B; @time result .= A .+ B; println()
  0.749179 seconds (33.76 k allocations: 2.130 MiB, 99.99% compilation time)
  0.000008 seconds (1 allocation: 32 bytes)
```

위 실행 결과의 메모리 할당량을 비교해 보면, 미리 할당해 둔 경우 임시 배열 생성이 없음을 확인할 수 있다.

12.2.6 뷰 생성

앞서 언급했듯이 배열의 인덱싱 결과는 새로운 배열이나 스칼라로 복사되므로, 배열의 인덱싱 결과를 수정해도 원래 배열의 요소는 변하지 않는다. 다음 예를 살펴보자.

```
julia> A = [1 2; 3 4]
2×2 Matrix{Int64}:
 1  2
 3  4
julia> v = A[:, 1] # A의 1열 복사
2-element Vector{Int64}:
 1
 3
julia> fill!(v, 0); # v의 요소를 모두 0으로 수정
2-element Vector{Int64}:
 0
 0
julia> v
2-element Vector{Int64}:
 0
 0
julia> A      # A의 1열은 바뀌지 않음
2×2 Matrix{Int64}:
 1  2
 3  4
```

반면에 view 함수를 이용하면, 배열을 인덱싱할 때 복사 대신 해당 영역을 지연 참조하는 뷰(view)를 생성한다. 뷰로 생성된 배열은 인덱싱 요청을 받으면 자신이 참조하는 원본 배열의 해당 위치의 값을 반환하는데, 인덱싱 시 복사가 일어나지 않으므로 일반적으로 좀 더 빠르다.

뷰로 생성된 배열의 요소를 수정하면 원본 배열의 해당 요소도 수정이 일어나므로 유의하여 사용해야 한다.

view 함수의 사용보다는 @view 매크로가 사용하기 편하므로 @view의 예를 살펴보자.

```
julia> A = [1 2; 3 4]
2×2 Matrix{Int64}:
 1  2
 3  4
julia> x = @view A[:, 1] # A의 1열을 참조
2-element view(::Matrix{Int64}, :, 1) with eltype Int64:
 1
 3
```

```
julia> fill!(x, 0);
2-element view(::Matrix{Int64}, :, 1) with eltype Int64:
 0
 0
julia> x
2-element view(::Matrix{Int64}, :, 1) with eltype Int64:
 0
 0
julia> A     #A의 1열도 바뀜
2×2 Matrix{Int64}:
 0  2
 0  4
```

앞의 예에서 @view A[:, 1]을 view 함수를 이용하여 사용할 때는 view(A, :, 1)이 된다. 줄리아의 매뉴얼을 참고하라.

12.3 사용자 정의 배열 타입

AbstractArray{T,N}의 하위 타입을 만들고 필요한 메소드 몇 가지를 구현하면 사용자 정의 배열을 쉽게 만들 수 있다. 이때 구현해야 할 메소드들은 줄리아 공식 문서 메뉴얼의 'Interface'에서 'Abstract Arrays' 항목[9]을 보면 자세히 설명되어 있는데, 여기서는 배열의 n번째 요소로 n^2을 갖는 벡터 타입 SquareVector를 만들면서 사용자 정의 배열 타입을 만드는 원리만 간단히 살펴보자.

우선 사용자 정의 배열을 만들 때, AbstractArray{T, N}에서 T를 명시하면 eltype로 구성하는 배열 요소의 타입을 구할 수 있고, N을 명시하면 ndims으로 구성하는 배열의 차원을 구할 수 있다. 구성하려는 SquareVector는 요소의 타입이 Int64인 벡터 타입이므로 다음과 같이 정의하면 된다.

[9] The Julia Project, *Julia Documentation:Manual:Interfaces:Abstract Arrays*, https://docs.julialang.org/en/v1/manual/interfaces/#man-interface-array.

```
julia> struct SquareVector <: AbstractArray{Int64, 1}
           count::Int
       end
```

위 정의에서 필드 count는 생성하는 벡터의 요소 수를 나타낸다.

사용자 정의 배열을 정의할 때 핵심적인 부분은 인덱싱과 인덱스를 이용한 할당이 효율적으로 이루어질 수 있도록 정의하려는 배열 타입의 IndexStyle을 정의하는 것이다. IndexStyle은 스칼라 인덱스로 인덱싱할 수 있는 IndexLinear( ) 타입과 각 차원별 인덱스들을 이용하여 인덱싱하는 IndexCartersian( ) 타입이 있는데, 정의하려는 SquareVector의 경우는 1차원 벡터이므로 IndexStyle를 IndexStyle( ) 타입으로 설정하면 되고, getindex 메소드만 정의하면 된다.[10]

[10] 사용자 정의 다차원 배열에 대해 IndexStyle을 설정하는 방법은 줄리아의 메뉴얼을 참고하라.

```
julia> Base.size(S::SquareVector) = (S.count, )
```

```
julia> Base.IndexStyle(::Type{<:SquareVector}) = IndexLinear( )
julia> Base.getindex(S::SquareVector, i::Int64) = i*i
```

위 코드에서 Base.IndexStyle은 정의하려는 배열 타입을 인자로 가져야 하므로 타입 실렉터 Type{<:SquareVector})를 이용하였다. 타입 실렉터에 대해서는 10.5.6 절을 복습하기 바란다.

위 예제 코드와 같이 사용자 정의 배열 타입을 AbstractArray의 하위 타입으로 정의하고, 위의 세 가지 메소드만 정의하고 나면, 정의된 배열 타입의 객체는 인덱싱뿐만 아니라 반복 가능한 객체가 되고, 함수의 벡터화 연산도 가능하게 된다. 이를 확인해 보자.

```
julia> s = SquareVector(5); typeof(s)
SquareVector
julia> for x in s              # 반복 가능한 객체
         print(x," ")
       end
1 4 9 16 25
julia> s[ s .> 3]              # 논리 인덱싱
4-element Vector{Int64}:
  4
  9
 16
 25
julia> s .+ s                   # 브로드캐스팅
5-element Vector{Int64}:
  2
  8
 18
 32
 50
julia> println( sqrt.(s) )    # 함수의 벡터화 연산
[1.0, 2.0, 3.0, 4.0, 5.0]
```

13 반복자

줄리아에서 순차적으로 반복하는 객체인 반복자(iterator)는 `iterate` 함수로 구현하여 만들 수 있다. 이 장에서 사용자 정의 반복자를 만드는 방법을 소개하고, 기본적인 활용 예를 소개한다.

13.1 사용자 정의 반복자

13.1.1 반복자의 기본적인 구현

기본적으로 반복자 객체 `iter`를 생성할 복합 타입을 정의하고, 객체 외부에서 추적할 수 있는 상태 `state`에 대해 `iterate(iter, state)` 형식으로 구현하는데, 반환값은 값과 새로운 상태의 튜플 `(값, 새로운 상태)`이거나 더 이상 반환할 것이 없을 때는 `nothing`을 반환해야 한다.

참고 2.4에서 언급했듯이, 줄리아에서 반복 가능한 객체란 `iterate` 함수가 적절하게 구현되어 있는 객체라는 뜻이다. 예를 들어, 다음 코드에서 확인할 수 있듯이 배열에는 인덱스를 상태로 하는 `iterate` 메소드가 적절하게 정의되어 있다.

```
julia> x = [3, 7, 8]
3-element Vector{Int64}:
 3
 7
 8
julia> iterate(x, 1)  # 반환값은 상태 1일 때의 값과 다음 상태의 튜플
(3, 2)
julia> iterate(x, 2)  # 반환값은 상태 2일 때의 값과 다음 상태의 튜플
(7, 3)
```

`Base` 모듈의 `iterate` 함수만 잘 정의해도 반복문에서 사용할 수 있는 반복자를 만들 수 있다. 우선 범위 객체 `1:4`와 같은 역할을 하는 반복자 `MyIterator`를 `iterate` 함수를 이용하여 구현해 보자.

```
julia> struct MyIterator
         start::Int  # Int는 Int64의 별칭
         stop::Int
       end
julia> function Base.iterate(iter::MyIterator, state= iter.start)
         (state > iter.stop) ? nothing : (state, state+1)
       end
```

위의 예제 코드처럼 MyIterator의 객체 iter에 대해 iter 함수를 정의할 때, 다음 두 구문의 실행 결과는 같아진다.

```
for  i in iter
    # 본문
end
```

```
next = iterate(iter)
while next !== nothing
    (i, state) = next
        # 본문
       next = iterate(iter, state)
end
```

실제로 for 문을 돌려 확인해 보자.

```
julia> for x in MyIterator(3, 7)
         println(x, " ")
       end
3
4
5
6
7
```

위의 반복자를 조금 수정하면 범위 객체 start:step:stop과 같은 반복자를 구현할 수도 있다.

```
julia> struct MyIterator2
         start::Int
         step::Int
         stop::Int
       end
julia> function Base.iterate(iter::MyIterator2, state= iter.start)
         (state > iter.stop) ? nothing : (state, state+iter.step)
       end
       # 반복문을 통해 생성된 반복자 확인
```

```
julia> for x in MyIterator2(3, 2, 7)
         println(x, " ")
       end
3
5
7
```

13.1.2 반복자를 좀 더 유용하게 만드는 법

iterate를 이용한 반복자는 기본적으로 유한 길이를 갖는 것으로 간주되므로[1,2] Base 모듈의 length 메소드를 정의해 주어야 collect 메소드를 이용하여 벡터로 변환할 수 있다. 이때, 실제 생성되는 값의 타입에 맞는 배열이 생성될 수 있도록 하려면 Base 모듈의 eltype 메소드도 정의해야 한다.

MyIterator에 대해 이 메소드들을 구현해 보자.

```
julia> Base.length(iter::MyIterator) = iter.stop - iter.start +1
julia> collect(MyIterator(4, 6))
3-element Vector{Any}:
 4
 5
 6
julia> Base.eltype(::Type{MyIterator}) = Int64
julia> collect(MyIterator(4,6))
3-element Vector{Int64}:
 4
 5
 6
```

위 예제 코드에서 확인할 수 있듯이 Base.eltype을 정의하지 않고 Base.length만 정의한 경우에는 collect로 생성되는 배열의 타입이 적절하게 결정되지 않지만, Base.eltype을 정의하고 나면 정확한 타입의 배열이 생성되는 것을 알 수 있다.[3]

만약 생성자에 대해 인덱싱을 통해 값을 접근하길 원한다면 다음 예제 코드와 같이 Base.getindex 메소드를 확장하여 정의해 주어야 한다.[4]

```
julia> function Base.getindex(iter::MyIterator, i::Int)
         1 <= i <= length(iter) || throw(BoundsError(iter, i))
         val,next = iterate(iter, iter.start)
         for k = 2:i
           val, next = iterate(iter, next)
         end
         return val
       end
```

[1] 무한한 길이를 갖는 생성자를 만들려면 생성자의 타입을 인자로 갖는 Base.IteratorSize를 IsInfinite( )로 정의해야 한다. 줄리아의 공식 문서에서 IteratorSize를 참고하라.

[2] The Julia Project, *Julia Documentation:Base.IteratorSize*, https://docs.julialang.org/en/v1/base/collections/#Base.IteratorSize.

[3] Base.eltype은 생성자의 타입을 인자로 받으므로 타입 실렉터 Type{MyIterator}를 이용함에 주목하라.

[4] 만약 주어진 인덱스의 범위에 대해 인덱싱을 원한다면 예제 코드에서 getindex의 인자 i::Int 대신 idx::UnitRange{Int64}등에 대해서도 적절하게 정의해 주어야 한다.

```
julia> x = MyIterator(7, 30)
MyIterator(7, 30)
julia> length(x)
24
julia> x[1], x[3], x[24]
(7, 9, 30)
julia> x[25]
Error: BoundsError: attempt to access MyIterator at index [25]
```

또 다른 예로 첫 번째 항과 두 번째 항이 1인 피보나치 수열[5]을 무한히 생성하는 반복자를 만들어 보자.

[5] 5.8.2절을 참고하라.

```
julia> struct FibIterator end
julia> function Base.iterate(iter::FibIterator, state=(1,1,1))
           a, b, n = state #
           return (a, b, n), (b, a+b, n+1)
       end
```

일정한 조건이 만족될 때 반복문을 빠져 나오려면 break를 쓰면 되는데, 이를 이용하여 피보나치 수열의 항이 1000보다 작은 모든 항을 앞에서 정의한 반복자로 구해 보자.

```
julia> fibseq = FibIterator( )
FibIterator()
julia> for x in fibseq
           a, b, n = x
           if a > 1000
             break # 반복문을 빠져 나가기
           end
           print(a, " ")
       end
1 1 2 3 5 8 13 21 34 55 89 144 233 377 610 987
```

13.1.3 반복자 활용 예

다양한 상황에서 가능한 선택의 조합을 생각해야 하는 경우가 많이 있다.

예를 들어, 피자를 만들 때 피자의 종류가 p_1, p_2 2가지, 위에 올릴 수 있는 토핑 2가지가 t_1, t_2, 크기가 s_1, s_2로 2가지 있다면, 만들 수 있는 피자의 종류는 $2 \times 2 \times 2 = 8$가지가 된다. 이때, 만들 수 있는 피자는 (p_i, t_j, s_k)와 같이 튜플로 표현할 수 있는데, 반복자를 이용하면, 다음과 같이 가능한 모든 조합을 튜플의 마지막 요소부터 변화시키면서 구할 수 있다.

$$\begin{aligned}(p_1,t_1,s_1) &\to (p_1,t_1,s_2) \to (p_1,t_2,s_1) \to (p_1,t_2,s_2)\\ &\to (p_2,t_1,s_1) \to (p_2,t_1,s_2) \to (p_2,t_2,s_1) \to (p_2,t_2,s_2)\end{aligned}$$

이 규칙을 좀 더 일반화하여, 배열 또는 튜플과 같이 반복 가능한 객체 형태로 주어진 k개의 컬렉션 A1, A2, ..., Ak에 대해, 각 컬렉션의 요소들로 이루어진 튜플을 (A1[1],...,An[1])에서 시작하여 (A1[end], A2[end],...,An[end])까지 가장 오른쪽 컬렉션의 인덱스부터 증가시키고, 해당 컬렉션의 길이를 넘어가면 다음 왼쪽 인덱스를 증가시키는 방식으로 작동하는 반복자를 구현해 보자.

단, 이 구현과 관련된 코드는 길이가 다소 길고, 재활용할 수 있는 코드이므로 작업 폴더 내에 CompIterator.jl이라는 이름의 파일을 만들고, 이 파일에 작성한다.

반복자를 구성할 컬렉션들의 모임을 나타내는 복합 타입 CompIterator을 정의하자.

이때, 컬렉션의 개수에 무관하게 동작하려면 각 컬렉션을 생성자의 가변 인자로 받아야 하므로, 복합 타입의 필드는 컬렉션들의 튜플이 된다.[6] 또, 각 컬렉션이 어떤 타입의 배열 또는 튜플일지 알 수 없으므로, 타입 매개변수를 이용하여 다음과 같이 복합 타입과 외부 생성자를 정의한다.

[6] 5.1.3절의 설명을 참고하라.

```
# CompIterator.jl 파일에 작성 1
struct CompIterator{T<:Tuple}
    iterators::T
end

function CompIterator(iterators...)
    return CompIterator(iterators)
end
```

이제 앞서 설명한 규칙을 따르는 반복자를 구현하기 위해 Base.iterate 함수를 CompIterator 타입으로 확장하여 정의하자.

우선 iterate 함수의 상태(state)는 각 컬렉션의 인덱스로 이루어진 정수 타입의 벡터 indices로 구성하고, 초깃값은 ones 함수를 이용하여 모든 인덱스가 1이 되도록 설정한다.[7] 이후, 상태가 변하는 규칙은 indices의 가장 오른쪽 요소부터 증가시키고, 해당 컬렉션의 길이를 넘어가면 그 인덱스를 1로 설정하면서 다음 왼쪽 인덱스가 증가하는 방식으로 구현한다.[8] 또, enumerate 함수에 대해서는 5.7절을 복습하라.

[7] 코드의 #1에서 구현한다.

[8] 코드의 #2에서 구현한다.

이제 collect 함수를 이용하여 반복자의 결과를 정확한 타입의 배열로 모을 수 있도록, Base 모듈의 eltype 메소드와 length 메소드를 정의하자.

우선, Base.eltype을 정의하려면 CompIterator에 가변 인자로 전달되는 각 컬렉션의 요소 타입을 구해야 하는데, 다음 예제 코드와 같이 복합 타입 T에 대해 각 필드의 타입을 구하는 함수 fieldtypes(T::Type)을 이용하면 된다.

```
# CompIterator.jl 파일에 작성 2
function Base.iterate(iter::CompIterator,
            state=ones(Int, length(iter.iterators))) #1
    if state !==nothing
        indices = copy(state)
    else
        return nothing # 모든 조합을 생성 완료
    end

    elements = map((it, idx)->it[idx], iter.iterators, indices)
    next_indices = copy(indices)
    for i in length(next_indices):-1:1  #2
        if next_indices[i] < length(iter.iterators[i])
            next_indices[i] += 1
            return Tuple(elements), next_indices
        else
            next_indices[i] = 1
            if i == 1
                return Tuple(elements), nothing # 마지막 조합
            end
        end
    end
end
```

```
julia> struct TestFoo
           x::Int64
           y::String
       end
julia> isa(TestFoo, Type)
true
julia> fieldtypes(TestFoo)
(Int64, String)
julia> isa(Tuple{Vector{Int64}, Tuple{String, String}} , Type)
true
julia> fieldtypes(Tuple{Vector{Int64}, Tuple{String, String}})
(Vector{Int64}, Tuple{String, String})
julia> eltype.( fieldtypes(Tuple{Vector{Int64}, Tuple{String, String}}) ) # 벡터화 연산
(Int64, String)
```

이제, `CompIterator{T}`에서 타입 매개변수 `T`는 가변 인자로 주어진 컬렉션들의 타입의 튜플이 되므로, `fieldtypes(T)`로부터 각 컬렉션의 타입을 구하고, `eltype`의 벡터화 연산을 적용시키면 각 컬렉션 요소의 타입을 구할 수 있다.

```
# CompIterator.jl 파일에 작성 3
Base.eltype(::Type{<:CompIterator{T}})
                            where {T} = Tuple{eltype.(fieldtypes(T))...}

function Base.length(iter::CompIterator)
    prod(length.(iter.iterators))       # prod 함수는 모든 요소의 곱을 구하는 함수
end
```

이제 작성한 파일 `CompIterator.jl`을 읽어들여, 반복자가 제대로 동작하는지 확인해 보자.

```
julia> include("C:/Users/kilch/CompIterator.jl")
julia> colors = ["red", "green", "blue"]; shapes = ["square", "circle"]; sizes = [1, 2];
2-element Vector{Int64}:
 1
 2
julia> x = CompIterator(colors, shapes, sizes); eltype(x)
Tuple{String, String, Int64}
julia> x_col = collect(x)
12-element Vector{Tuple{String, String, Int64}}:
 ("red", "square", 1)
 ("red", "square", 2)
 ("red", "circle", 1)
 ("red", "circle", 2)
 ("green", "square", 1)
 ("green", "square", 2)
 ("green", "circle", 1)
 ("green", "circle", 2)
 ("blue", "square", 1)
 ("blue", "square", 2)
 ("blue", "circle", 1)
 ("blue", "circle", 2)
```

14 메타프로그래밍

일반적으로 메타프로그래밍(metaprogramming)이란 자기 자신 혹은 다른 컴퓨터 프로그램을 데이터로 취급하며 프로그램을 작성/수정하는 것을 말한다.[1]

줄리아는 자기 자신의 코드를 Expr 타입의 데이터로 취급하여 자신의 코드를 변환하고 생성하는 메타프로그래밍이 가능하다. 이 장에서는 코드를 데이터로 나타내는 방식과 이를 이용한 코드 생성 및 매크로에 대해 간단히 살펴본다. 좀 더 자세한 내용은 줄리아 공식 문서 매뉴얼의 'Metaprogramming'[2]을 참고하기 바란다.

[1] 좀 더 포괄적으로 런타임에 수행해야 할 작업의 일부를 컴파일 타임 동안 실행하는 프로그램을 의미하기도 한다.

[2] The Julia Project, *Julia Documentation:Manual:Metaprogramming*, https://docs.julialang.org/en/v1/manual/metaprogramming/.

14.1 코드의 데이터 표현

14.1.1 표현식의 생성과 평가(실행)

줄리아에서 my_a = 1와 같은 한 줄의 코드를 실행시키는 것이 아니라, 코드 자체를 변수에 저장하려면 다음과 같이 :(코드)를 변수에 저장하면 된다. 이를 인용(quating)이라고 한다.[3,4]

[3] 줄리아의 구문에서 :은 심벌 타입을 만들 때 사용되지만, 괄호와 함께 사용되면 표현식을 만든다. 줄리아 매뉴얼의 'metaprogramming' 섹션의 'Symbols' 항목을 참고하라.

[4] The Julia Project, *Julia Documentation:Manual:Metaprogramming:Symbols*, https://docs.julialang.org/en/v1/manual/metaprogramming/#Symbols.

```
julia> ex1 = :(my_a = 1)
:(my_a = 1)
julia> typeof(ex1)
Expr
julia> my_a
Error: UndefVarError: `my_a` not defined
```

이처럼 콜론과 괄호를 이용하면, 괄호 사이의 식 또는 구문에 대해 표현식이라고 부르는 Expr 타입의 객체를 생성하게 된다. 물론, 실제 할당문이 실행된 것이 아니므로, 위 결과에서 보듯이 my_a라는 변수는 선언되지 않는다.

이렇게 인용된 표현식은 eval 함수를 이용하여 전역 변수 영역에서 평가할[5] 수 있다. 예를 들어 위 예제의 표현식을 평가하면 my_a에 1이 할당되었음을 알 수 있다.

[5] evaluate의 번역으로 값을 구한다는 의미이다.

```
julia> eval(ex1)
1
julia> my_a
1
```

콜론과 괄호로 인용하는 대신, 문자열로 작성한 해당 코드를 Meta.parse 함수로 파싱하여[6] 표현식을 만들 수도 있다.

[6] 11.2.1쪽의 설명을 참고하라.

```
julia> ex2 = Meta.parse("my_a = 1")
:(my_a = 1)
julia> ex1 == ex2
true
```

만약 여러 줄에 걸친 코드를 한 번에 Expr 객체로 만들려면 quote ∼ end 사이에 코드를 작성하면 된다.

```
julia> ex3 = quote
           for i = 1:4
             println(i)
           end
       end;  typeof(ex3)
           Expr
julia> eval(ex3)
1
2
3
4
```

또, 문자열 내삽처럼[7] 인용된 표현식 내에서 $를 이용하여 내삽을 할 수 있다. 다음 예제 코드를 통해 표현식 내의 내삽을 익혀보자.

[7] 54쪽을 참고하라.

```
julia> x = 2
2
julia> :( a = $x )
:(a = 2)
julia> :( a = x )
:(a = x)
julia> :( a = $(:x) )
:(a = x)
julia> :( $(string(x)) )  # string(x)는 "2"
"2"
julia> :( $(string(:x)) ) # string(:x)는 "x"
"x"
```

앞 예제의 마지막 코드에서 심벌 :x를 string 함수를 사용하여 문자열로 바꾸고 있다.

실제로 줄리아에서 정의된 모든 객체는 print 또는 println 함수를 이용하면 화면 또는 지정된 IO 객체에 문자열 타입으로 쓸 수 있고[8], string 함수는 print 함수의 결과를 문자열 타입으로 반환하는 함수이다. 다음 예제 코드를 통해 확인하라.

[8] 7.3.1절을 참고하라.

```
julia> x = 3
3
julia> y = 4
4
julia> println("심벌을 문자열로", :x)
심벌을 문자열로x
julia> println("표현식을 문자열로", :(x+y))
표현식을 문자열로x + y
```

14.1.2 표현식의 구조

줄리아에서 Expr 객체는 추상 구문 트리(AST)의 핵심 구성 요소인데, head라는 Symbol 타입의 필드와 args라는 Vector{Any} 타입의 필드로 이루어진다.

예를 들어, 앞 예제의 표현식 ex1에 대해 해당 필드를 구해보면 다음과 같고, 이 두 필드가 정해지면 Expr(head::Symbol, args...)의 구문으로 직접 표현식을 생성할 수 있다.

```
julia> ex1.head
:(=)
julia> ex1.args
2-element Vector{Any}:
  :my_a
 1
julia> ex1 == Expr(:(=), :my_a, 1)
true
```

이때, head 필드는 해당 표현식의 종류를 나타내는 심벌, args 필드는 하위 표현식을 담는 필드로 심벌 타입, 리터럴 값, 또 다른 표현식 객체들을 요소로 갖는 배열이다. 예를 들어, ex1.head의 :(=)는 할당문에 대한 표현식임을 알려준다.

한 가지 유의할 점은 변수와 같은 식별자는 표현식 내에서 대응되는 심벌로 표현되고, eval을 이용하여 표현식을 평가할 때 해당 식별자가 가리키는 값으로 바뀐다는 점이다. 예를 들어, 위의 실행에서 ex1.args의 첫 번째 요소 :my_a는 변수 my_a에 대한 심벌이다.

표현식의 종류를 나타내는 head 필드의 예를 좀 더 살펴보자. 다음 코드에서 확인할 수 있듯이, 덧셈 표현식의 경우에는 + 메소드를 호출하는 :call이고, 삼항 조건식에 대해서는 :if, for 반복문에 대해서는 :for가 된다.

```
julia> :(x+y).head, :(x ? y : z).head,:(for i in 1:4; print(i); end).head
(:call, :if, :for)
```

head 필드에 올 수 있는 모든 심벌에 대해서는 줄리아 공식 문서 'Julia ASTs' 섹션의 'Expr types'[9]를 참고하라.

[9] The Julia Project, *Julia Documentation:Developer Documentation:Expr Types*, https://docs.julialang.org/en/v1/devdocs/ast/#Expr-types.

조금 더 복잡한 표현식을 살펴보자.

```
julia> expr1 = :(x+2x*y-y)
:((x + (2x) * y) - y)
julia> expr1.head
:call
julia> expr1.args
3-element Vector{Any}:
 :-
 :(x + (2x) * y)
 :y
```

위 결과에서 보듯이 expr1.args는 또 다른 표현식 :(x+(2x)*y)를 포함하는 것을 알 수 있다. dump 함수를 이용하면, 이처럼 중복된 표현식의 구조를 쉽게 파악할 수 있다.

```
julia> dump(expr1)
Expr
  head: Symbol call
  args: Array{Any}((3,))
    1: Symbol -
    2: Expr
      head: Symbol call
      args: Array{Any}((3,))
        1: Symbol +
        2: Symbol x
        3: Expr
          head: Symbol call
          args: Array{Any}((3,))
            1: Symbol *
            2: Expr
              head: Symbol call
              args: Array{Any}((3,))
                1: Symbol *
                2: Int64 2
                3: Symbol x
            3: Symbol y
    3: Symbol y
```

따라서 Expr 구문을 이용한 expr1의 재구성은 다음과 같이 할 수 있다.

```
julia> expr1 == Expr(:call,:-,Expr(:call,:+,:x,Expr(:call,:*,Expr(:call,:*,2,:x),:y)),:y)
true
```

14.2 코드 자동 생성

앞 절에서 배운 표현식과 eval 함수를 이용하면, 동일 형태로 반복되는 코드를 자동으로 생성할 수 있다.

예를 들어, 이름과 나이를 필드로 갖는 각각의 구체 타입 개, 고양이, 햄스터, 도마뱀을 추상 타입 애완동물의 하위 타입으로 선언하는 코드는 다음과 같이 작성할 수 있다.

```
julia> abstract type 애완동물 end
julia> for t in (:개, :고양이, :햄스터, :도마뱀)
         eval( quote          # quote를 이용한 표현식을 평가
           struct $t <: 애완동물
             name::String
             age::Int64
           end
         end )
       end
```

즉, 각 심벌을 변수 t로 받아서 표현식에 내삽한 후 eval 함수로 실행시킨 결과, 다음과 같이 각 타입이 잘 생성된 것을 확인할 수 있다.

```
julia> cat1 = 고양이("나비", 2); typeof(cat1)
고양이
julia> dog1 = 개("보리", 1); typeof(dog1)
개
julia> cat1.name, dog1.name
("나비", "보리")
julia> cat1.age, dog1.age
(2, 1)
```

또 다른 예로 줄리아에 내장되어 있는 함수들을 사용자 정의 타입으로 확장시켜 정의할 때도 위의 방법을 적용할 수 있다. 줄리아 공식 문서에 나오는 코드 생성 예제를 살펴보자.

```
julia> struct MyNumber
         x::Float64
       end
```

```
julia> for op = (:sin, :cos, :tan, :log, :exp)
         eval( quote
           Base.$op(a::MyNumber) = MyNumber($op(a.x))
         end )
       end
julia> a = MyNumber(pi); sin(a).x, cos(a).x
(1.2246467991473532e-16, -1.0)
```

14.3 매크로

이 절에서는 인자로 표현식을 전달받아서 수정된 표현식을 반환하는 매크로(macro)를 정의하고 사용하는 방법에 대해 간략하게 소개한다. 매크로에 대한 보다 자세한 내용은 줄리아 공식 문서 'Metaprogramming' 섹션의 'Macros'[10]을 참고하기 바란다.

[10] The Julia Project, *Julia Documentation:Manual:Metaprogramming:Macros*, `https://docs.julialang.org/en/v1/manual/metaprogramming/#man-macros`.

매크로가 함수와 다른 점은, 함수는 런타임 시점에 실행되지만 매크로는 그 이전인 소스 코드가 파싱되는 시점에서 실행된다는 것이다.[11] 즉, 소스 파싱으로 생성된 AST의 일부분을 매크로가 변경하여 기존 부분을 대체하는데, 이를 매크로 확장(macro expansion)이라고 한다. 매크로 확장이 끝나면 11.2.1절에서 설명했던 저수준화와 최적화 등의 컴파일 단계가 진행된다.

[11] 207쪽 [그림 11.1]과 설명을 참고하라.

14.2절에서 다루었던 `eval` 함수를 이용한 코드 생성의 경우에도 `eval` 함수가 호출되는 시점인 런타임에 실행된다는 점에서 매크로와 차이가 있다. 즉, 매크로는 실행 시의 성능 저하가 거의 없이 코드를 조작할 수 있다는 장점이 있다.

14.3.1 매크로 만드는 법

매크로 정의는 예약어 `macro`로 시작되는 것을 제외하면 함수를 정의하는 것과 유사하다.[12] 다만, 함수의 인자는 값이나 표현식의 평가 결과를 받는 지역 변수이지만, 매크로의 인자는 지역 변수가 아니라 입력 변수에 대응되는 심벌 또는 표현식 객체로 전달된다는 점에서 차이가 있다. 줄리아에서 매크로는 함수와 구분하기 위해 `@매크로명`으로 나타낸다.

[12] 매크로는 함수와 달리 전역 스코프 내에서만 정의될 수 있다. 82쪽의 4.2절을 참고하라.

매크로의 인자에 대한 위의 설명을 간단한 코드를 통해 확인해 보자.

```
julia> macro argtype(x)
         println(typeof(x)) # 매크로 인자의 타입
         return x
       end
@argtype (macro with 1 method)
```

```
julia> function argtype(x)
         println(typeof(x)) # 함수 인자의 타입
         return x
       end
argtype (generic function with 1 method)
julia> x, y = 1, 2
(1, 2)
julia> m1 = @argtype(x); typeof(m1)
Symbol
Int64
julia> f1 = argtype(x); typeof(f1)
Int64
Int64
julia> m2 = @argtype(x+y); typeof(m2)
Expr
Int64
julia> f2 = argtype(x+y); typeof(f2)
Int64
Int64
```

우선, 위 결과에서 보듯이, 동일한 이름을 갖더라도 함수와 매크로는 구별되고, 함수 `argtype`과 매크로 `@argtype`의 인자의 역할이 다름을 명확하게 확인할 수 있다. 하지만, 줄리아 터미널의 REPL 환경에서 매크로를 실행시키면 런타임 시에 평가된 결과가 출력되므로, `@argtype(x+y)`와 같이 매크로를 실행하면 런타임 시에 평가된 값인 `3`이 된다.[13]

만약 런타임 직전에 매크로 확장으로 얻어진 표현식을 확인하려면 `macroexpand` 함수를 이용하면 된다.

[13] 만약 매크로를 실행하기 전에 전역 변수 `x`, `y`에 값을 할당하지 않았다면 정의되지 않은 변수가 되어, 매크로 인자의 타입은 적절하게 출력하지만, 평가된 값을 구할 수 없어 에러가 발생한다.

매크로의 원래 목적이 런타임 전인 소스 코드 파싱시에 표현식을 수정하는 것이므로, 이를 보여주는 줄리아의 공식 문서의 간단한 예를 살펴보자.

```
julia> macro sayhello(name)
         return :( println("Hello, ", $name) ) #표현식 내삽
       end
@sayhello (macro with 1 method)
julia> @sayhello("Julia") # 매크로 실행 방법 1
Hello, Julia
julia> @sayhello "Julia"  # 매크로 실행 방법 2
Hello, Julia
```

앞의 예제 코드는 소스 코드가 파싱되는 시점에 `name`에 전달된 표현식 `:("Julia")`에 대해 `@sayhello("Julia")`의 반환값을 표현식 `:(println("Hello, "Julia"))`으로 대체하고[14], 런타임 시에 평가된다. 따라서, REPL에서 이를 실행시키면, 대체된 표현식이 평가되어 `println("Hello, ", "Julia")`를 실행시킨 것과 같아진다.

[14] 표현식 내의 내삽이 일어난다.

이때, @sayhello(x)를 실행시키는 대신 @sayhello x를 실행시켜도 동일한 결과를 얻는다. 즉, 괄호없이 매크로에 인자를 전달할 수 있다.

앞의 예제 코드를 Expr의 구조를 이용하여 작성할 수도 있다. 먼저 다음 표현식의 구조를 살펴보자.

```
:(println("x", "y"))
```

```
julia> dump( :(println("x", "y")) )
Expr
  head: Symbol call
  args: Array{Any}((3,))
    1: Symbol println
    2: String "x"
    3: String "y"
```

따라서 앞의 예제는 다음과 같이 작성할 수도 있다.

```
macro sayhello(name)
    expr = Expr(:call, :println)
    push!(expr.args, "Hello, ")
    push!(expr.args, name) # 내삽이 필요 없음
    return expr
end
```

매크로에 키워드 인자는 사용할 수 없지만 가변 인자는 사용할 수 있고, 괄호없이 매크로를 실행시킬 때는 쉼표없이 인자를 나열하면 된다.[15] 다음 예제를 살펴보자.

[15] 예제 코드의 #2를 참고하라

```
julia> macro sayhello(x...)
       return :(println("Hello, ", $(x...))) #1 가변 인자에 대한 내삽
end
@sayhello (macro with 2 methods)
julia> @sayhello("Julia", "C", "Python")
Hello, JuliaCPython
julia> @sayhello "Julia" "C" "Python"   #2 쉼표 없이 인자 나열
Hello, JuliaCPython
```

매크로 sayhello는 가변 인자로 전달된 문자열들을 쉼표로 구분하지 않고 출력한다. 만약 가변 인자로 전달된 문자열들이 쉼표로 구분되어 출력되도록 매크로를 작성하고 싶다면, 다음 예제의 sayhello2와 같이 대크로를 정의하면 된다.

```
julia> macro sayhello2(x...)
         expr = Expr(:call, :println)
         n_args = length(x)
         push!(expr.args, x[1])
         for i in 2:n_args
           push!(expr.args, ", ")
           push!(expr.args, x[i])
         end
         return expr
       end
         @sayhello2 (macro with 1 method)
julia> @sayhello2("Julia", "C", "Python")
Julia, C, Python
julia> @sayhello2 "Julia" "C" "Python"
Julia, C, Python
```

매크로의 경우에도 동일한 매크로명에 대해 다른 구현의 메소드를 추가할 수도 있다.[16]

[16] 줄리아에서 매크로에 대한 서로 다른 메소드를 정의할 수 있는데, 매크로 인자의 개수와 타입에 따라 다중 디스패치가 이루어진다.

14.3.2 매크로 반환된 표현식과 주변 코드의 변수 충돌 방지 방법

매크로를 정의하는 블록 내에서 값이 할당되는 변수의 스코프에 대한 원칙은 4.2절에서 설명한 내용과 같다. 하지만, 매크로의 결과로 반환된 표현식의 변수가 주변 코드의 기존 변수와 우연히 충돌하는 것을 방지하기 위해, 줄리아의 매크로 확장은 특별한 기능을 갖고 있다.

- [원칙] 매크로의 결과 표현식에 나오는 변수 중, 다음 세 가지에 해당되는 변수만 지역 변수, 그 밖의 모든 변수는 전역 변수로 처리된다.

  1) 할당에 사용된 변수 중 global로 선언되지 않은 변수
  2) 확장된 표현식에서 local로 선언된 변수
  3) 함수의 인자명으로 사용되는 변수

  즉, 매크로 확장이 일어날 때, 표현식 내의 전역 변수는 해당 전역 스코프의 전역 변수로 해석된다. 또, 지역 변수들은 다른 변수와 구별될 수 있도록 함수 gensym이 자동 생성한 변수로 대체된다.[17]

[17] 소스 코드에서 #은 사용할 수 없지만, 줄리아 IR에서는 문제가 되지 않으므로, 변수 이름에 #이 붙은 변수가 자동 생성된다.

앞에서 설명한 매크로 확장 기능을 @macroexpand 매크로를 이용한 예제 코드를 통해 확인해 보자. 실제로 REPL에서 매크로를 실행시키면, 런타임 시에 평가된 결과가 출력되므로 런타임 직전에 매크로 확장으로 얻어진 최종 표현식을 확인하기 어려운데, macroexpand 함수 또는 @macroexpand 매크로를 이용하면 최종 표현식[18]을 확인할 수 있다. 우선 위의 매크로 확장 [원칙]의 첫 번째 경우부터 살펴보자.

[18] 이 둘의 차이점은 뒤에 설명하기로 한다.

```
julia> macro mcr1(ex)
         return quote
           i = $ex + 1
         end
       end
@mcr1 (macro with 1 method)
julia> k = 1
1
julia> @macroexpand @mcr1 i    #매크로 확장 (1)
quote
#= none:3 =#
var"#347#i" = var"#347#i" + 1
end
julia> @macroexpand @mcr1 k    #매크로 확장 (2)
quote
#= none:3 =#
var"#348#i" = Main.k + 1
end
julia> @mcr1 i    #매크로 결과 (1)
Error: UndefVarError: `#349#i` not defined
julia> @mcr1 k    #매크로 결과 (2)
2
```

매크로 `@mcr1`의 정의에서[19], 할당식 왼쪽의 `i`는 확장 [원칙]의 첫 번째 경우에 해당되므로 지역 변수가 되고, `gensym` 함수에 의해 자동 대체된다. 따라서, `@mcr1 i`에 대한 확장된 표현식에서 우변의 내삽 결과도 왼쪽과 동일한 지역 변수로 대체되고[20], 전역 스코프에서 지동 생성된 지역 변수에 할당된 값이 없으므로 에러가 발생한다.[21]

반면에 `@mcr1 k`의 경우에는 내삽 결과가 전역 변수 `k`로 해석되고, 전역 변수 `k`에 `1`이 할당되어 있으므로 자동 생성된 지역 변수에 `2`가 할당된다.[22]

[19] 이 매크로는 매크로 확장 후 결과 표현식에서 지역 변수와 전역 변수가 정해지는 원칙을 확인하기 위한 것일 뿐, 실제로는 의미없는 매크로이다.

[20] 코드의 #매크로 확장 (1)

[21] 코드의 #매크로 결과 (1)

[22] 코드의 #매크로 결과 (2)

매크로 확장 [원칙]의 두 번째 경우를 이해하기 위해 다음 예제를 살펴보자.

```
julia> macro mcr2(ex)
         return quote
           local j
           i = j +$ex
         end
       end
@mcr2 (macro with 1 method)
julia> @macroexpand @mcr2 i+j #매크로 확장 (3)
quote
    #= none:3 =#
    local var"#351#j"
```

```
    #= none:4 =#
    var"#352#i" = var"#351#j" + (var"#352#i" + var"#351#j")
end
julia> @macroexpand @mcr2 k #매크로 확장 (4)
quote
    #= none:3 =#
    local var"#353#j"
    #= none:4 =#
    var"#354#i" = var"#353#j" + Main.k
end
```

예제 코드에서 @mcr2로 반환되는 표현식 내에서 j에 할당은 없지만 local로 선언되어 있으므로 확장시에 유일한 지역 변수로 자동 대체된다.[23] 따라서, @mcr2 k의 매크로 확장 후 표현식에서 k는 전역 변수로 해석되지만[24], 나머지 @mcr2 i+j의 매크로 확장에서는 [원칙]의 첫 번째, 두 번째 경우에 해당되므로 매크로의 입력 인자가 각각 지역 변수로 해석된다.[25]

[23] 지역 i와 j에 대해 자동 대체된 변수의 이름이 다름을 확인하라.

[24] 코드의 #매크로 확장 (4)

[25] 코드의 #매크로 확장 (3)

이제 매크로 확장 [원칙]의 마지막 경우를 살펴보자.

```
julia> macro mcr3(ex)
           return quote
             f($ex) = $ex^2 +1
           end
         end
@mcr3 (macro with 1 method)
julia> @macroexpand @mcr3 i
quote
    #= none:3 =#
    var"#355#f"(var"#356#i") = begin
            #= none:3 =#
            var"#356#i" ^ 2 + 1
        end
end
julia> @macroexpand @mcr3 i+j
quote
    #= none:3 =#
    var"#357#f"(Main.i + Main.j) = begin
            #= none:3 =#
            (Main.i + Main.j) ^ 2 + 1
        end
end
julia> (@mcr3 i)(4)  #매크로 실행: (@mcr3 i)가 익명함수처럼 동작
17
```

@mcr3 i의 매크로 확장 결과에서 보듯이, 확장된 표현식 내에서 함수 인자로 사용되는 변수는 지역 변수로 처리된다. 따라서 @mcr3 i의 실행 결과는 익명 함수 i -> i^2+1과 같고, (@mcr3 i)(4)의 실행 결과는 17이 된다. 하지만, @mcr3 i+j의 확장에서 표현식 :(i+j)는 함수를 정의하는 변수가 될 수 없으므로, 실행시킬 때 오류가 발생할 것이라는 것을 확장된 표현식으로부터 확인할 수 있다.

이처럼 @macroexpand는 매크로의 디버그에 유용하다.

덧붙여서 매크로의 표현식 내에서 함수를 정의하는 경우도 gensym 함수가 내부적으로만 처리하는 이름을 자동 생성함을 알 수 있다. 즉, 익명 함수로 처리한다. 또, 매크로 확장의 세 가지 원칙에 따라 매크로의 표현식 내에서 새로운 함수를 정의할 때 사용하거나 변수에 값을 할당할 때 사용하는 함수는 모두 전역 스코프에서 정의된 함수로 처리된다.[26]

[26] 즉, 할당이나 함수 정의에서 = 오른쪽에 사용되는 함수는 모두 전역 스코프에서 정의된 함수이다.

매크로 확장 표현식에서 이스케이프 esc 함수를 사용하면, 지역 변수와 전역 변수를 결정하는 [원칙]에 대해 예외적 상황으로 처리된다.

- [원칙 미적용 방법] esc 함수를 이용하면 매크로 확장 원칙을 적용하지 않을 수 있다.

줄리아의 @show매크로는 입력받은 표현식에 대해, 표현식 자체와 그 결과를 프린트하고 마지막 결과를 반환하는 매크로이다. 이 매크로의 간단한 버전을 통해 이스케이핑이 필요한 상황을 살펴보자.

```
julia> macro myshow1(ex)
          return :( println($(string(ex)), " = ", $ex) )
       end
@myshow1 (macro with 1 method)
julia> macro myshow2(ex)
          return :( println($(string(ex)), " = ", $(esc(ex))) )
       end
@myshow2 (macro with 1 method)
julia> @macroexpand @myshow1 a+b
:(Main.println("a + b", " = ", Main.a + Main.b))
julia> @macroexpand @myshow2 a+b

:(Main.println("a + b", " = ", a + b))
julia> a, b = 1, 1 # 전역 변수
(1, 1)
julia> @myshow1 a+b
a + b = 2
julia> @myshow2 a+b
a + b = 2
```

```
julia> function test_macro1( )
           a = 2 # 함수의 하드 스코프 규칙에 따라 지역 변수
           b = 2 # 함수의 하드 스코프 규칙에 따라 지역 변수
           @myshow1 a+b
       end
test_macro1 (generic function with 1 method)
julia> function test_macro2( )
           a = 2
           b = 2
           @myshow2 a+b
       end
test_macro2 (generic function with 1 method)
julia> test_macro1( )
a + b = 2
julia> test_macro2( )
a + b = 4
```

이스케이핑이 적용되지 않은 @myshow1의 경우에는 매크로 확장 후 표현식에서 a와 b는 전역 변수로 해석되지만, 이스케이핑이 적용된 @myshow2에서는 주변 코드에서 해석되도록 매크로 확장시 a와 b의 스코프가 미리 정해지지 않음을 확인할 수 있다.

따라서, test_macro1 함수를 실행시키면 함수 내의 지역 변수 a, b 대신, 전역 변수 a와 b에 대해 매크로의 표현식이 평가되고, test_macro1 함수의 경우에는 매크로의 표현식의 a와 b가 이 주변 코드를 통해 함수 내의 지역 변수 a와 b로 평가된다.

```
module MyMcrTest
    macro myshow3(ex)
        return :( println($(string(ex)), " = ", $ex) )
    end
    macro myshow4(ex)
    return :( println($(string(ex)), " = ", $(esc(ex)) )
    end

    # MyMcrTest의 전역 스코프에서 전역 변수 a, b
    a = 1
    b = 1

    function test_macro4( )
        a = 2
        b = 2
        @myshow4 a+b
    end
end
```

참고 14.1. MyMcrTest.jl 파일에 작성한 코드

지금까지 설명한 매크로 확장 규칙과 이스케이핑을 이용한 예외 적용 방법은 모듈에서 정의된 매크로에도 그대로 적용된다. 우선 참고 14.1와 같이 파일 'MyMcrTest.jl'에 모듈을 작성하고, 줄리아 터미널의 REPL 환경에서 이를 실행시켜 확인해 보자.[27]

[27] 모듈 로딩 방법은 78를 참고하라.

```
julia> include("C:/Users/kilch/MyMcrTest.jl")
Main.MyMcrTest
julia> using .MyMcrTest
julia> @macroexpand MyMcrTest.@myshow3 a+b
:(Main.MyMcrTest.println("a + b", " = ", Main.MyMcrTest.a + Main.MyMcrTest.b))
julia> @macroexpand MyMcrTest.@myshow4 a+b
:(Main.MyMcrTest.println("a + b", " = ", a + b))
julia> a, b = 3, 3 # Main 모듈의 전역 변수
(3, 3)
julia> MyMcrTest.@myshow3 a+b  #  결과 1: a,b는 MyMcrTest의 전역 변수
a + b = 2
julia> MyMcrTest.@myshow4 a+b  #  결과 2: a,b는 Main의 전역 변수
a + b = 6
julia> MyMcrTest.test_macro4( )  #결과 3: a,b는 함수 test_macro4의 지역 변수
a + b = 4
```

위 결과에서 알 수 있듯이, 이스케이핑이 적용되지 않은 `MyMcrTest` 모듈의 `@myshow3` 경우에는 매크로 확장 [원칙]이 적용되어, `a`와 `b`가 `MyMcrTest` 모듈의 전역 변수로 해석된다.[28]

[28] 코드의 #결과 1

반면에 이스케이핑이 적용된 `MyMcrTest` 모듈의 `@myshow4` 경우에는 실행되는 스코프에서의 `a`와 `b`로 평가됨을 확인할 수 있다.[29]

[29] 코드의 #결과 2에서는 REPL의 `Main` 모듈의 전역변수로 평가되고, 코드의 #결과 3에서는 함수 내의 지역 변수로 평가된다.

14.3.3 줄리아의 몇 가지 유용한 매크로 소개

이 소절에서는 줄리아의 유용한 매크로 중 몇 가지를 소개한다.

- 상호작용 환경[30]에서 사용할 수 있는 `@which` 매크로는 주어진 함수와 인수에 대해, 어떤 메소드로 디스패치되는지를 알려준다.

[30] 대표적인 예가 REPL, Visual Studio Code, Pluto이다.

```
julia> @which 2.1 + 3.0
+(x::T, y::T) where T<:Union{Float16, Float32, Float64}
     @ Base float.jl:409
julia> @which [1,2] + [3,4]
+(A::Array, Bs::Array...)
     @ Base arraymath.jl:12
```

- 100쪽 참고 5.3에서 소개한 `@time` 매크로는 표현식을 실행하는데 걸린 시간을 화면에 출력하지만, 반환값은 표현식에 대한 평갓값이다. 반면에, `@elapsed` 매크로는 표현식에 대한 평갓값 대신 실행에 걸린 시간을 반환한다. 따라서, 걸린 시간을 변수에 담고 싶을 때 유용하다.

물론, 표현식을 평가한 값과 걸린 시간을 함께 얻고 싶다면, 다음 예제와 같이 사용하면 된다.

```
julia> elapsed_time = @elapsed result = sum( (rand( ) for _ in 1:1000_000) );
0.0446416
julia> elapsed_time, result
(0.0446416, 499921.98933998216)
```

- for 문을 이용하는 경우, 진행 상태를 막대 그래프 형태로 보여주는 @showprogress 매크로는 ProgressMeter.jl이라는 패키지를 설치하면 사용할 수 있다.[31]

[31] 패키지를 설치하는 방법은 82쪽을 참고하라.

REPL 환경에서 다음 코드를 실행시키면, 캡쳐한 [그림 14.1]과 같이 진행 상황을 확인할 수 있다.

```
using ProgressMeter
res =0.0;
@showprogress for i in 1:1000
    res += sum( rand( ) for i _ in 1:1000_000 )
end
```

그림 14.1. @showprogress 매크로 실행 예

14.4 매크로를 활용하는 예: 함수에 대한 메모아이즈 매크로

피보나치 수열을 재귀적으로 계산할 때, 중복되는 계산으로 인한 성능 저하를 개선하는 방법으로 딕셔너리 이용할 수 있음을 112 쪽에서 설명한 바 있다. 이처럼 함수의 결과를 캐시에 저장하여 동일한 입력에 대해 반복 계산을 방지하는 기법을 메모아이즈(memoize)라 하는데, 함수를 정의하는 표현식에 대해 메모아이즈가 가능하도록 하는 매크로를 작성해 보자.

매크로를 이용하여 메모아이즈를 구현하려면, 함수의 인자를 키로 갖고 대응되는 반환값을 값으로 갖는 딕셔너리를 구성하는 매크로를 작성해야 한다. 따라서, 다음과 같이 인자의 타입 T와 반환값의 타입 S가 지정된 함수를 정의하는 표현식의 구조를 이해할 필요가 있다.

```
function f(x::T)::S
    body
end
```

우선, 함수를 정의하는 표현식은 다음과 같이 head가 function인 표현식이 된다. 이 표현식을 fun이라 하자.

```
julia> fun = Expr(:function, :(f(x::T)::S), :(body))
:(function f(x::T)::S
      body
  end)
```

표현식 fun.args의 첫 번째 요소는 표현식 :(f(x::T)::S)이고, 두 번째 요소는 함수의 본문에 대응하는 표현식임을 알 수 있다.

```
julia> fun.head
:function
julia> call = fun.args[1] # fun.args의 첫 번째 요소
:(f(x::T)::S)
julia> body = fun.args[2] # fun.args의 두 번째 요소
:body
```

또, 표현식 fun.args[1]의 구조를 확인하기 위해 dump 함수를 이용하면, 다음과 같이 구성되어 있음을 확인할 수 있다.

```
julia> call.head
:(::)
julia> call.args[1]
:(f(x::T))
julia> return_type = call.args[2]
:S
julia> call.args[1].head
:call
julia> name = call.args[1].args[1]
:f
julia> arg1 = call.args[1].args[2]
:(x::T)
julia> arg1_name = arg1.args[1]
```

```
:x
julia> arg1_type = arg1.args[2]
:T
```

위 구조를 이용하여 파일 `memoize.jl`에 다음과 같이 매크로 `@memoize`를 작성하자.

```
# 파일 memoize.jl에 작성
macro memoize(fun::Expr)
  local call = fun.args[1]
  local name = call.args[1].args[1]
  local arg1 = call.args[1].args[2]
  local arg1_name = arg1.args[1]
  local arg1_type = arg1.args[2]
  local return_type = call.args[2]
  local body = fun.args[2]
  return quote
    let cache = Dict{$(esc(arg1_type)), $(esc(return_type))}( )
      global function $(esc(name))(
                 $(esc(arg1_name))::$(esc(arg1_type))
               )::$(esc(return_type))
                 if haskey(cache, $(esc(arg1_name)))
                   cache[$(esc(arg1_name))]
                 else
                   cache[$(esc(arg1_name))] = $(esc(body))
                 end
               end
    end
  end
end
```

참고 14.2. memoize.jl 파일에 작성된 코드

이제 피보나치 수열을 만드는 함수 `fib_m`에 이 매크로를 적용시켜 보면,[32] 메모아이징 기법이 잘 적용되고 있음을 확인할 수 있다.

[32] 111쪽의 `fib1`을 참고하라.

```
julia> include("C:/Users/kilch/memoize.jl")
@memoize (macro with 1 method)
julia> @memoize function fib_m(n::BigInt)::BigInt
           (n==1 || n==2) ? 1 : fib_m(n-2) + fib_m(n-1)
       end
fib_m (generic function with 1 method)
julia> @time fib_m(big(10_000)); @elapsed fib_m(big(10_000))
  0.011655 seconds (140.01 k allocations: 7.352 MiB)
3.4e-6
julia> @time fib_m(big(10_002)); @elapsed fib_m(big(10_002))
```

```
  0.000014 seconds (30 allocations: 2.320 KiB)
4.9e-6
```

앞서 260쪽에서 설명했듯이 `@elapsed` 매크로는 결과를 계산하는데 걸린 시간만 반환하는 매크로이다. 실제 피보나치 수열의 10002번째 수는 다음과 같다.

```
julia> fib_m(big(10_002))
88083137989997064605355872998857923445691333015376030932812485815888664307789
01138523864706157269456675588800865886247675809437523498150970221559510601560
18129408784874658905396963956313602924001237254906679879809471957619197330842
21263262792135552511961663188744083262743015393903228035182529922900769207624
08887989395155493858416681223312768552896888243582790311074362087005610402229
04949633210734068658606065797923624038668264116422706612114355903400901494584
19810817251120025713501918959350654895682804718752319215892119222907223279849
85122716638795413954666264406465380446634541610254330671268825137879350656411
29706203676721313445591990277178134049404310097541436374176453594011552456586
46088296578097547699141284451819782703782878668237441026255023475279003880007
45055086800240953306809812749509566731312036914233151914018501771921450184764
57410307393510253429325142806254530857751919962363437924322157008507735682579
88920265539647922172315902209901079830195949058505943508013044450503826167880
99309454050357226618996469497326357637590860697778839573019622727462974572287
28336223004727693122736033466242926908756974382642657123131236376444913678755
38847442013130532147345613099333195400845560466085176375175045485046787815133
22534938899633401432931830486565681512920858668651583588081131606578875919564
65477036314540400904359558796041231860074818421176405741583679968456270120995
71008761776991075470991386301988104753915798231741447012236434261594666985397
84175834833703091462361710174643192270852282486815561281142601677596876212142
92825825820888717954634677969273174523686335523468194054233597386969802527075
45944266042764236577381721803749442538053900196250284054406347238606575093877
66932350145251241217988369855220403886506917986777357970570384117865061881835
73661656495295478988011986175414328934436509520339839235425929520708640442497
38338089778163986683069566736505126466886304227253105034231716761535350441178
72421084183085552758688282209324654581312062411329039159389776521932093117969
78699972437705337193195305263698305295438424056554952293822510391164267501567
71132964376
```

15 프로젝트 환경과 패키지 만들기

줄리아로 어떤 프로젝트를 하다 보면, 특정 버전의 줄리아를 사용해야 하거나, 이미 설치되어 있는 패키지의 이전 버전을 사용해야 하는 경우도 생긴다. 이런 경우에 프로젝트 사이의 충돌을 피하고 다른 사람도 프로젝트의 결과를 재현할 수 있도록, 줄리아는 패키지 관리자 `Pkg`(Pkg.jl)를 통해 프로젝트별로 독자적인 프로젝터 환경을 구축한다.

이 장에서는 패키지 관리자를 이용하여 재현 가능한 프로젝트 환경을 구축하는 방법과 새로운 패키지를 만드는 방법에 대해 소개한다. 이 장에서는 줄리아 터미널의 패키지 모드인 `pkg>` 프롬프트에서 작업하는 것을 기준으로 설명하지만, 11쪽에서 설명했듯이, 코드 입력 모드에서도 동일한 작업이 가능하다. [1]

[1] 코드 입력 모드에서는 `using Pkg`로 패키지 관리자를 로딩한 후, 패키지 모드에서 사용한 명령어를 함수로 사용하면 된다. 이 때, 함수 인자로 전달되는 패키지명, 디렉토리명 등은 모두 문자열로 전달된다.

15.1 재현 가능한 환경 구축하기

1장의 참고 1.1에서 설명하였듯이, 패키지는 모듈, 테스트 파일, 문서 등으로 이루어진 단위로 줄리아의 기능을 확장시켜 준다. 줄리아의 기본 패키지 저장소[2]에 등록되어 있는 패키지들은 1장의 설명처럼 패키지 관리자 `Pkg.jl`를 통해 설치 및 관리가 가능하다. 즉, 줄리아 터미널의 `pkg>` 프롬프트에서 작업할 수도 있고, `using` 또는 `import`를 사용하여 `Pkg` 패키지를 로딩한 후, `Pkg`의 함수를 이용하여 처리할 수도 있다.

[2] https://github.com/JuliaRegistries/General

`Pkg`가 패키지를 관리하는 방법을 이해하기 위해, 우선`Pkg`로 패키지를 설치하는 과정에 일어나는 일을 살펴보자.

15.1.1 패키지 관리자

줄리아에서 패키지를 설치하면 줄리아가 설치된 디렉토리[3]의 기본 환경에 패키지를 추가한다.

[3] 디렉토리란 파일을 저장하는 구조적인 개념이고, 폴더는 노란색 아이콘처럼 디렉토리를 시각적으로 표현한 것이다.

예를 들어, 줄리아의 패키지 저장소 예시로 제공되는 `Example.jl` 패키지를 줄리아 터미널의 `pkg>` 프롬프트[4]에서 `add Example`을 실행하여 설치하자. 이때 [그림 15.1]과 같이 설치 환경에 대한 로그 정보가 출력되는데, 그 의미는 다음과 같다.

[4] `julia>` 프롬프트에서 `]`를 입력하면 진입한다.

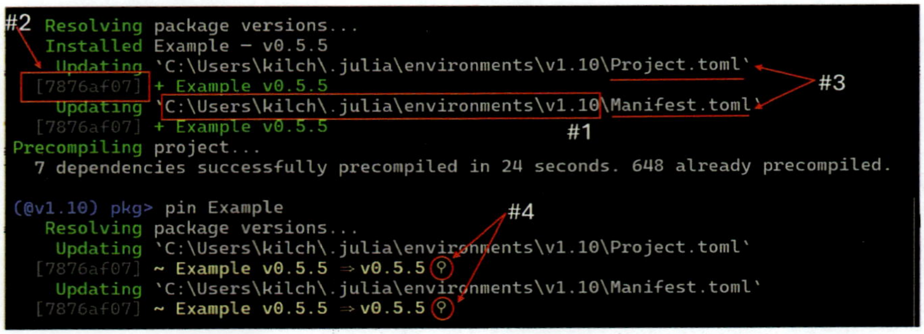

그림 15.1. 패키지가 설치되는 환경 정보

#1 줄리아가 설치된 디렉토리 'C:\Users\kilch\'의 '.julia\environments\v1.10'가 기본 설치 환경임을 의미한다.

#2 동일한 이름의 패키지도 구별할 수 있도록, 패키지의 고유한 아이디(UUID:Universally Unique Identifier)의 처음 8자리 값을 나타낸다.

#3 해당 환경에 설치된 패키지의 정보를 담고 있는 'Project.toml'와 'Manifest.toml'은 패키지 관리와 의존성 추적을 담당하는 중요한 파일인데, 다음 소절에서 자세히 살펴본다.

줄리아 터미널의 `pkg>` 프롬프트에서 `add` 명령어로 패키지를 설치하고, `up` 명령어로 업그레이드하며, `rm` 명령어로 제거한다.[5] 만약 패키지명을 지정하지 않고 `up` 명령어를 실행하면 모든 패키지가 업그레이드 되는데, 특정 패키지가 업데이트되는 것을 막으려면 `pin 패키지명` 명령어로 버전을 고정할 수 있고, 이때, [그림 15.1]의 #4와 같이 패키지 뒤에 핀을 표시하는 기호가 추가된다.

[5] 11쪽을 참고하라.

고정된 버전의 패키지를 다시 업데이트 가능하도록 하려면 [그림 15.2]와 같이 `free` 명령어를 사용하면 된다.

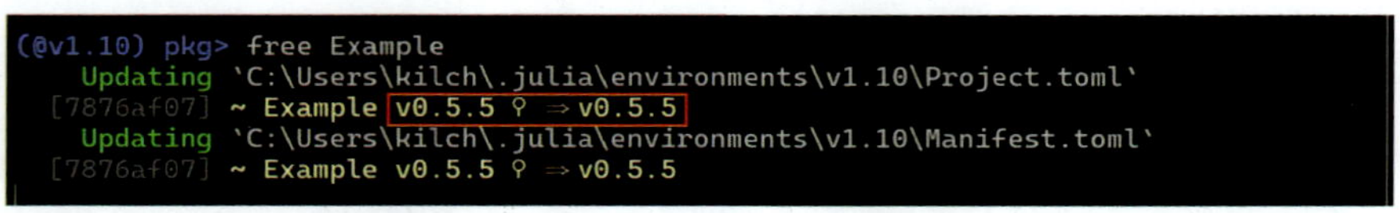

그림 15.2. 패키지 업데이트 가능 여부 설정하는 방법

또, 현재 환경에 설치되어 있는 패키지들을 확인하고 싶으면 pkg> 프롬프트에서 status 또는 st를 입력하면 확인할 수 있다. 이때, [그림 15.3]과 같이, 명령어 뒤에 패키지명을 공백으로 구분하여 나열하면[6] 해당 패키지 설치 정보만 보여주고, 패키지명 없이 명령어만 입력하면 설치된 모든 패키지를 보여준다.

[6] 여러 패키지에 대해 동일한 명령을 내릴 때는, 명령어 뒤에 패키지명을 공백으로 구분하여 나열하면 된다.

```
(@v1.10) pkg> status Example
Status `C:\Users\kilch\.julia\environments\v1.10\Project.toml`
  [7876af07] Example v0.5.5

(@v1.10) pkg> status Example Plots
Status `C:\Users\kilch\.julia\environments\v1.10\Project.toml`
  [7876af07] Example v0.5.5
⌃ [91a5bcdd] Plots v1.40.1
Info Packages marked with ⌃ have new versions available and may be upgradable.

(@v1.10) pkg> status
Status `C:\Users\kilch\.julia\environments\v1.10\Project.toml`
  [336ed68f] CSV v0.10.15
  [35d6a980] ColorSchemes v3.29.0
⌅ [5ae59095] Colors v0.12.11
  [a93c6f00] DataFrames v1.7.0
  [31c24e10] Distributions v0.25.119
  [7876af07] Example v0.5.5
⌃ [c87230d0] FFMPEG v0.2.4
```

그림 15.3. 패키지 상태 확인

[패키지를 직접 수정하여 사용하기]

만약 특정 패키지의 일부를 수정한 버전으로 사용하고 싶다면, [그림 15.4]와 같이 패키지 관리자의 dev 명령어로 해당 패키지의 깃 저장소를 복제하면, 줄리아가 설치된 디렉토리의 '.julia\dev\Example' 위치에 저장되고, 'Manifest.toml' 파일을 열어보면[7] 'Example.jl' 패키지의 복제 위치가 path에 잡혀 있다.

[7] 메모장 또는 비주얼 스튜디어 코드를 이용하면 된다.

```
(@v1.10) pkg> status Example
Status `C:\Users\kilch\.julia\environments\v1.10\Project.toml`
  [7876af07] Example v0.5.5

julia> import Example; Example.hello("Julia")
"Hello, Julia"

(@v1.10) pkg> dev Example
   Resolving package versions...
    Updating `C:\Users\kilch\.julia\environments\v1.10\Project.toml`
  [7876af07] ~ Example v0.5.5 ⇒ v0.5.5 `C:\Users\kilch\.julia\dev\Example`
    Updating `C:\Users\kilch\.julia\environments\v1.10\Manifest.toml`
  [7876af07] ~ Example v0.5.5 ⇒ v0.5.5 `C:\Users\kilch\.julia\dev\Example`
```

그림 15.4. 패키지 수정하여 사용하는 방법

이제 패키지가 복제된 위치의 src 디렉토리에서 Example.jl 파일을 열어 hello 함수를 수정한 뒤, [그림 15.4]과 같이 줄리아 터미널을 새로 열어[8] Example.hello 함수를 실행시켜보면 수정된 패키지가 적용됨을 확인할 수 있다. 이때, 이미 로딩한

[8] Revise.jl 패키지를 이용하면 줄리아를 재시작하지 않아도 된다.

패키지를 수정한 경우이므로, 수정 사항을 반영하려면 줄리아 터미널을 새로 시작함에 유의해야 한다. `Revise.jl` 패키지[9]를 이용하면 재시작이 필요없다.

[9] Tim Holy, *Revise Package Manual*, `https://timholy.github.io/Revise.jl/stable/`.

수정된 패키지에서 원래 등록된 패키지로 돌아가려면 `free` 명령어를 사용하면 된다. 이때 'Manifest.toml' 파일을 확인해보면, `path`에 잡혀 있던 로컬 디렉토리가 사라지고 깃(git) 해시로 연결이 바뀜을 확인할 수 있다. [그림 15.5]은 `dev`, `free`를 차례로 적용시킬 때 'Manifest.toml' 파일의 내용을 비교한 것이다.

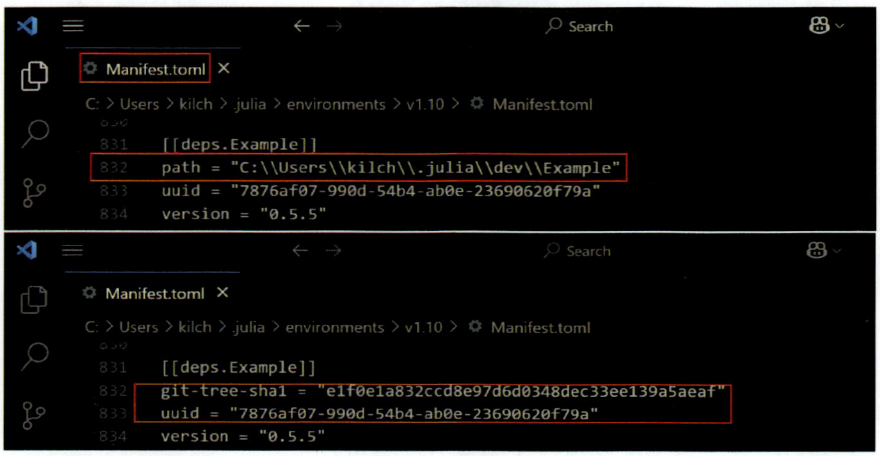

그림 15.5. `dev`, `free` 명령어 적용 후 'Manifest.toml' 파일 내용 변화 비교

15.1.2 프로젝트 환경 관리

앞 소절에서는 줄리아의 기본 환경에 대해 살펴보았는데, 이 소절에서는 독립적인 프로젝트 환경을 만들고 관리하는 방법에 대해 알아본다.

우선, [그림 15.6]과 같이 특정 디렉토리가 있는지 확인하고, 없으면 생성하는 방법부터 알아보자.[10] 운영 체제와 관련된 명령어에 익숙하지 않은 독자는 273쪽 참고 15.1의 명령어들을 먼저 살펴보길 권한다.

[10] 참고 15.1의 명령어 사용법을 참고하라.

```
julia> pwd() # 현재 디렉토리 확인
"C:\\Users\\kilch"

julia> isdir("MyProjects/project01") # project01 디렉토리가 있는지 확인
false

julia> mkpath("MyProjects/project01"); isdir("MyProjects/project01") # 생성
true
```

그림 15.6. 줄리아에서 디렉토리 생성 방법

새로운 프로젝트 환경은 패키지 관리자의 `activate` 명령어를 이용하면 쉽게 만들 수 있다. 예를 들어, 새로운 프로젝트 환경을 구성할 'project01'이라는 디렉토리(폴더)의 경로가 '(홈 디렉토리 경로)/MyProjects/project01'일 때, 다음과 같이 여러 가지 방법으로 활성화시킬 수 있다.

- 줄리아 터미널의 `julia>` 프롬프트에서 [그림 15.7]과 같이 'project01' 디렉토리로 이동한 후, 패키지 모드로 진입하여 다음 명령을 실행한다.

  ```
  activate .
  ```

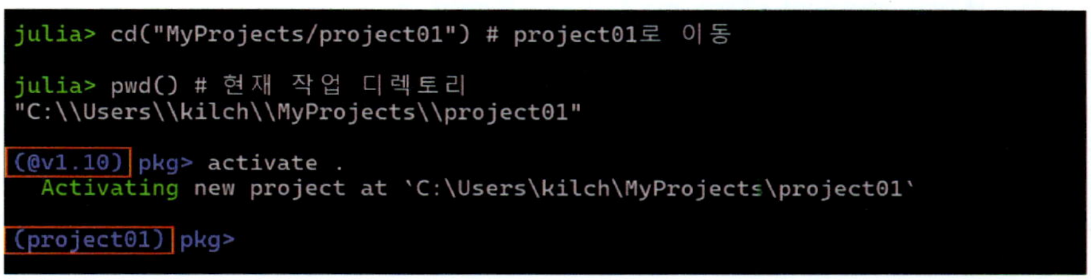

그림 15.7. 프로젝트 디렉토리로 이동 후 활성화 시키는 방법

- 홈 디렉토리에서 해당 디렉토리로 이동할 필요없이 패키지 모드로 진입한 후, 디렉토리의 경로를 이용하여 다음 명령을 실행한다. ([그림 15.8] 참고) `activate MyProjects/project01`

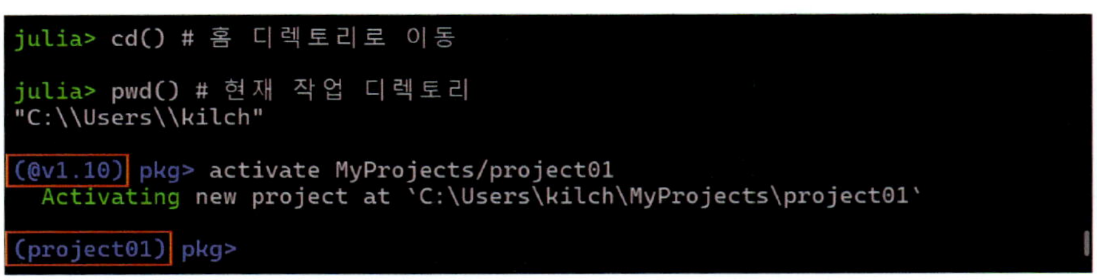

그림 15.8. 홈 디렉토리에서 해당 프로젝트 디렉토리 활성화 시키는 방법

일단 'project01' 디렉토리를 활성화시키고 나면, 터미널의 프롬프트가 `(@v1.10) pkg>`에서 `(project01) pkg>`로 바뀌면서 현재 작업 중인 프로젝트 환경을 표시해 준다. 이 단계에서 'project01' 디렉토리는 활성화되었지만 추가된 파일은 없다.

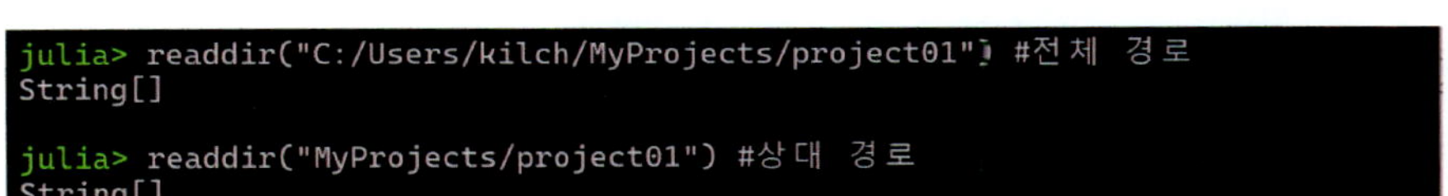

그림 15.9. 활성화 직후 프로젝트 디렉토리는 비어 있음

이제 'project01' 디렉토리가 활성화 된 프로젝트 환경에서 패키지를 설치하면, 'project01' 디렉토리에 'Project.toml' 파일과 'Manifest.toml' 파일이 생성된다.

예를 들어, 줄리아 전용 노트북 환경을 제공하는 `Pluto.jl` 패키지[11]를 설치해 보자. 집필 시점 이 패키지의 최신 버전은 v0.20.8인데, 특정 버전(예를 들어, v0.20.7)을 설치한다고 가정해 보자. 이때 [그림 15.10]와 같이 패키지명 뒤에 `@`을 붙이고 버전을 지정하여 설치하면 된다.

[11] F. van der Plas, *Pluto*, https://plutojl.org/.

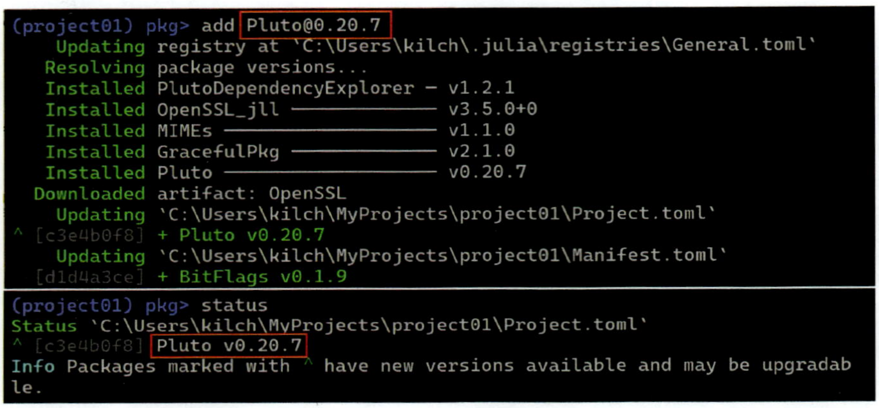

그림 15.10. 프로젝트 환경에 특정 버전의 패키지 설치

패키지를 설치한 후 `readdir` 함수를 이용하여 'project01' 디렉토리의 파일을 확인해 보면 다음과 같이 두 개의 파일 생성되었음을 확인할 수 있다.

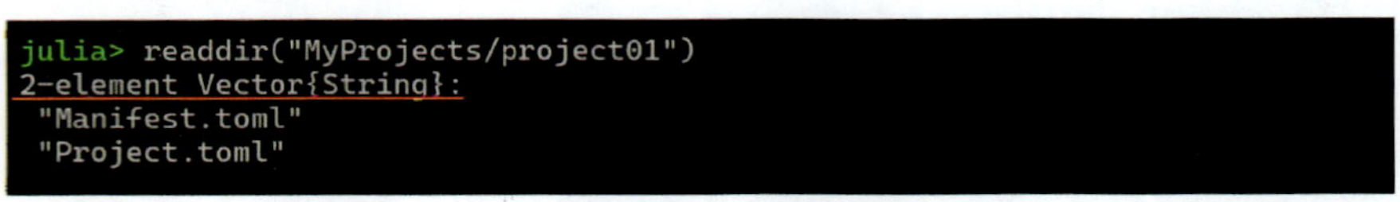

그림 15.11. 패키지 설치 후 자동 생성되는 파일들

이때, 'project01' 디렉토리에 생성된 'Project.toml' 파일에는 다음과 같이 프로젝트의 디펜던시[12] 섹션만 생성되어 있다.

[12] 이 환경에 설치된 패키지들의 의존성을 말한다.

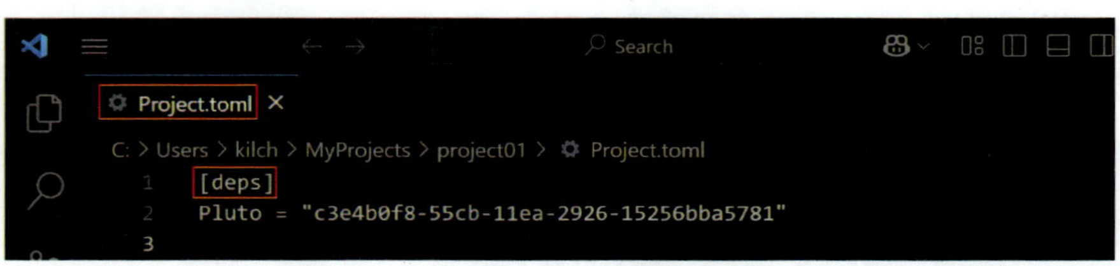

그림 15.12. 패키지 설치 후 Project.toml 파일

반면에 [그림 15.13]에서 확인할 수 있듯이, 'Mainfest.toml' 파일에는 'Project.toml'에서 정의된 패키지의 정확한 버전과 직간접적인 모든 의존성이 기록된다. 따라서 프로젝트를 다른 환경에서 실행할 때 두 파일 'Project.toml'와 'Mainfest.toml'만 있으면 동일한 패키지 버전을 유지하는 환경을 구성할 수 있다

이렇게 활성화된 프로젝트 환경에서 줄리아 코드를 실행시키는 것은 이 환경에 설치된 패키지를 사용하여 실행시키는 것이 된다.

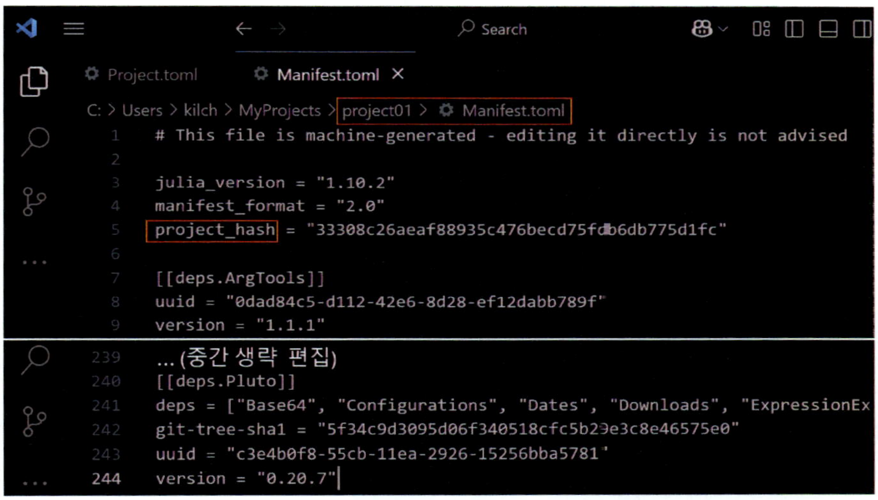

그림 15.13. 패키지 설치 후 Manifest.toml 파일

이제 활성화된 프로젝트 환경에서 원래의 기본 환경으로 돌아갈 때는 [그림 15.14]에서 처럼, 패키지 모드에서 `activate`만 실행시키면 된다.

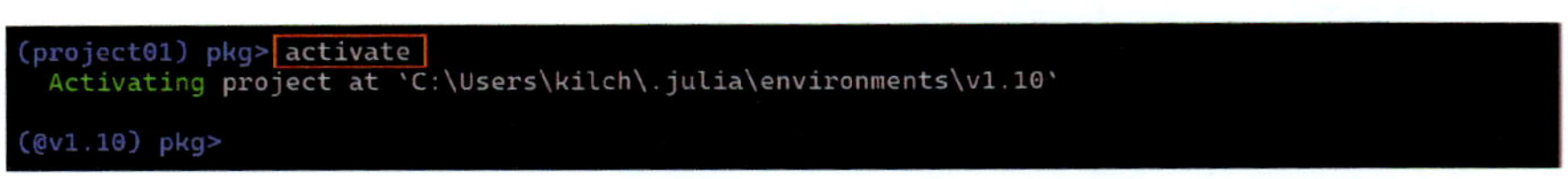

그림 15.14. 프로젝트 환경에서 원래 기본 환경으로 돌아가는 법

15.1.3 프로젝트 환경 재현

'Project.toml' 파일과 'Manifest.toml' 파일만 있으면, 동일한 환경을 재현할 수 있다. 앞 소절에서 `project01` 디렉토리에 생성된 두 파일을 다른 호스트[13]의 새로운 프로젝트 디렉토리 `copyenv`로 복사한 다음, 패키지 관리자의 `instantiate`를 이용하면, 'Mainfest.toml' 파일을 이용하여 'Project.toml'에서 정의된 패키지의 정확한 버전과 직간접적인 의존성이 있는 패키지들을 설치하여 동일한 환경이 재현된다.

[13] 이 경우에는 윈도우의 다른 계정에서 테스트했다.

[그림 15.15]의 결과는, 다른 컴퓨터의 호스트를 사용하는 대신 윈도우의 다른 계정에서 줄리아 동일한 환경을 재현한 결과이다. 계정이름 "Kil-Chan Ha"에 공백문자가 포함되어 있으므로, 줄리아 터미널의 패키지 모드에서 다음과 같이 명령어를 입력하면,

```
activate C:/Users/Kil-Chan Ha/copyenv
```

`active` 명령어 뒤에 두 개의 인자가 전달된 것으로 해석되어 오류가 발생한다.[14] 이런 경우 [그림 15.15]와 같이, 코드 입력 모드에서 `using Pkg`로 패키지 관리자를 로딩하고, `Pkg.active` 함수의 인자로 프로젝트 디렉토리의 경로를 문자열로 전달하면 된다.

[14] 공백문자로 인해 발생하는 경우이다.

'Project.toml'과 'Mainfest.toml' 파일이 복사된 프로젝트 디렉토리 `copyenv`가 활성화된 후, 패키지 모드로 진입하여 `instantiate` 명령을 실행하면, 'Mainfest.toml'의 정보에 따라 필요한 패키지를 설치하여 프로젝트 환경이 재현된다. 실제로 코드 입력 모드에서 `using Pluto`를 실행시켜 보면, 최신 버전이 아닌 v0.20.7이 설치되어 있음을 확인할 수 있다.

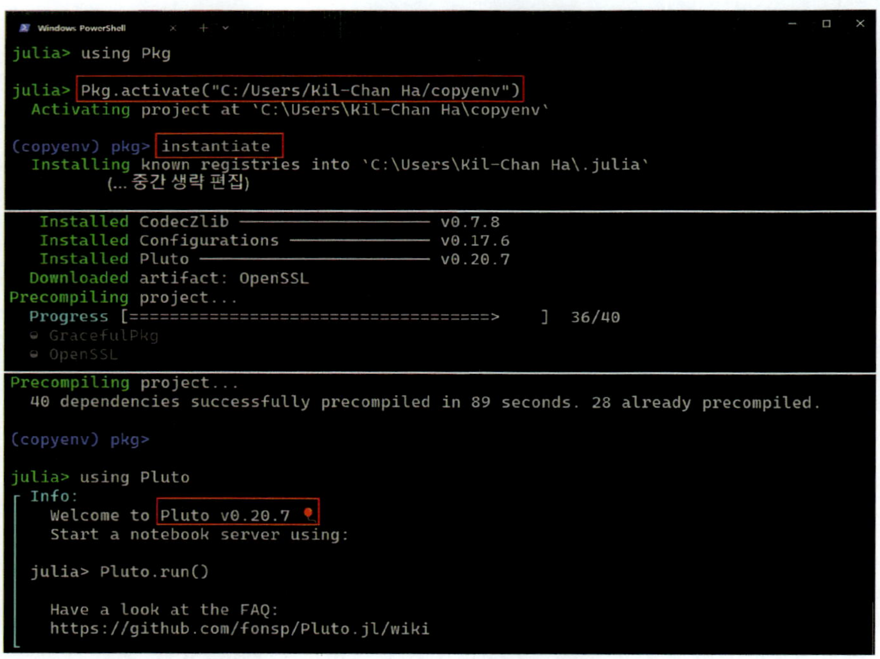

그림 15.15. 프로젝트 환경 재현

참고 15.1. 운영 체제의 파일시스템과 관련된 줄리아 함수

[운영 체제의 파일 시스템과 관련된 줄리아 함수]

줄리아의 홈 디렉토리(즉, 줄리아에서 경로 설정없이 작업을 할 때, 파일을 읽고 쓰는 기본 디렉토리)는 줄리아를 설치한 디렉토리가 된다.(즉, 홈 디렉토리에 숨긴 폴더로 `.julia`가 위치한다.)

윈도우 터미널로 돌아가지 않고, 줄리아 터미널에서 운영체제의 파일 시스템과 관련된 간단한 작업들을 할 수 있는데, 많이 사용되는 함수들을 정리해 보자. 한 가지 주의할 점은 윈도우 사용자의 경우 경로 구분자가 `/`가 아닌 `\`인데, 경로 문자열을 만들 때는 `/`를 사용하거나 `\\`를 써야한다.

- 줄리아 코드 입력 모드에서 현재 작업 중인 디렉토리를 확인: `pwd( )`
- 경로의 문자열이 `p`인 디렉토리가 있는지 확인: `isdir(p)`
- 줄리아 홈 디렉토리로 이동: `cd( )`
- 경로 문자열(전체 경로 또는 홈 디렉토리 경로에 대한 상대 경로)이 `p`인 디렉토리로 이동: `cd(p)`
- 현재 디렉토리 안에 디렉토리명이 name인 디렉토리를 생성: `mkdir("name")`
- 현재 디렉토리를 기준으로 경로가 'A1/A2/A3'가 되도록 없는 디렉토리들을 생성: `mkpath("A1/A2/A3")`
- 특정 디렉토리의 경로 문자열이 `p`일 때, `readdir(p)`는 이 디렉토리 내의 디렉토리명은 `.디렉토리명`, 파일명은 `파일 형식을 포함한 파일명` 형태의 문자열 벡터로 반환함

15.2 패키지 생성하고 사용하기

이 절에서는 독립된 프로젝트 환경에서 간단한 패키지를 만들고, 동일한 환경과 다른 환경에서 사용하는 방법에 대해 설명한다.

[프로젝트 환경 내에서 만든 패키지를 동일 환경에서 사용하기]

우선 앞 소절에서 설명한 방식으로 새로운 프로젝트 환경을 구성할 디렉토리 'project02'를 만들고, 그 내부에 'PackageExample'이라는 이름의 패키지를 다음 단계에 따라 만들어 보자.

- [단계 1] 경로가 '(홈 디렉토리 경로)/MyProjects/project02'가 되도록 'project2' 디렉토리를 만들고, 이 디렉토리로 이동한 후 패키지 모드에서 'project02' 환경을 활성화시킨다.

- [단계 2] 'project02' 환경의 패키지 모드에서 `generate PackageExample`을 실행시킨다.

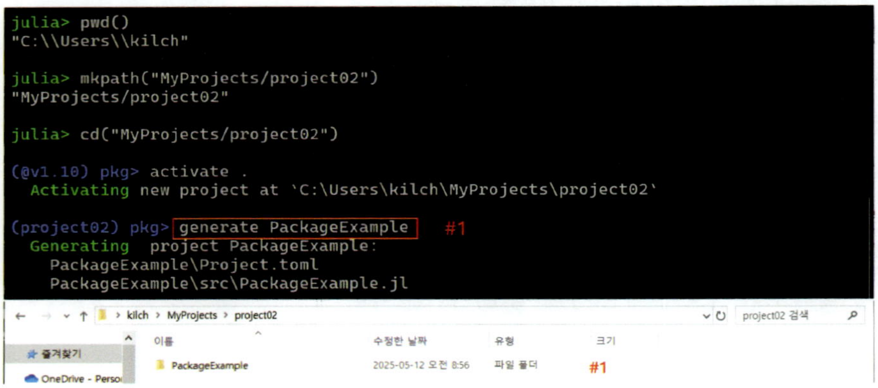

그림 15.16. 프로젝트 환경에서 패키지 생성과 프로젝트 디렉토리 내부 변화

이때, [그림 15.16]의 두 번째 그림과 같이 'project02' 폴더 내에 'PackageExample'이라는 폴더가 생성되고, 그 내부에 'PackageExample.jl'이라는 소스 코드 파일을 포함하는 'src' 폴더와 'Project.toml' 파일이 자동으로 생성된다. 'Project.toml' 파일은 [그림 15.17]과 같이 패키지 이름과 만든 사람 정보 등이 자동으로 기록된다.

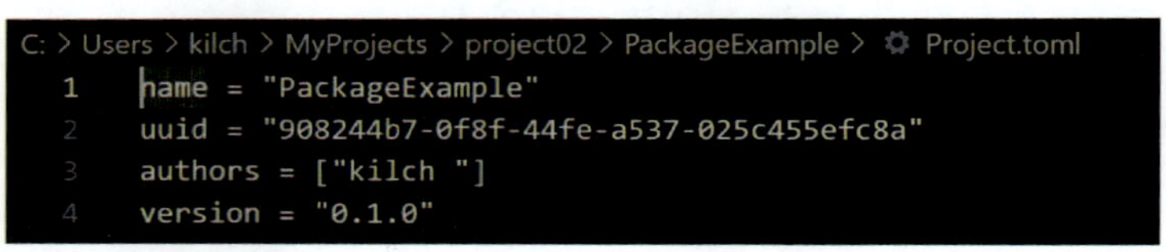

그림 15.17. 생성된 패키지의 Project.toml 파일

- [단계 3] 이제 생성한 패키지의 소스 코드 'PackageExample.jl' 파일을 에디터로 열어서 [그림 15.18]과 같이 간단한 함수 `greet`를 작성하고, 외부에서 사용할 수 있도록 `greet`를 `export`한 뒤 저장한다.

- [단계 4] 이 패키지를 'project02' 환경에서 사용하기 위해서 패키지 모드에서 [그림 15.19]와 같이 `dev 프로젝트 경로명`을 실행시킨다. 이 과정은 267쪽에서 줄리아 저장소의 패키지를 수정하여 사용하는 경우와 동일하다.

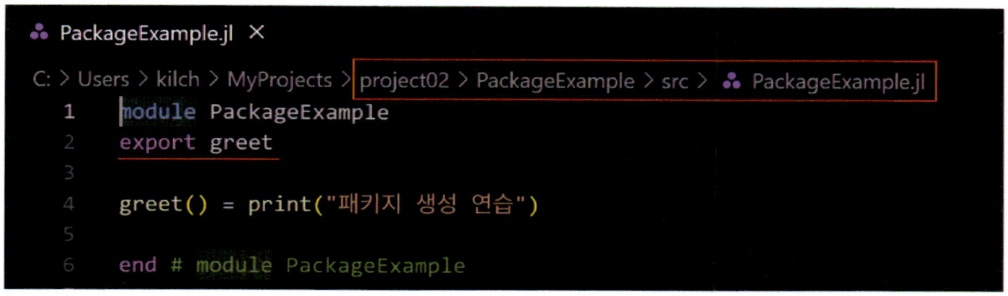

그림 15.18. 소스 코드 PackageExampl.jl

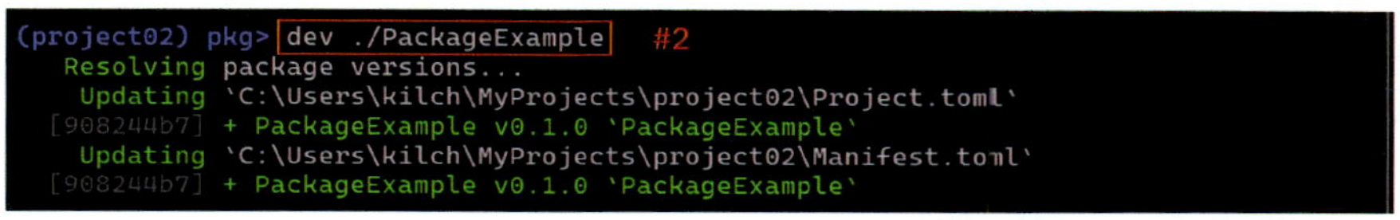

그림 15.19. project2 환경에서 사용자 프로젝트 실행시키기

참고로 `dev ./PackageExample`은 패키지 디렉토리의 상대 경로를 사용한 것인데, `./`은 현재 디렉토리를 나타낸다.[15]

[15] 상위 폴더를 뜻하는 `../`를 쓴다면, `../project02/PackageExample`과 같다.

이처럼 패키지를 설치하고 나면, [그림 15.20]과 같이 'project02' 파일 내에 'PackageExample' 패키지의 설치 정보가 담긴 'Project.toml' 파일과 'Manifest.toml' 파일이 생성된다.

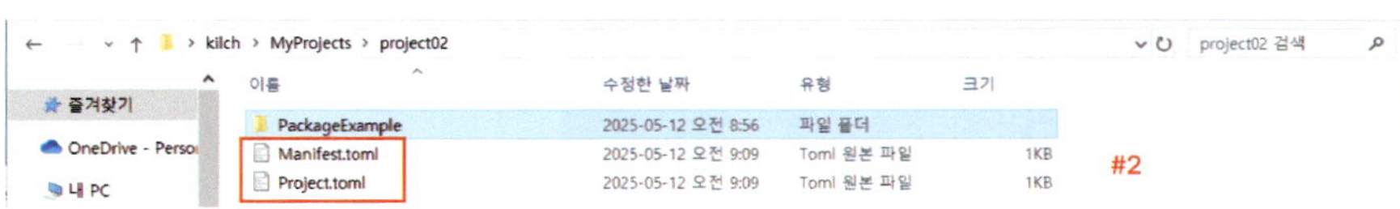

그림 15.20. 패키지 설치 후 프로젝트 디렉토리 내부 변환

- [단계 5] 이제 프로젝트 환경 'project02' 내에서 패키지 'PackageExample'은 다른 패키지와 동일한 방법으로 사용할 수 있음을 [그림 15.21]에서 확인할 수 있다.

```
julia> pwd()
"C:\\Users\\kilch\\MyProjects\\project02"

julia> using PackageExample     #3
Precompiling PackageExample
  1 dependency successfully precompiled in 2 seconds

julia> greet()
패키지 생성 연습
julia>
```

그림 15.21. 패키지 설치 후 프로젝트 디렉토리 내부 변환

[프로젝트 환경 내에서 만든 패키지를 다른 환경에서 사용하기]
이번에는 프로젝트 'project02' 환경에서 만든 패키지 'PackageExample'을 다른 프로젝트 환경 'project01'에서 사용하는 방법을 살펴보자.

- [단계 1] 프로젝트 'project01'의 환경의 패키지 모드에서 `active`를 실행시켜 기본 환경으로 돌아가고, `cd` 함수를 이용하여 'project01' 디렉토리로 이동한 후, 해당 환경을 활성화시킨다.

```
(project02) pkg> activate
  Activating project at `C:\Users\kilch\.julia\environments\v1.10`

(@v1.10) pkg>

julia> cd("../project01") # 현재 디렉토리 상위 디렉토리의 project01로 이동  #4-1

julia> pwd()
"C:\\Users\\kilch\\MyProjects\\project01"

(@v1.10) pkg> activate .    #4-2
  Activating project at `C:\Users\kilch\MyProjects\project01`
```

그림 15.22. 다른 프로젝트 환경 활성화 시키기

- [단계 2] 프로젝트 'project01'의 환경의 패키지 모드에서, [그림 15.23]과 같이 `dev` 명령어를 이용하여 'project02/PackageExample' 패키지를 등록한다.

```
(project01) pkg> dev ../project02/PackageExample    #5
   Resolving package versions...
    Updating `C:\Users\kilch\MyProjects\project01\Project.toml`
  [908244b7] + PackageExample v0.1.0 `..\project02\PackageExample`
    Updating `C:\Users\kilch\MyProjects\project01\Manifest.toml`
  [908244b7] + PackageExample v0.1.0 `..\project02\PackageExample`
```

그림 15.23. 다른 프로젝트 환경 활성화 시키기

이때, [그림 15.24]에서 보듯이, 'project01' 환경의 'Project.toml' 파일과 'Manifest.toml' 파일이 업데이트된다.

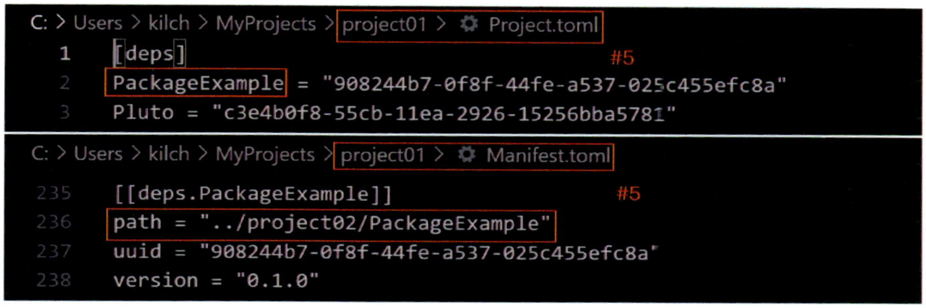

그림 15.24. 만든 패키지 설치 후 환경 정보 업데이트

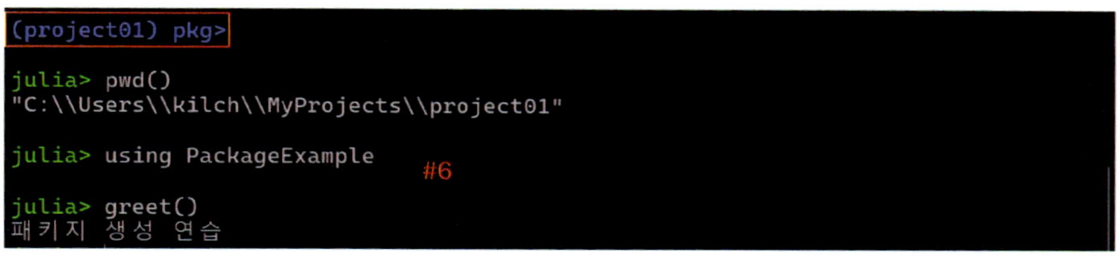

그림 15.25. 다른 환경에서 만든 패키지 사용

이제 'project01' 환경에서 일반 패키지와 동일하게 사용할 수 있음을 [그림 15.25]와 같이 확인할 수 있다.

지금까지는 설명한 방법은 로컬에서 여러 프로젝트 간에 자체 개발 패키지를 공유하고 테스트할 때 유용하다. 패키지를 더 널리 배포하려면 깃(git) 저장소에 올리고 URL을 추가하거나, Julia General Registry에 등록하는 방법을 고려할 수 있는데, `Registrator.jl` 매뉴얼[16]과 줄리아의 공식 문서[17]를 참고하기 바란다.

[16] F. van der Plas, *Registrator Documentation*, `https://juliaregistries.github.io/Registrator.jl/dev/hosting/#Registrator-Documentation-1`.
[17] The Julia Project, *Julia Documentation*, `https://docs.julialang.org/en/v1`.

딸림 자료

A 개념 확인 문제 해답

[Chap.2] 1) Float64 2) Bool 3) Tuple 4) ④ 5) Int64 6) true 7) Dict 8) ④ 9) ③ 10) 99 11) "Hello"*"World" 12) ①, ③, ④ 13) ③ 14) d1["b"] 15) 값: true, 타입: Bool 16) ([4,2], 30) 17) 3, 9 18) Symbol 타입이 더 적은 메모리를 사용하기 때문 19) 'B' 20) v1이 훨씬 적은 메모리를 사용한다. 21) x,y = y,x 22) Float64 23) (true, false, true) 24) ②, ③, ④ 25) ① 26) ③(재할당이 아니라 요소를 수정하는 것이므로 ④는 적절하지 않음) 27) my_dict = Dict("one"=>1, "two"=>2) 28) 줄리아는 1기반 인덱싱을 사용하므로 first_element = arr1[1]로 수정해야 한다. 29) my_char = 'a' 30) result = div(5,2) 또는 유티코드 문자를 이용하여 result = 5 ÷ 2 31) push! 함수는 입력으로 전달된 배열을 직접 수정하므로 코드의 두 번째 줄을 push!(arr, 4)로 수정 32) is_active = true

[Chap.3] 1) num % 2 == 0 2) ③ 3) ② 4) 6 5) ④ 6) -2 7) result = x > 10 ? "음이 아닌 실수" : "음의 실수" 8) y의 값은 false, x의 값은 0 9) ① 10) ③ 11) 1->a b->2 c->3 12) i % 3 == 0 && i % 5 == 0 13) ② 14) arr1의 타입은 Vector{Int64}, arr2의 타입은 Matrix{Int64} 15) (2,3), 3 16) a, b = b, a+b

[Chap.4] 1) ③ 2) export 3) ③ 4) ④ 5) ① 6) a의 값은 1, b의 값은 6 7) ② 8) 참 9) ③ 10) ②

[Chap.5] 1) ② 2)② 3) ② 4) ④ 5) 3 6) ③ 7) 6 8) 0 9) ② 10) ①, ② 11) ②, ③, ④ 12) ①, ②, ③ 13) ②, ③, ④ 14) ③ 15) ② 16) x->2*x 17) 2 .* a .+ b 18) 2.+에서 .이 부동소수점 수 2.을 의미하는지, 벡터화 연산 .+를 의미하는지 모호하므로 ParseError가 발생한다. 따라서 2 .+ [1,2,3,4]로 수정해야 한다. 19) (5.0, 5) 20) 벡터화된 비교 연산 data .> 0을 사용하여 true, false 값을 요소로 갖는 벡터를 만들고, 이를 인덱싱에 사용하면 된다. 즉 작성할 코드는 positives = data[data .> 0]이고, 결과는 [5, 1, 10]이 된다. 21) y .= x .+ y 또는 y .+= x

[Chap.6] 1) ④ 2) ④ 3) ③ 4) ③ 5) ③

[Chap.7] 1) ① 2) ③ 3) ④ 4) ③ 5) ① 6) ④ 7) ③ 8) ② 9) ② 10) ③ 11) ③ 12) 6바이트 13) ③ 14) ③ 15) ④

[Chap.8] 1) ② 2) ① 3) ① 4) ③, ④ 5) ③ 6) ④ 7) ④ 8) ① 9) ③ 10) ③

참고문헌

1. E. Engheim, *Julia as a Second Language*. Manning, 2023 (cit. on p. 200).
2. FFmpeg Project, *FFmpeg Manual*, `https://ffmpeg.org/` (cit. on p. 171).
3. JuliaData, *CSV Package Manual*, `https://csv.juliadata.org/stable/` (cit. on p. 138).
4. JuliaData, *DataFrames Package Manual*, `https://dataframes.juliadata.org/stable/` (cit. on p. 138).
5. JuliaPlots, *PlotlyJS Package Manual*, `https://juliaplots.org/PlotlyJS.jl/stable/` (cit. on p. 171).
6. JuliaPlots, *Plots Package Manual:LaTeX Equation Strings*, `https://docs.juliaplots.org/stable/tutorial/#LaTeX-Equation-Strings` (cit. on p. 151).
7. JuliaPlots, *Plots Package Manual:Series Attributes*, `https://docs.juliaplots.org/stable/generated/attributes_series/` (cit. on p. 147).
8. JuliaPlots, *Plots Package Manual:Tutorial*, `https://docs.juliaplots.org/stable/tutorial/` (cit. on p. 145).
9. JuliaStats, *Distributions Package Manual*, `https://juliastats.org/Distributions.jl/stable/` (cit. on p. 162).
10. N. Kalicharan, *Julia-Bit by Bit*. Springer, 2021 (cit. on p. 60).
11. Makie Org, *Makie Package Manual*, `https://docs.makie.org/stable/` (cit. on p. 171).
12. Y. Nazarathy and H. Klok, *Statistics with Julia*. Springer, 2021 (cit. on pp. 160, 162).
13. Philip Hazel, *Perl-Compatible Regular Expressions* (*Revised API: PCRE2*), `https://www.pcre.org/current/doc/html/` (cit. on p. 127).
14. A. Sengupta, *Julia High Performance*. Packt Publishing, 2019 (cit. on p. 216).
15. The Julia Project, *IJulia*, `https://julialang.github.io/IJulia.jl/stable/` (cit. on p. 15).

16. The Julia Project, *Julia Documentation*, https://docs.julialang.org/en/v1 (cit. on p. 277).

17. The Julia Project, *Julia Documentation:Base.cat*, https://docs.julialang.org/en/v1/base/arrays/#Concatenation-and-permutation (cit. on p. 226).

18. The Julia Project, *Julia Documentation:Base.IteratorSize*, https://docs.julialang.org/en/v1/base/collections/#Base.IteratorSize (cit. on p. 241).

19. The Julia Project, *Julia Documentation:Base.Regex*, https://docs.julialang.org/en/v1/base/strings/#Base.Regex (cit. on p. 123).

20. The Julia Project, *Julia Documentation:Base.reverse!* https://docs.julialang.org/en/v1/base/arrays/#Base.reverse! (cit. on p. 40).

21. The Julia Project, *Julia Documentation:Developer Documentation:Expr Types*, https://docs.julialang.org/en/v1/devdocs/ast/#Expr-types (cit. on p. 250).

22. The Julia Project, *Julia Documentation:Manual:Command-Line Interface*, https://docs.julialang.org/en/v1/manual/command-line-interface/ (cit. on p. 7).

23. The Julia Project, *Julia Documentation:Manual:Interfaces:Abstract Arrays*, https://docs.julialang.org/en/v1/manual/interfaces/#man-interface-array (cit. on p. 236).

24. The Julia Project, *Julia Documentation:Manual:Mathematica Operations and Elementary Functions*, https://docs.julialang.org/en/v1/manual/mathematical-operations/ (cit. on p. 108).

25. The Julia Project, *Julia Documentation:Manual:Metaprogramming*, https://docs.julialang.org/en/v1/manual/metaprogramming/ (cit. on p. 247).

26. The Julia Project, *Julia Documentation:Manual:Metaprogramming:Macros*, https://docs.julialang.org/en/v1/manual/metaprogramming/#man-macros (cit. on p. 252).

27. The Julia Project, *Julia Documentation:Manual:Metaprogramming:Symbols*, https://docs.julialang.org/en/v1/manual/metaprogramming/#Symbols (cit. on p. 247).

28. The Julia Project, *Julia Documentation:Manual:Performance Tips*, https://docs.julialang.org/en/v1/manual/performance-tips/ (cit. on p. 212).

29. The Julia Project, *Julia Documentation:Manual:Renaming with as*, https://docs.julialang.org/en/v1/manual/modules/#Renaming-with-as (cit. on p. 80).

30. The Julia Project, *Julia Documentation:Manual:Scope of Variables*, https://docs.julialang.org/en/v1/manual/variables-and-scoping/ (cit. on p. 86).

31. The Julia Project, *Julia Documentation:Manual:Unicode Input*, https://docs.julialang.org/en/v1/manual/unicode-input/ (cit. on p. 22).

32. The Julia Project, *Julia Documentation:Manual:Wrapper Types*, https://docs.julialang.org/en/v1/manual/conversion-and-promotion/#Wrapper-types (cit. on p. 48).

33. The Julia Project, *Julia Documentation:Manual:Writing Documentation*, `https://docs.julialang.org/en/v1/manual/documentation/#Writing-Documentation` (cit. on p. 52).

34. The Julia Project, *Julia Documentation:Standard Library:Pkg*, `https://docs.julialang.org/en/v1/stdlib/Pkg/` (cit. on p. 82).

35. The Project Jupyter, *Jupyter Notebook Documentation*, `https://jupyter-notebook.readthedocs.io/en/latest/` (cit. on p. 15).

36. The Project Jupyter, *Project Jupyter Documentation*, `https://docs.jupyter.org/en/latest/` (cit. on p. 15).

37. Tim Holy, *Revise Package Manual*, `https://timholy.github.io/Revise.jl/stable/` (cit. on p. 268).

38. F. van der Plas, *Pluto*, `https://plutojl.org/` (cit. on pp. 20, 270).

39. F. van der Plas, *Registrator Documentation*, `https://juliaregistries.github.io/Registrator.jl/dev/hosting/#Registrator-Documentation-1` (cit. on p. 277).

40. D. J. Zea, *Interactive Visualization with Julia*. Packt Publishing, 2022 (cit. on p. 145).

41. 김홍종, *미적분학 1*. 서울대학교출판문화원, 2023 (cit. on p. 156).

42. 하길찬, *머신러닝을 위한 수학 길잡이*. 교우, 2024 (cit. on pp. 160, 162, 164).

Index

하길찬

서울대학교 이학박사
한국전자통신연구소 선임연구원
국가보안기술연구소 선임연구원
현재 세종대학교 수학통계학부 교수

고민 끝. 줄리아 하나면 충분

초판 발행 2025년 11월 10일

저 자 하길찬

펴낸이 오판근
펴낸곳 (주) 교우
주 소 서울시 동대문구 약령시로 8 교우빌딩 2층 (주)교우
전 화 02-925-2861 / **팩 스** 070-7966-8610. **편집부** 02-925-2825
홈페이지&북스토어 www.kyowoo.co.kr / **이메일** kyowoo@kyowoo.co.kr

등 록 1994년 3월 24일 제1994-000013호
ISBN 979-11-251-0472-8 (93410)

가격 32,000원

교우미디어는 (주) 교우의 Imprint 사입니다.
수학정원·과학정원은 (주) 교우의 새로운 브랜드명입니다.